GRUNDRISSE DES RECHTS

Lüke · Zivilprozessrecht II

Zivilprozessrecht II

Zwangsvollstreckung

Begründet von

Dr. Peter Arens †

weiland o. Professor an der
Universität Freiburg i. Br.

seit der 5. Auflage fortgeführt von

Dr. Wolfgang Lüke, LL.M. (Chicago)

o. Professor an der
Juristenfakultät der Universität Leipzig
Richter am Oberlandesgericht Dresden a. D.

11., neu bearbeitete Auflage 2021

C.H.BECK

Zitiervorschlag: *Lüke* ZivilProzR II § … Rn. …

www.beck.de

ISBN 978 3 406 73418 2
ISBN E-Book 978 3 406 74640 6

Wilhelmstraße 9, 80801 München
Druck und Bindung: Druckerei C.H.Beck, Nördlingen
(Adresse wie Verlag)

Satz: Thomas Schäfer, www.schaefer-buchsatz.de
Umschlaggestaltung: Druckerei C.H.Beck, Nördlingen

Gedruckt auf säurefreiem, alterungsbeständigem Papier
(hergestellt aus chlorfrei gebleichtem Zellstoff)

Vorwort

Nachdem die 11. Auflage des Erkenntnisverfahrens bereits Ende des Jahres 2019 erschienen ist, wird nunmehr der vollstreckungsrechtliche Teil des bisherigen Lehrbuchs zum zivilprozessualen Erkenntnis- und Vollstreckungsverfahren als getrennter Band in der Reihe Grundrisse des Rechts vorgelegt. Das Buch befindet sich auf dem Stand von Februar 2021. Das Anliegen bleibt unverändert. Es ist als Lehr- und Arbeitsbuch für Studium und Referendariat gedacht und soll Grundkenntnisse des Vollstreckungsrechts vermitteln. Die Neuauflage wurde daher nur in geringem Umfang erweitert. An der Aufgabenstellung hat sich auch der Umfang der Nachweise zu orientieren. So blieb es trotz der Trennung von Text und Nachweisen, die die Lesbarkeit erhöhen soll, bei der Beschränkung auf Literatur und Rechtsprechung, die für das Grundverständnis hilfreich ist oder das Ausgeführte illustriert. Die Zahl der Übersichten wurde in der Hoffnung erweitert, dass diese den Überblick erleichtern. Mit demselben Zweck wurden die Randnummern neu gesetzt.

Seit der letzten Auflage im Jahre 2011 hat sich das Zwangsvollstreckungsrecht weiterentwickelt. Die Änderungen zielen v.a. auf eine Beschleunigung und Effektivierung der Zwangsvollstreckung. Das Gesetz zur Reform der Sachaufklärung in der Zwangsvollstreckung v. 29.7.2009 (ZwVollStrÄndG, BGBl. 2009 I 2258) konnte schon in der Vorauflage dargestellt werden. Die Regelungen sind nach einer Übergangsfrist von vier Jahren zum 1.1.2013 vollständig in Kraft getreten. Das Gesetz zur Durchführung der Verordnung (EU) Nr. 655/2014 sowie zur Änderung sonstiger zivilprozessualer, grundbuchrechtlicher und vermögensrechtlicher Vorschriften und zur Änderung der Justizbeitreibungsordnung v. 21.11.2016 (EuKoPfVODG, BGBl. 2016 I 2591) brachte insoweit kleinere Korrekturen und Ergänzungen. Weitere Neuerungen setzten den eingeschlagenen Kurs fort, auch indem moderne Informationstechnologien in die Zwangsvollstreckung eingebunden wurden. In einem neu geschaffenen § 754a, der die §§ 753, 754 ergänzt, ist etwa ein vereinfachtes Verfahren bei elektronisch eingereichten Aufträgen an den Gerichtsvollzieher zur Zwangsvollstreckung für Forderungen unter EUR 5.000 vorgesehen. Für den „Vollstreckungsauftrag“ von Geldforderungen in bewegliche Gegenstände (§§ 802a ff.) wurde im Verordnungswege das zu benutzende Formular eingeführt (Verordnung über das Formular für den Vollstreckungsauftrag an den Gerichtsvollzieher v. 28.9.2015, BGBl. 2015 I 1586 – Gerichtsvollzieherformular-Verordnung-GVFV; erlassen auf Grundlage des § 753 Abs. 3). Das Gesetz zur Einführung der elektronischen Akte in der Justiz und zur weiteren Förderung des elektronischen Rechtsverkehrs v. 5.7.2017 (BGBl. 2017 I 2208) erlaubt die Zwangsvollstreckung auch aus elektronischen Dokumenten (vgl. § 753 Abs. 4, 5). Vollstreckungsrechtliche Neuerungen enthält ferner das Mietrechtsänderungsgesetz v. 11.3.2013 (MietRÄndG, BGBl. 2013 I 434; §§ 760, 885, 885a und 940a). Das Gesetz zur Fortentwicklung des Rechts des Pfändungsschutzkontos und zur Änderung von Vorschriften des Pfändungsschutzes (Pfändungsschutzkonto-Fortentwicklungsgesetz – PKoFoG v. 22.11.2020, BGBl. 2020 l 2466) führt zu einer Neustrukturierung der Vorschriften über den Kontoschutz und zu einer Veränderung bei einzelnen Bestimmungen, die aufgrund einer vom BMJV veranlassten rechtstatsächlichen Untersuchung über die Wirkungen des Kontoschutzes als verbesserungsbedürftig angesehen wurden. Die Neuerungen, die weit überwiegend erst ab 1.12.2021 gelten, wurden schon berücksichtigt, soweit sie für den Grundriss überhaupt darzustellen sind. Der Versuch des Bundesrates, mit der damit verbundenen Neuregelung v.a. der §§ 899 ff. zugleich den § 811 zu modernisieren (BR-Drs. 166/1/20 v. 4.5.2020), misslang. Der Vorschlag beruhte auf dem Entwurf des Gesetzes zur Neustrukturierung und Modernisierung des Pfändungsschutzes (GNeuMoP, BR-Drs. 139/10 v. 11.3.2010), der nach dem Ende der damaligen Legislaturperiode nicht weiterverfolgt wurde.

Ein zweites Feld der Veränderung stellt die fortschreitende Europäisierung des Vollstreckungsrechts dar. Insoweit wird auf die zusammenfassende Darstellung des Europäischen Verfahrensrechts im Band zum Erkenntnisverfahren verwiesen (dort Kap. 13).

Der Verfasser dankt seinen wiss. Mitarbeitern, *Herrn Assessor Robert Weber* für die umfassende Betreuung des Manuskripts sowie *Frau Assessorin Milena Wenske* für vielfältige Zuarbeiten. Weiterhin schuldet er seinen studentischen Mitarbeitern, den *Herren cand. iur. Benno Loew* und *Philipp Nowicki*, *Frau cand. iur. Paula Wegert* und *Herrn stud. iur. Florentin Immel*, Dank für die geleistete umfangreiche Unterstützung. Schließlich dankt der Verfasser dem C.H.Beck

Verlag, insbes. *Frau Susanne Loder, LL.M. (QMUL)*, für die verlegerische Betreuung und technische Unterstützung.

Leipzig, im Februar 2020 *Wolfgang Lüke*

Aus dem Vorwort zur 5. Auflage

Im Februar 1991 verstarb ganz plötzlich *Professor Dr. Dr. h. c. Peter Arens.* Er konnte daher die Neuauflage des von ihm begründeten Lehrbuches leider nicht mehr bearbeiten. Das Angebot des Verlages, diese Aufgabe zu übernehmen, habe ich gerne angenommen. Als Schüler von *Peter Arens* habe ich mich bemüht, das Lehrbuch in seinem Sinne fortzuführen.

Freiburg, im September 1991 *Wolfgang Lüke*

Aus dem Vorwort zur 1. Auflage

Das Buch enthält die Grundzüge des Erkenntnisverfahrens und des Zwangsvollstreckungsrechts. Es berücksichtigt damit hauptsächlich die Bedürfnisse der Studenten, weil die Prüfungsordnungen Grundkenntnisse in beiden Rechtsgebieten vorsehen. Deshalb mußte auf die Darstellung mancher Einzelheit verzichtet werden. In jedem Fall ist versucht worden, das Verständnis für das prozessuale Denken zu wecken, wobei auf die Auswirkungen der letzten Reformen, vor allem der Vereinfachungsnovelle, besonderes Gewicht gelegt wurde.

Freiburg, im Juli 1978 *Peter Arens*

Inhaltsverzeichnis

2. Teil. Die einzelnen Arten der Zwangsvollstreckung

Übersichtsverzeichnis

Abkürzungsverzeichnis

aA .... anderer Ansicht
aaO .... am angegebenen Ort
abl. .... ablehnend
ABl. .... Amtsblatt
Abs. .... Absatz
AcP .... Archiv für die civilistische Praxis (Band, Seite)
aE .... am Ende
aF .... alte Fassung
AG .... Amtsgericht/Aktiengesellschaft
AGB .... Allgemeine Geschäftsbedingungen
AGG .... Allgemeines Gleichbehandlungsgesetz
allg. .... allgemein
AnfG .... Gesetz über die Anfechtung von Rechtshandlungen eines Schuldners außerhalb des Insolvenzverfahrens
Anm. .... Anmerkung
AnwBl .... Anwaltsblatt (Jahr, Seite)
arg. .... argumentum
Art. .... Artikel
Aufl. .... Auflage
ausf. .... ausführlich
AVAG .... Gesetz zur Ausführung zwischenstaatlicher Verträge und zur Durchführung von Verordnungen und Abkommen der Europäischen Gemeinschaft auf dem Gebiet der Anerkennung und Vollstreckung in Zivil- und Handelssachen (Anerkennungs- und Vollstreckungsausführungsgesetz)

BAG .... Bundesarbeitsgericht
BAGE .... Entscheidungen des Bundesarbeitsgerichts (Band, Seite)
BayObLG .... Bayerisches Oberstes Landesgericht
BayVerfGH .... Bayerischer Verfassungsgerichtshof
BB .... Der Betriebs-Berater (Jahr, Seite)
BBG .... Bundesbeamtengesetz
Bd. .... Band
BeckRS .... Beck'sche Rechtsprechungssammlung (beck-online)
bes. .... besonders
BeurkG .... Beurkundungsgesetz
betr. .... betrifft

BFH .... Bundesfinanzhof
BGB .... Bürgerliches Gesetzbuch
BGBl. .... Bundesgesetzblatt (Jahr, Band, Seite)
BGH .... Bundesgerichtshof
BGHR .... BGH-Rechtsprechung Zivilsachen
BGHZ .... Entscheidungen des Bundesgerichtshofs in Zivilsachen (Band, Seite)
BRAO .... Bundesrechtsanwaltsordnung
BR-Drs. .... Bundesratsdrucksache (Nr./Jahr, Seite)
Bsp. .... Beispiel
bspw. .... beispielsweise
BT-Drs. .... Bundestagsdrucksache (Wahlperiode/Nr., Seite)
BVerfG .... Bundesverfassungsgericht
BVerfGE .... Entscheidungen des Bundesverfassungsgerichts (Band, Seite)
BVerfGG .... Gesetz über das Bundesverfassungsgericht
BVerfGK .... Kammerentscheidungen des Bundesverfassungsgerichts (Band, Seite)
BVerwG .... Bundesverwaltungsgericht
bzw. .... beziehungsweise

DENIC .... Deutsches Network Information Center e. G.
ders. .... derselbe
dgl. .... dergleichen
DGVZ .... Deutsche Gerichtsvollzieherzeitschrift (Jahr, Seite)
dh .... das heißt
dies. .... dieselbe(n)
DR .... Deutsches Recht (Jahr, Seite)
DRiG .... Deutsches Richtergesetz
DRiZ .... Deutsche Richterzeitung (Jahr, Seite)

e. V. .... eingetragener Verein
EG .... Europäische Gemeinschaft(en)
EGZPO .... Gesetz, betreffend die Einführung der Zivilprozessordnung
Einl. .... Einleitung
EL .... Ergänzungslieferung
ERVV .... Elektronischer Rechtsverkehr-VO
etc. .... et cetera
EU .... Europäische Union
EuGH .... Europäischer Gerichtshof
EuGVVO .... Verordnung (EG) Nr. 44/2001 des Rates über die gerichtliche Zuständigkeit und die Anerkennung und Vollstreckung von Entscheidungen in Zivil- und Handelssachen

EuKoPfVO .... Verordnung (EU) Nr. 655/2014 des Europäischen Parlaments und des Rates vom 15. Mai 2014 zur Einführung eines Verfahrens für einen Europäischen Beschluss zur vorläufigen Kontenpfändung im Hinblick auf die Erleichterung der grenzüberschreitenden Eintreibung von Forderungen in Zivil- und Handelssachen, ABl L 189/59; die Regelungen gelten nicht im Vereinigten Königreich und in Dänemark.
EUR .... Euro
EuVTVO .... Verordnung (EG) Nr. 805/2004 des Europäischen Parlaments und des Rates über einen Europäischen Vollstreckungstitel für unbestrittene Forderungen
EWiR .... Entscheidungen zum Wirtschaftsrecht (Jahr, Seite *[Bearbeiter]*)

f., ff. .... folgende
FamFG .... Gesetz über das Verfahren in Familiensachen und in den Angelegenheiten der freiwilligen Gerichtsbarkeit
FamRZ .... Zeitschritt für das gesamte Familienrecht (Jahr, Seite)
FG .... Festgabe
FS .... Festschrift

GBl. .... Gesetzblatt
GBO .... Grundbuchordnung
GbR .... Gesellschaft bürgerlichen Rechts
gem. .... gemäß
GG .... Grundgesetz für die Bundesrepublik Deutschland
ggf. .... gegebenenfalls
GKG .... Gerichtskostengesetz
GmbH .... Gesellschaft mit beschränkter Haftung
grds. .... grundsätzlich
GRUR .... Gewerblicher Rechtsschutz und Urheberrecht (Jahr, Seite)
GS .... Gedächtnisschrift
GVBl. .... Gesetz- und Verordnungsblatt
GVG .... Gerichtsverfassungsgesetz
GVGA .... Geschäftsanweisung für Gerichtsvollzieher
GVO .... Gerichtsvollzieherordnung

HGB .... Handelsgesetzbuch
hL .... herrschende Lehre
hM .... herrschende Meinung
Hrsg./hrsg. .... Herausgeber/herausgegeben
HS .... Halbsatz

idF .... in der Fassung
idR .... in der Regel
iErg .... im Ergebnis
ieS .... im engeren Sinn
insbes. .... insbesondere
InsO .... Insolvenzordnung
InVo .... Insolvenz und Vollstreckung (Jahr, Seite)
IPRax .... Praxis des internationalen Privat- und Verfahrensrechts (Jahr, Seite)
iSv .... im Sinne von
iVm .... in Verbindung mit

JA .... Juristische Arbeitsblätter (Jahr, Seite)
JR .... Juristische Rundschau (Jahre, Seite)
Jura .... Juristische Ausbildung (Jahr, Seite)
JurBüro .... Das Juristische Büro (Jahr, Seite)
JuS .... Juristische Schulung (Jahr, Seite)
JW .... Juristische Wochenschrift (Jahr, Seite)
JZ .... Juristenzeitung (Jahr, Seite)

Kfz .... Kraftfahrzeug
KG .... Kammergericht/Kommanditgesellschaft
KKZ .... Kommunal-Kassen-Zeitschrift (Jahr, Seite)
krit. .... kritisch
KTS .... Zeitschrift für Insolvenzrecht – Konkurs, Treuhand, Sanierung (Jahr, Seite)

LAG .... Landesarbeitsgericht
LG .... Landgericht
lit. .... litera
LM .... Nachschlagewerk des Bundesgerichtshofs, begründet von Lindenmaier und Möhring
LPartG .... Gesetz über die Eingetragene Lebenspartnerschaft (Lebenspartnerschaftsgesetz)
LugÜ .... Luganer Übereinkommen über die gerichtliche Zuständigkeit und die Anerkennung und Vollstreckung von Entscheidungen in Zivil- und Handelssachen

mAnm .... mit Anmerkung
mat.-rechtl. .... materiell-rechtlich
MDR .... Monatsschrift für Deutsches Recht (Jahr, Seite)
MMR .... MultiMedia und Recht (Jahr, Seite)
mN .... mit Nachweisen
mwN .... mit weiteren Nachweisen
mzustAnm .... mit zustimmender Anmerkung

nF .... neue Fassung
NJ .... Neue Justiz (Jahr, Seite)
NJOZ .... Neue Juristische Onlinezeitschrift (Jahr, Seite)
NJW .... Neue Juristische Wochenschrift (Jahr, Seite)
NJW-RR .... NJW-Rechtsprechungs-Report Zivilrecht (Jahr, Seite)
novelle .... Gesetz zur Vereinfachung und Beschleunigung gerichtlicher Verfahren (BGBl. 1976 I 3281)
Nr./Nrn. .... Nummer/Numern
NVwZ .... Neue Zeitschrift für Verwaltungsrecht (Jahr, Seite)
NVwZ-RR .... NVwZ-Rechtsprechungs-Report Verwaltungsrecht (Jahr, Seite)
NZA .... Neue Zeitschrift für Arbeitsrecht (Jahr, Seite)
NZG .... Neue Zeitschrift für Gesellschaftsrecht (Jahr, Seite)
NZM .... Neue Zeitschrift für Miet- und Wohnungsrecht (Jahr, Seite)

o. .... oben
OGHZ .... Entscheidungen des Obersten Gerichtshofs für die Britische Zone in Zivilsachen (Band, Seite)
OHG .... Offene Handelsgesellschaft
OLG .... Oberlandesgericht
OLG-NL .... OLG-Rechtsprechung Neue Länder (Jahr, Seite)
OLGZ .... Entscheidungen der Oberlandesgerichte in Zivilsachen (Jahr, Seite)
OVG .... Oberverwaltungsgericht

PKH .... Prozesskostenhilfe
PKHFV .... Prozesskostenhilfeformularverordnung
PKHVV .... Prozeßkostenhilfevordruckverordnung
PKoFoG .... Pfändungsschutzkonto-Fortentwicklungsgesetz
Pkw .... Personenkraftwagen

RBerG .... Rechtsberatungsgesetz
RDG .... Gesetz über außergerichtliche Rechtsdienstleistungen (Rechtsdienstleistungsgesetz)
RegE .... Gesetzentwurf der Bundesregierung
RGZ .... Entscheidungen des Reichsgerichts in Zivilsachen (Band, Seite)
RL .... Richtlinie
Rn. .... Randnummer(n)
Rpfleger .... Der Deutsche Rechtspfleger (Jahr, Seite)
RPflG .... Rechtspflegergesetz
RsprEinhG .... Gesetz zur Wahrung der Einheitlichkeit der Rechtsprechung der obersten Gerichtshöfe des Bundes

RVG .... Gesetz über die Vergütung der Rechtsanwältinnen und Rechtsanwälte

S. .... Satz
s. .... siehe
s.a. .... siehe auch
s. o. .... siehe oben
sog. .... sogenannte (r, s, n)
StGB .... Strafgesetzbuch
str. .... streitig

u. .... unten/und
u. a. .... unter anderem, und andere
UKlaG .... Gesetz über Unterlassungsklagen bei Verbraucherrechts- und anderen Verstößen (Unterlassungsklagengesetz)
Urt. .... Urteil
uU .... unter Umständen
UWG .... Gesetz gegen den unlauteren Wettbewerb

v. .... von/vom/vor
vgl. .... vergleiche
VO .... Verordnung
Vorbem. .... Vorbemerkung
VwGO .... Verwaltungsgerichtsordnung

WEG .... Gesetz über das Wohnungseigentum und das Dauerwohnrecht (Wohnungseigentumsgesetz)
WM .... Wertpapier-Mitteilungen (Jahr, Seite)
WuB .... Wirtschafts- und Bankrecht
WuW .... Wirtschaft und Wettbewerb; Zeitschrift für deutsches und europäisches Wettbewerbsrecht (Jahr, Seite)
ZAkDR .... Zeitschrift der Akademie für Deutsches Recht (Jahr, Seite)
zB .... zum Beispiel
ZEuP .... Zeitschrift für Europäisches Privatrecht (Jahr, Seite)
ZfIR .... Zeitschrift für Immobilienrecht (Jahr, Seite)
ZHR .... Zeitschrift für das gesamte Handels- und Wirtschaftsrecht (Jahr, Seite)
ZIP .... Zeitschrift für Wirtschaftsrecht; bis 1982: Zeitschrift für Wirtschaftsrecht und Insolvenzpraxis (Jahr, Seite)
ZKG .... Zahlungskontengesetz
ZPO .... Zivilprozessordnung
ZPO-RG .... Gesetz zur Reform des Zivilprozesses (BGBl. 2001 I, 1887)

ZRP .... Zeitschrift für Rechtspolitik (Jahr, Seite)
ZVG .... Gesetz über die Zwangsversteigerung und Zwangsverwaltung
ZZP .... Zeitschrift für (früher: deutschen) Zivilprozess (Band, Seite)

Paragrafen ohne Gesetzesangabe sind solche der ZPO.

Literaturverzeichnis

Adolphsen ZivilProzR .... *Adolphsen*, Zivilprozessrecht, 6. Aufl. 2020

Baur/Stürner/Bruns ZwangsVollstrR .... *Baur/Stürner/Bruns*, Zwangsvollstreckungsrecht, 13. Aufl. 2006

BeckOK ZPO/*Bearbeiter* .... *Vorwerk/Wolf*, Beck'scher Online-Kommentar ZPO, 38. Edition, Stand: 1.9.2020

BLAHAG/*Bearbeiter* .... *Baumbach/Lauterbach/Albers/Hartmann*, Kommentar zur Zivilprozessordnung, 78. Aufl. 2020

Blomeyer ErkVerf .... *A. Blomeyer*, Zivilprozeßrecht, Erkenntnisverfahren, 2. Aufl. 1985

Bork InsR .... *Bork*, *Ein*führung in das Insolvenzrecht, 9. Aufl. 2019

Brox/Walker ZwangsVollstrR .... *Brox/Walker*, Zwangsvollstreckungsrecht, 11. Aufl. 2018

Foerste InsR .... *Foerste*, Insolvenzrecht, 7. Aufl. 2018

Gaul/Schilken/Becker-Eberhard ZVR *Gaul/Schilken/Becker-Eberhardt*, Zwangsvollstreckungsrecht, 12. Aufl. 2010

HK-Zwangsvollstreckung/*Bearbeiter* ..... *Kindl/Meller-Hannich/Wolf,* Gesamtes Recht der Zwangsvollstreckung, 4. Aufl. 2021

Jauernig/Berger ZwangsVollstrR/InsR .... *Jauernig/Berger*, Zwangsvollstreckungs- und Insolvenzrecht, 23. Aufl. 2010

Lackmann ZwangsVollstrR .... *Lackmann*, Zwangsvollstreckungsrecht, 11. Aufl. 2018

Lippross/Bittmann ZwangsVollstrR .... *Lippross/Bittmann*, Zwangsvollstreckungsrecht, 12. Aufl. 2017

Lüke SachenR .... *Lüke,* Sachenrecht, 4. Aufl. 2018

Lüke ZivilProzR I ... *Lüke,* ZPO I, 11. Aufl. 2020

Maunz/Dürig GG ... *Maunz/Dürig*, Grundgesetz, 92. Aufl. 2020

MüKoBGB/*Bearbeiter* .... Münchener Kommentar zum Bürgerlichen Gesetzbuch, 7. Aufl. 2015 ff.

MüKoZPO/*Bearbeiter* ..... Münchener Kommentar zur Zivilprozessordnung, 6. Aufl. 2020

Musielak/Voit/*Bearbeiter* ..... *Musielak*, ZPO, 17. Aufl. 2020

Schuschke/Walker/Kessen/Thole/*Bearbeiter* ..... *Schuschke/Walker/Kessen/Thole*, Vollstreckung und Vorläufiger Rechtsschutz, 7. Aufl. 2020

Stein/Jonas/*Bearbeiter* ..... *Stein/Jonas*, Kommentar zur Zivilprozessordnung, 23. Aufl. 2014 ff. (davon abweichende Aufl. ist angegeben)

Thomas/Putzo/*Bearbeiter* ..... *Thomas/Putzo*, Zivilprozessordnung, 41. Aufl. 2020

Wieczorek/Schütze/*Bearbeiter* ..... *Wieczorek/Schütze*, Zivilprozessordnung und Nebengesetze, Großkommentar, 4. Aufl. 2013 ff.

Wysk/*Bearbeiter* ..... *Wysk*, Verwaltungsgerichtsordnung, 3. Aufl. 2020

Zöller/*Bearbeiter* ..... *Zöller,* Zivilprozessordnung, 33. Aufl. 2020

1. Teil. Allgemeiner Teil

1. Kapitel. Grundlagen und Rechtsquellen

§ 1. Einführung

Literatur: *Gaul,* „Prozessuale Betrachtungsweise" und Prozeßhandlungen in der Zwangsvollstreckung, GS Arens, 1993, 89; *ders.,* Rechtsverwirklichung durch Zwangsvollstreckung aus rechtsgrundsätzlicher und rechtsdogmatischer Sicht, ZZP 112, 135; *Gerhardt,* Bundesverfassungsgericht, Grundgesetz und Zivilprozeß, speziell: Zwangsvollstreckung, ZZP 95, 467; *Gundlach/Frenzel/Schmidt,* Die Zwangsvollstreckung gegen die öffentliche Hand, InVo 2001, 227; *G. Lüke,* Bausteine des Zwangsvollstreckungsverfahrens, JuS 1996, 185; *Stamm,* Die Strukturprinzipien der Zwangsvollstreckung und Zwangsversteigerung aktuell – Tagung des BMJV bei der Deutschen Richterakademie in Wustrau im November 2017, 19; *Stein,* Grundfragen der Zwangsvollstreckung, 1913; *Tarzia,* Aussichten für eine Harmonisierung des Zwangsvollstreckungsrechts in der Europäischen Union, ZEuP 1996, 231; *Wasser,* „Zwangsvollstreckung und Zwangsversteigerung in Bewegung – Ist das deutsche Vollstreckungsrecht noch zeitgemäß?", FS Graf-Schlicker, 2018, 129.

Ein rechtskräftiges Gestaltungs- oder Feststellungsurteil beendet 1
den Rechtsstreit zwischen den Parteien (abgesehen von den Kosten) insgesamt. Gleiches gilt für ein die Leistungsklage abweisendes Urteil. Wenn der Kläger aber mit seiner Leistungsklage obsiegt, hat er noch nicht die Leistung, zu der der Schuldner verurteilt worden ist. Häufig leistet der Schuldner nach Erlass des Urteils, spätestens wenn es rechtskräftig geworden ist. In anderen Fällen ist er aber auch dann noch nicht willens oder in der Lage, die geschuldete Leistung zu erbringen. Das *Selbsthilfeverbot* gilt auch jetzt noch, der Gläubiger darf gegen den Schuldner keinen Zwang ausüben. Deshalb greift der Staat ein und verhilft dem Gläubiger durch die Zwangsvollstreckung zu seinem Recht. Weil der Schuldner das weiß, erfüllt er möglicherweise freiwillig; insoweit hat die Zwangsvollstreckung auch *eine Art generalpräventive Wirkung.*

I. Das Zwangsvollstreckungsverfahren als Teil des Zivilprozesses

2 Das Vollstreckungsverfahren ist ein *Teil des Zivilprozesses.* Dieser hat nicht nur die Aufgabe der Rechtsfindung (Erkenntnisverfahren), sondern auch die Aufgabe der *Rechtsverwirklichung.* Dem dient die *Zwangsvollstreckung.* Diese ist demnach ein Verfahren, in dem *staatliche Organe einen privatrechtlichen Anspruch des Gläubigers unter Anwendung von Zwangsmitteln gegen den Schuldner verwirklichen.*

3 Das Zwangsvollstreckungsverfahren ist ein *weitgehend selbständiger Teil* des Zivilprozesses. Genauso wie es ein Erkenntnisverfahren ohne nachfolgende Zwangsvollstreckung gibt, gibt es auch eine Zwangsvollstreckung ohne Urteil (beim Prozessvergleich) und sogar ohne vorangegangenes Verfahren (vollstreckbare Urkunden, § 794 Abs. 1 Nr. 5) oder unabhängig von einem solchen (Anwaltsvergleich, § 796a). Es gelten im Zwangsvollstreckungsverfahren *zum Teil dieselben, zum Teil andere Grundsätze* als im Erkenntnisverfahren. Gemeinsam ist die Geltung der *Dispositionsmaxime,* auch die Zwangsvollstreckung beginnt nur, wenn der Gläubiger es beantragt. Der Gläubiger kann seinen Antrag jederzeit zurücknehmen; dann endet die Zwangsvollstreckung, denn er ist der „Herr" des Verfahrens. Die Zwangsvollstreckung erstreckt sich in erster Linie auf die Gegenstände, die der Gläubiger bezeichnet. Dies kann vor allem dann sinnvoll sein, wenn der Gläubiger die Verhältnisse seines Schuldners besser kennt als die Vollstreckungsorgane. Anders als im Erkenntnisverfahren ist im Vollstreckungsverfahren im Allgemeinen eine *mündliche Verhandlung* nicht erforderlich; bisweilen ist sogar die vorherige Anhörung des Schuldners nicht nur nicht notwendig, sondern sogar ausdrücklich untersagt (§ 834). Das Recht auf rechtliches Gehör, das auch im Vollstreckungsverfahren zu gewähren ist, wird dadurch nicht verletzt, weil der Schuldner die sofortige Überprüfung einer gegen ihn verhängten Maßnahme verlangen kann und deren Vornahme sofort erfolgen muss, wenn sie Aussicht auf Erfolg haben soll.[1] Öffentlichkeits- und Verhandlungsgrundsatz finden im Zwangsvollstreckungsverfahren keine Anwendung. Das Zwangsvollstreckungsverfahren hat auch *eigene Organe,* etwa den Gerichtsvollzieher und das Grundbuchamt. Auch Gerichte können als Organe der Zwangsvollstreckung fungieren (meist das Vollstreckungsgericht, das nicht mit dem Prozessgericht identisch ist, selten das Prozessgericht).

1 *Lüke* ZivilProzR I § 2 Rn. 34.

II. Der sog. Vollstreckungsanspruch und der Grundsatz des Formalismus in der Zwangsvollstreckung

Der *Staat* ist Träger der *Vollstreckungsgewalt.* Es steht aber nicht im Belieben der staatlichen Vollstreckungsorgane, ob sie dem Antrag des Gläubigers auf Durchführung der Zwangsvollstreckung stattgeben wollen oder nicht. Wenn die gesetzlichen Voraussetzungen für den Beginn der Zwangsvollstreckung vorliegen, sind die Vollstreckungsorgane zur Vornahme der beantragten Vollstreckungsmaßnahmen *verpflichtet.* Den Grund für diese *Pflicht der Staatsorgane* kann man im *Verbot der Selbsthilfe* sehen. Der Pflicht des Staates steht nach der hM ein *Vollstreckungsanspruch* des Gläubigers gegen den Staat gegenüber, der auf die Vornahme der beantragten Vollstreckungsmaßnahmen gerichtet ist.[2] Bei *Untätigkeit* der Staatsorgane stehen dem Gläubiger *Rechtsbehelfe* zur Verfügung (§§ 766, 793), mit deren Hilfe er ihr Tätigwerden erzwingen kann. Einen durch unterlassene oder verzögerte Zwangsvollstreckung verursachten *Schaden* kann der Gläubiger wegen *Amtspflichtverletzung* ersetzt verlangen (§ 839 BGB, Art. 34 GG). 4

Der Bundesgerichtshof nimmt an, durch den Vollstreckungseingriff werde zwischen Gläubiger und Schuldner eine privatrechtliche Sonderbeziehung begründet, aus der sich für den Gläubiger Pflichten zur Wahrung der Interessen des Schuldners ergeben. Deren Verletzung soll zu einem Schadensersatzanspruch aus positiver Forderungsverletzung (Pflichtverletzung gem. § 280 Abs. 1 BGB) führen können; § 278 BGB sei anwendbar.[3] 5

Das Vollstreckungsverfahren liegt in weitem Umfang in der Hand von *Nichtjuristen,* vor allem des *Gerichtsvollziehers* (auch das Vollstreckungsgericht wird durch den *Rechtspfleger* tätig). Es ist ein Verfahren, bei dem es auf *größtmögliche Wirksamkeit* und *Schnelligkeit* ankommt. Die Vollstreckungsorgane müssen deshalb *von der Prüfung komplizierter Voraussetzungen für den Beginn der Zwangsvollstreckung freigestellt* sein. Vor allem können sie nicht nachprüfen, *ob der materiell-rechtliche Anspruch,* der durchgesetzt werden soll, *tatsächlich besteht.* Das wird ihnen durch das Urteil abgenommen. Dieses ist ein *Vollstreckungstitel,* daneben gibt es weitere Titel (§ 794), etwa den Prozessvergleich.[4] Der Titel muss mit der sog. *Vollstre-* 6

---

2 Zu den unterschiedlichen dogmatischen Herleitungen siehe *Blomeyer* ErkVerf II § 1 III einerseits und Stein/Jonas/*Münzberg* ZPO vor § 704 Rn. 16ff. andererseits; umfassend *Gaul* FS Prütting, 2018, 651 (653).

3 BGH ZIP 1985, 121.

4 Dazu *Lüke* ZivilProzR I § 21 Rn. 10ff.

ckungsklausel versehen sein (→ § 10 Rn. 1) und muss vorher oder mit Beginn der Zwangsvollstreckung dem Schuldner *zugestellt* werden (§ 750). Wenn diese Voraussetzungen vorliegen und der Gläubiger einen entsprechenden Antrag gestellt hat, *muss* die Zwangsvollstreckung beginnen, sog. *Formalismus der Zwangsvollstreckung.* Dann besteht auch der Vollstreckungsanspruch. Dieser ist *von dem materiell-rechtlichen Anspruch zu unterscheiden,* der vollstreckt werden soll, dem sog. *vollstreckbaren Anspruch. Der Vollstreckungsanspruch richtet sich gegen den Staat, der vollstreckbare Anspruch gegen den Schuldner.* Die Frage, ob der vollstreckbare Anspruch überhaupt und mit dem titulierten Inhalt besteht oder das Urteil materiell unrichtig ist, hat für den Vollstreckungsanspruch keine Bedeutung. Liegen die *formellen Voraussetzungen* (Antrag, Titel, Klausel, Zustellung) vor, so muss die Zwangsvollstreckung durchgeführt werden. Wenn sich etwa der Gerichtsvollzieher auf die Behauptung des Schuldners einlassen müsste, der vollstreckbare Anspruch bestehe nicht oder nicht mehr, würde die Zwangsvollstreckung in vielen Fällen zumindest unerträglich *verzögert* werden. Der Schuldner hat jedoch einen besonderen Rechtsbehelf, jedenfalls das nachträgliche Erlöschen des vollstreckbaren Anspruchs vorzubringen. Dies ist aber eine besondere Klage (§ 767), die nicht im Vollstreckungsverfahren erhoben wird.

III. Das der Vollstreckung unterliegende Vermögen; der Schuldnerschutz; der Grundsatz der Verhältnismäßigkeit

Literatur: *Fischer,* Die unverhältnismäßige Zwangsvollstreckung, Rpfleger 2004, 599; *Hergenröder,* Vom Forderungseinzug zum Forderungsmanagement – Zwangsvollstreckung im 21. Jahrhundert und soziale Wirklichkeit, DGVZ 2010, 201; *Weyland,* Der Verhältnismäßigkeitsgrundsatz in der Zwangsvollstreckung, 1987; *Wieser,* Der Grundsatz der Verhältnismäßigkeit in der Zwangsvollstreckung, ZZP 98, 50; *ders.,* Der Grundsatz der Erforderlichkeit in der Zwangsvollstreckung, ZZP 100, 146.

7 Wegen Geldforderungen haftet der Schuldner grundsätzlich mit seinem *gesamten Vermögen* (nicht mit seiner Person). Dies können, um nur das Wichtigste zu nennen, bewegliche Sachen und Grundstücke, Forderungen und sonstige Rechte sein. Die Vollstreckung ist für die verschiedenen Vermögensobjekte verschieden geregelt. In bestimmten Fällen kann sich die Haftung des Schuldners auf *einzelne Vermögensobjekte beschränken,* zB bei der Duldung der Zwangsvoll-

streckung aus einer Hypothek auf das belastete Grundstück. Bei beweglichen Sachen stellt sich wieder die Frage, ob der Gerichtsvollzieher ihre *Zugehörigkeit zum Schuldnervermögen* prüfen muss. Dies könnte ähnliche Schwierigkeiten mit sich bringen wie bei der Prüfung des vollstreckbaren Anspruchs. Deshalb muss der Gerichtsvollzieher nur prüfen, ob die Sachen sich im Gewahrsam des Schuldners befinden. Dritte, die Eigentümer zu sein behaupten, müssen eine besondere Klage erheben (§ 771).

Es entspricht dem modernen sozialen Empfinden, dass die *wirtschaftliche Existenz* des Schuldners durch die Zwangsvollstreckung *nicht vernichtet* werden darf (Schutz vor „Kahlpfändung"). Dies würde weder im Interesse der Gläubiger liegen, die von einem völlig mittellos gewordenen Schuldner nichts mehr bekommen könnten, noch im *Interesse des Staates,* der im Wege der Sozialhilfe für den Schuldner und die von ihm abhängigen Unterhaltsberechtigten aufkommen müsste. Das Gesetz enthält deshalb heute umfangreiche Vorschriften über den *Schutz des Schuldners,* sowohl bei der Pfändung von beweglichen Sachen als auch bei der von Arbeitslohnansprüchen (§§ 811, 850 ff.). Das zum Leben unerlässlich Notwendige darf ihm nicht genommen werden. Diese Regelung, deren Berechtigung grundsätzlich nicht zu bestreiten ist, hat freilich dazu geführt, dass heute die Zwangsvollstreckung sehr schwierig, langwierig und in vielen Fällen wenig aussichtsreich ist.[5] Man hat deshalb zutreffend von der *Notwendigkeit des Gläubigerschutzes* gesprochen. Keine gesetzliche Regelung kann aber den Gläubiger davor schützen, dass bei seinem Schuldner nichts zu holen ist. 8

Die Verwirklichung der Ansprüche des Gläubigers führt auf Seiten des Schuldners zu einem Verlust an Rechten und Vermögenswerten. Dabei kann es, vor allem, aber nicht nur bei der Vollstreckung sog. *Bagatellforderungen* vorkommen, dass der Verlust des Schuldners größer ist als der Gewinn des Gläubigers. Angesichts derartiger Fälle ist die Frage aufgeworfen worden, ob der *Verhältnismäßigkeitsgrundsatz* auch im Vollstreckungsrecht gilt und die Vollstreckung in solchen Fällen verbietet. Die überwiegende Meinung hat sich dem 9

5 Aktuelle Überschuldungsstatistiken im Schuldneratlas 2019 Deutschland, hrsg. v. Creditreform Oswestfalen-Lippe vom 15.1.2020, abrufbar unter www.creditreform.de: 10,00 % aller Bürger über 18 Jahre sind überschuldet; s. auch *Hergenröder* DGVZ 2010, 201 (202 ff.): Das gesetzliche Modell der Einzelzwangsvollstreckung – ausgehend vom zahlungsfähigen, aber zahlungsunwilligen Schuldner – entspreche nicht mehr der gesellschaftlichen Realität, aaO, 209.

nicht angeschlossen. Es wird dagegen eingewandt, der Verhältnismäßigkeitsgrundsatz gelte nur im Verhältnis des Staates zum Bürger, nicht aber im Verhältnis der Bürger untereinander. In der Zwangsvollstreckung soll es primär um das Verhältnis der Bürger untereinander gehen, in das sich der Staat nur wegen des Verbots der Selbsthilfe eingeschaltet hat.[6] Dagegen ist vorgebracht worden, der Verhältnismäßigkeitsgrundsatz sei auch dem Zivilrecht nicht fremd. Er wird dort als Ausprägung der unzulässigen Rechtsausübung wegen Fehlens eines berechtigten Interesses verstanden.[7] Solche Überlegungen liegen auch einzelnen Bestimmungen der ZPO zugrunde, zB den §§ 803 Abs. 1 S. 2, Abs. 2 u. 812. Will man darüber hinaus den Verhältnismäßigkeitsgrundsatz heranziehen, so muss man bedenken, dass es sich in der Zwangsvollstreckung um eine Kollision von Rechten, auch von Grundrechten (zB des Eigentums) handelt. Bei der Auflösung dieser Kollision versagt der sonst in solchen Fällen anzuwendende Grundsatz der praktischen Konkordanz, weil die Rechte des Gläubigers denen des Schuldners vorgehen müssen; der Vollstreckungstitel (der Vollstreckungsanspruch, vgl. → § 1 Rn. 4) garantiert dem Gläubiger die Aufopferung von Grundrechten des Schuldners zu seinen Gunsten. Allenfalls in Grenzfällen kann ausnahmsweise eine Korrektur der gesetzlichen Regelung durch den Verhältnismäßigkeitsgrundsatz in Betracht kommen.[8] In jedem Fall muss seine Heranziehung mit größter Vorsicht erfolgen, weil die Gefahr besteht, dass die ohnehin oft wenig aussichtsreiche Zwangsvollstreckung noch ineffektiver und der Vollstreckungstitel entwertet wird. Außerdem muss vermieden werden, dass im Rahmen der dann erforderlichen Abwägung das Erkenntnisverfahren mehr oder weniger wiederholt wird. Alle Generalisierungen, zB der Satz, dass die Vollstreckung von Bagatellforderungen rechtsmissbräuchlich oder unverhältnismäßig sei, sind zu vermeiden. Letzten Endes sind alle diese Überlegungen nur vertretbar, weil nur eine als verfassungskonform empfundene Anwendung des Gesetzes das Bundesverfassungsgericht von der Aufhebung der Entscheidung der Fachgerichte abhalten wird.[9]

---

6 *Jauernig/Berger* ZwangsVollstrR/InsR § 1 Rn. 43; dazu *Rimmelspacher* ZZP 97, 358.
7 *Rimmelspacher* aaO; hierzu auch *Götte* ZZP 100, 417 ff.
8 Dazu *Fischer* Rpfleger 2004, 599; *Weyland*, Der Verhältnismäßigkeitsgrundsatz in der Zwangsvollstreckung, 1987; *Wieser*, Der Grundsatz der Verhältnismäßigkeit in der Zwangsvollstreckung, 1989 und ZZP 98, 50.
9 Zur Problematik seiner beschränkten Fachkompetenz vgl. *Baur/Stürner/Bruns* ZwangsVollstrR Rn. 7.43.

§ 2. Die Rechtsquellen des Zwangsvollstreckungsrechts

Literatur: *Bruckmann,* Überlegungen zu einer Reform des Zwangsvollstreckungsrechts, ZRP 1994, 129; *Schilken,* Vereinfachung und Beschleunigung der Zwangsvollstreckung, Rpfleger 1994, 138.

I. Die wichtigsten Gesetze

Die wichtigste Rechtsquelle ist die ZPO, und zwar das 8. Buch. 1
Dort finden sich nur wenige Bestimmungen (§§ 864–879) über die Zwangsvollstreckung in Grundstücke, weil die ZPO älter ist als das BGB und erst seit dessen Inkrafttreten ein einheitliches Grundstückssachenrecht gilt. Die Zwangsvollstreckung in Grundstücke ist deshalb im Gesetz über die Zwangsversteigerung und Zwangsverwaltung (ZVG) geregelt (s. auch § 869). Von Bedeutung sind des Weiteren das Rechtspflegergesetz, das die meisten Vollstreckungsmaßnahmen den Rechtspflegern übertragen hat, und schließlich das AnfG (Gesetz über die Anfechtung von Rechtshandlungen eines Schuldners außerhalb des Insolvenzverfahrens). Nach diesem Gesetz kann ein Gläubiger gegen Rechtshandlungen des Schuldners vorgehen, die dieser vornimmt, um Vermögensgegenstände dem Zugriff in der Zwangsvollstreckung zu entziehen. Quelle des Vollstreckungsrechts ist auch die *Verordnung über einen Europäischen Vollstreckungstitel für unbestrittene Forderungen* (EuVTVO) einschließlich der Durchführungsvorschriften in §§ 1079ff. ZPO.[1]

Nachdem in jüngerer Vergangenheit bereits umfangreiche Ände- 2
rungen des Vollstreckungsrechts durch die 2. Zwangsvollstreckungsnovelle vorgenommen wurden,[2] traten am 1.1.2013 mit dem Gesetz zur Reform der Sachaufklärung in der Zwangsvollstreckung[3] weitere Neuerungen in Kraft, die dem Ziel dienen sollen, das häufig als schwerfällig und unübersichtlich geltende Zwangsvollstreckungsverfahren heutigen Anforderungen anzupassen. Der Gesetzgeber wollte vor allem die Möglichkeiten verbessern, das Schuldnervermögen vor und während der Zwangsvollstreckung zu ermitteln und gütliche Einigungen mit dem Schuldner in der Zwangsvollstreckung fördern. Andere Gesetzesänderungen aus neuerer Zeit vollzogen für den Be-

---

1 *Lüke* ZivilProzR I § 56 Rn. 1ff.
2 Hierzu *Funke* NJW 1998, 1029; *David* MDR 1998, 1083.
3 Vom 29.7.2009, BGBl. 2009 I 2258; dazu *Fischer* DGVZ 2010, 113; *Mroß* DGVZ 2010, 181; *Würdinger* JZ 2011, 177.

reich des Vollstreckungsrechts materiell-rechtliche Reformen, wie etwa im Zusammenhang mit den Lebenspartnerschaften (§§ 740 ff.) oder gleichgeschlechtlichen Ehen (§ 739 Abs. 2). Das Mietrechtsänderungsgesetz vom 11.3.2013 (BGBl I 434) hat zu Neuerungen im Bereich der Herausgabevollstreckung geführt (§ 885 Abs. 3, 4; § 885a), die dem Ziel dienen, die Effizienz von Räumungstiteln zu steigern. Die Einführung des elektronischen Rechtsverkehrs macht natürlich auch vor dem Vollstreckungsrecht nicht halt, indem etwa der Gerichtsvollzieher auch elektronisch „beauftragt" werden kann (§ 753 Abs. 4). Der Vereinfachung des Verfahrens dient die verpflichtende Verwendung von vorgegebenen Formularen bei der Beauftragung des Gerichtsvollziehers (§ 753 Abs. 3). Auch insoweit waren im Vollstreckungsrecht rechtliche Grundlagen zu schaffen. Vor allem für das Verfahren des einstweiligen Rechtsschutzes im Wettbewerbs- und Immaterialgüterrecht relevant war die Einführung der Möglichkeit einer Schutzschriftregisters nach § 945a durch das Gesetz vom 10.10.2013.[4]

3 Von besonderer Bedeutung war die die Reform der Kontenpfändung u. a. durch die Kontenpfändungsverordnung vom 15.5.2014 (EuKoPfVO). Mit dieser seit dem 18.1.2017 unmittelbar geltenden Verordnung hat der Gesetzgeber eine Möglichkeit zur vorläufigen Kontenpfändung in jedem Mitgliedstaat geschaffen, ohne dass es einer vorherigen Zustellung oder gar eines Vollstreckbarkeitsverfahrens bedarf. Ziel ist es, in derartigen grenzüberschreitenden Rechtssachen der Gefahr zu begegnen, dass der Vollstreckungsschuldner in Erwartung der Kontenpfändung seine auf dem Konto befindlichen Gelder auf ein Konto im Ausland verschiebt und auf diese Weise versucht, sie dem Vollstreckungszugriff zu entziehen. Eine solche Kontenpfändung im EU-Ausland mittels eines Beschlusses zur vorläufigen Kontenpfändung ist möglich, wenn der Gläubiger bereits Inhaber eines Vollstreckungstitels ist oder mit Beweismitteln darlegen kann, dass über die Forderung gegen den Schuldner voraussichtlich zu seinen Gunsten entschieden wird.

4 Die Weiterentwicklung des Pfändungsschutzkontos nach § 850k ZPO ist sehr umstritten (→ § 26 Rn. 24 ff.).[5]

---

4 Art. 1 des Gesetzes zur Förderung des elektronischen Rechtsverkehrs mit den Gerichten, BGBl. 2013 I 3786.

5 Vgl. nur die Stellungnahme von Vertretern aus Theorie und Praxis in ZIP 2019, 2283.

II. Die verschiedenen Arten der Zwangsvollstreckung

Das 8. Buch der ZPO enthält als Erstes *allgemeine Vorschriften,* die für alle Arten der Zwangsvollstreckung gelten (§§ 704–802). Dann kommen die *besonderen Regeln* für die *verschiedenen Arten* der Zwangsvollstreckung. Dabei unterscheidet das Gesetz zunächst nach dem *Inhalt der Ansprüche,* die vollstreckt werden sollen: ob diese auf Geld (§§ 802a–882h) oder auf eine andere Leistung gerichtet sind (§§ 883 bis 898). Bei Geldforderungen besteht eine unterschiedliche Regelung, je nachdem *in welches Vermögensobjekt* vollstreckt wird: bewegliches Vermögen (§§ 803–863) oder unbewegliches Vermögen (§§ 864–871 und das ZVG). Soll in bewegliches Vermögen vollstreckt werden, ist weiterhin zwischen körperlichen Sachen (§§ 808–827) und Forderungen und sonstigen Vermögenswerten (§§ 828–863) zu unterscheiden. Die *Ansprüche,* die *nicht auf eine Geldleistung gerichtet* sind, werden nochmals nach ihrem Inhalt unterteilt: Ansprüche auf Herausgabe von Sachen (§§ 883–886), Ansprüche auf Vornahme vertretbarer (§ 887) und unvertretbarer Handlungen (§ 888), auf Unterlassungen und Duldungen (§ 890) sowie auf Abgabe einer Willenserklärung (§ 894). *Diese Aufteilung ist zwingend.* Man kann nicht etwa stattdessen die Abgabe einer Willenserklärung als unvertretbare Handlung ansehen und nach § 888 vollstrecken. Für die Vollstreckung solcher Ansprüche gilt ausschließlich die Regelung des § 894 (Ausnahme → § 9 Rn. 4). Bei jedem zur Entscheidung stehenden Fall muss man deshalb zuerst nach dem Inhalt des Anspruchs und, bei Geldforderungen, nach dem Vermögensobjekt fragen, in das vollstreckt werden soll, und dann die entsprechenden Vorschriften heranziehen. 5

III. Einzel- und Gesamtvollstreckung

Bei der *Einzelvollstreckung* vollstrecken *einzelne Gläubiger* (wenn auch uU mehrere gleichzeitig) *in einzelne Vermögensgegenstände* (auch hier meistens in mehrere gleichzeitig). Es wird aber nicht von allen Gläubigern in das gesamte Vermögen vollstreckt, vielmehr stehen die verschiedenen Gläubiger *unabhängig nebeneinander.* Ihre Befriedigung (vor allem bei Geldforderungen) erfolgt nach dem *Prioritätsprinzip* (§ 804 Abs. 3). Wenn also zB eine Sache mehrfach gepfändet worden ist, wird der Gläubiger, der zuerst hat pfänden lassen, zuerst befriedigt. Bleibt noch etwas übrig, erhält es der zweite Gläubiger usw. *Grundlage* jeder Einzelvollstreckung ist ein *Vollstre-* 6 *ckungstitel.* Ihre Durchführung erfolgt nach den Vorschriften der ZPO und des ZVG.

7 Ist der Schuldner *zahlungsunfähig* (bei juristischen Personen auch überschuldet), so steht mit großer Wahrscheinlichkeit fest, dass die Gläubiger nicht mehr zu ihrem Recht kommen werden. Es kann dann nicht mehr bei der Freiheit des einzelnen Gläubigers bleiben, selbst (durch die zuständigen Vollstreckungsorgane) die Zwangsvollstreckung zu betreiben. Auch das Prioritätsprinzip kann dann nicht mehr gelten. Vielmehr muss nunmehr das *gesamte Vermögen des Schuldners für alle Gläubiger* zur Verfügung stehen. Diese bilden eine sog. *Verlustgemeinschaft.* Deshalb muss das vorhandene Vermögen *gleichmäßig* auf alle Gläubiger *verteilt* werden. Alle erhalten die sog. *Quote.* Man spricht heute von *Insolvenz.* Diese wird nach den Vorschriften der Insolvenzordnung (InsO) abgewickelt; eine Einzelzwangsvollstreckung nach den Vorschriften der ZPO *ist daneben nicht mehr möglich.*

2. Kapitel. Die Organe der Zwangsvollstreckung

§ 3. Der Gerichtsvollzieher

I. Die funktionelle Zuständigkeit

Literatur: *Fahland,* Die freiwillige Leistung in der Zwangsvollstreckung und ähnliche Fälle, ZZP 92, 432; *Mroß,* „Der Gläubiger ist der Herr des Verfahrens, der Gerichtsvollzieher aber nicht sein Knecht", Zur Weisungsbefugnis des Gläubigers im Zwangsvollstreckungsauftrag, DGVZ 2011, 103; *Nesemann,* Gerichtsvollzieher in Vergangenheit und Zukunft, ZZP 119, 87; *Oerke,* Gerichtsvollzieher und Parteiherrschaft – Zivilprozessuale Verfahrensgrundsätze aus vollstreckungsrechtlicher Sicht, 1991; *Schilken,* Die Eröffnung des Wettbewerbs unter den Gerichtsvollziehern durch Änderung der Gerichtsvollzieherordnung (GVO), DGVZ 2011, 1; *Seip,* Die Zwangsvollstreckung durch den Gerichtsvollzieher, NJW 1994, 352; *Ulrici,* Der vereinfachte Vollstreckungsauftrag an den Gerichtsvollzieher, NJW 2017, 1142.

1 Der *Gerichtsvollzieher* ist das wohl bekannteste Vollstreckungsorgan. Er ist *funktionell zuständig* für alle Vollstreckungsmaßnahmen, die nicht den Gerichten zugewiesen sind (§ 753 Abs. 1). Das sind in erster Linie Maßnahmen zur Vollstreckung von *Geldforderungen in bewegliche Sachen,* also deren *Pfändung* (§ 808 Abs. 1) und *Versteigerung* (§ 814); außerdem Maßnahmen zur Durchsetzung von *Heraus-*

gabeansprüchen (§§ 883–885, vgl. auch § 897). Weiterhin ist der Gerichtsvollzieher zuständig gem. § 831 (Wegnahme des Papiers von Forderungen aus Wechseln), § 892 (zur Beseitigung eines Widerstands des Schuldners) und §§ 802 c ff. (bei Zwangsvollstreckung durch Vermögensauskunft und Haft). Es handelt sich somit durchweg um Maßnahmen, die *unmittelbaren Zwang* erfordern können. Der Gerichtsvollzieher ist gegebenenfalls zur Anwendung von Gewalt und zur Hinzuziehung der Polizei berechtigt (§§ 758, 759).

Die Entscheidung, ob und wann der Gerichtsvollzieher die Polizei zur Ge- 2
waltanwendung ersucht, steht in seinem Ermessen, das nur auf Fehler und nicht insgesamt überprüft werden kann.[1] Zu denken ist dabei an Fälle, in denen abzusehen ist, dass der Schuldner sich ggf. mit Waffengewalt wehren wird. Diese Fälle mehren sich im Zusammenhang mit sog. Reichsbürgern. Es handelt sich um ein für die Polizei verpflichtendes Amtshilfegesuch.[2] Verweigert die Polizei die Amtshilfe und unterlässt der Gerichtsvollzieher hieraufhin die beantragte Zwangsvollstreckungsmaßnahme, hat die hiergegen gerichtete Erinnerung (§ 766 ZPO) des Gläubigers keine Aussicht auf Erfolg.[3] Die verweigernde Polizei kann der Gläubiger im Rahmen der Erinnerung nicht zum Handeln zwingen. Er ist vielmehr auf den Verwaltungsrechtsweg (dort: allgemeine Leistungsklage[4], § 43 Abs. 2 S. 1 VwGO) verwiesen.

Er wirkt auf eine zügige, vollständige und Kosten sparende Beitrei- 3
bung von Geldforderungen hin (§ 802a Abs. 1). Ein Verstoß gegen die funktionelle Zuständigkeit ist ein schwerer und offenkundiger Fehler des Zwangsvollstreckungsverfahrens und führt deshalb zur *Nichtigkeit* der betreffenden Vollstreckungsmaßnahme. Die Befugnisse des Gerichtsvollziehers sind in § 802a Abs. 2 aufgelistet. Unter bestimmten Voraussetzungen darf er danach auch den Aufenthaltsort des Schuldners ermitteln (§§ 802a Abs. 2 S. 1 iVm 755), eine Vermögensauskunft des Schuldners (§ 802 c ff.) und Auskünfte[5] Dritter über das Vermögen des Schuldners (§ 802l) einholen sowie Vorpfändungen (§§ 802a Abs. 2 S. 1 Nr. 5 iVm 845) selbst ohne vollstreckbare Ausfertigung und Zustellung durchführen. Weiterhin kann er von Amts wegen die Eintragung des Schuldners in das Schuldnerverzeichnis anordnen (§ 882c).

1 MüKoZPO/*Heßler*, 5. Aufl. 2016, ZPO § 758 Rn. 20.
2 MüKoZPO/*Heßler*, 5. Aufl. 2016, ZPO § 758 Rn. 21.
3 LG Stendal DGVZ 2020, 98; vertiefend *Corcilius* DGVZ 2020, 41 (46), der die Leistungsklage als statthaft ansieht.
4 BVerwG NVwZ 1999, 535 (536); zur Abgrenzung von der Verpflichtungsklage vgl. Wysk/*Wysk*, 3. Aufl. 2020, VwGO § 42 Rn. 66.
5 Zum Datenschutz vgl. allg. § 802 l Abs 2–5 sowie *Wasser* FS Graf-Schlicker, 2018, 129 (134 f.).

II. Die Rechtsstellung

4 Der Gerichtsvollzieher übt *staatliche Hoheitsgewalt* aus. Er ist also *nicht* Vertreter des Gläubigers, er handelt auch *nicht* aufgrund eines privatrechtlichen Rechtsverhältnisses (der Ausdruck „Auftrag" in § 753 ist missverständlich, gemeint ist damit der Antrag des Gläubigers), sondern aufgrund seiner *Amtspflicht*.[6] Gegenwärtig gibt es Bestrebungen, das bestehende Gerichtsvollzieherwesen zu reformieren und die Aufgaben des Gerichtsvollziehers nicht mehr justizeigenen Beamten, sondern unter staatlicher Aufsicht stehenden Beliehenen zu übertragen.[7] Man wird die Entwicklung,[8] – die von Sparzwängen getragen ist, kritisch beobachten müssen.

5 Der Gerichtsvollzieher handelt auch hoheitlich, wenn er eine freiwillige Leistung des Schuldners entgegennimmt.[9] Vom Ausgang des Vollstreckungsverfahrens hat der Gerichtsvollzieher den Gläubiger zu unterrichten.[10] Gemäß § 760 ZPO kann der Gläubiger auch Akteneinsicht verlangen. Das erfasst auch die Anfragen für Drittauskünfte, sodass er die Tätigkeit des Gerichtsvollziehers kontrollieren kann.[11]

6 Ein Gerichtsvollzieher kann nicht wegen Besorgnis der Befangenheit abgelehnt werden. Für eine entsprechende Anwendung der §§ 42 ff. fehlt es an einer Regelungslücke, da die Tätigkeit des Gerichtsvollziehers im Wege der Erinnerung nach § 766 einer umfassenden richterlichen Kontrolle unterliegt.[12] Wenn der Gerichtsvollzieher seine Amtspflicht verletzt, greift die Amtshaftung ein und nicht eine persönliche Haftung wegen Vertragsverletzung.

III. Das Verfahren

7 Der Gerichtsvollzieher handelt *in eigener Verantwortung*. Das von ihm zu beachtende *Verfahren* ist in den §§ 754–763 und in der bundeseinheitlichen Geschäftsanweisung für Gerichtsvollzieher (GVGA) geregelt. Wichtig ist, dass die Befugnis zur *Durchsuchung der Woh-*

---

6 Heute hM; vgl. RGZ 82, 85.
7 Entwurf eines Gesetzes zur Reform des Gerichtsvollzieherwesens, BT-Drs. 17/1225.
8 Dazu *Schönrock* DGVZ 2011, 57.
9 Sog. Amtstheorie: MüKoZPO/*Heßler* § 754 Rn. 39 mwN; Schuschke/Walker/Kessen/Thole/*Walker/Vuia* ZPO § 754 Rn. 15; nach einer älteren Ansicht soll der Gerichtsvollzieher in diesen Fällen als Vertreter des Gläubigers – also auf privatrechtlicher Grundlage – handeln, sog. Vertretertheorie: vgl. *Blomeyer* ErkVerf *II* § 4 III 1b; *Messer*, Die freiwillige Zahlung des Schuldners in der Zwangsvollstreckung, 1966.
10 BGH MDR 2004, 648.
11 LG Tübingen DGVZ 2020, 150.
12 BVerfG NJW-RR 2005, 365; BGH NJW-RR 2005, 149.

nung (§ 758) grundsätzlich eine richterliche Anordnung erfordert (§ 758a Abs. 1 S. 1).[13] Nur bei Gefahr im Verzug ist sie entbehrlich (Abs. 1 S. 2). Diese an Art. 13 Abs. 2 GG ausgerichtete Eingriffsermächtigung normiert die Rechtsprechung des Bundesverfassungsgerichts.[14] *Gefahr im Verzug* ist zB beim bevorstehenden Umzug des Schuldners gegeben.[15] Der Gerichtsvollzieher soll im Rahmen einer Zwangsvollstreckung wegen Geldforderungen in das bewegliche Vermögen gem. § 802b Abs. 1 auf eine gütliche Erledigung hinwirken (→ § 25 Rn. 13). Der Gläubiger kann die gütliche Erledigung von vornherein ausschließen oder inhaltlich beschränken, jedoch nicht von jedweder Bedingung abhängig machen.[16] Er ist befugt, mit Einverständnis des Gläubigers Teilzahlungsvereinbarungen zu treffen (§ 802b Abs. 2 S. 1). Gegen die Maßnahmen des Gerichtsvollziehers und deren Unterlassung haben die Parteien den Rechtsbehelf der *Erinnerung* an das Vollstreckungsgericht (§ 766).

§ 4. Das Vollstreckungsgericht

I. Die funktionelle Zuständigkeit

Vollstreckungsgericht ist stets (Ausnahme für das Arrestgericht 1
§ 930 Abs. 1 S. 3 mit funktioneller Zuständigkeit des Richters nach § 20 I Nr. 16 RPflG) das *Amtsgericht in ausschließlicher Zuständigkeit* (§§ 764 Abs. 1, 802). Es ist neben dem Gerichtsvollzieher das *wichtigste Vollstreckungsorgan* und hat eine *doppelte Funktion.* Es *entscheidet* über die *Erinnerungen,* die gegen Maßnahmen des Gerichtsvollziehers eingelegt werden (§ 766). Insoweit ist es dem Gerichtsvollzieher *übergeordnet* und *fällt Entscheidungen.* Daneben ist das Vollstreckungsgericht selbst *Vollstreckungsorgan* und handelt insoweit *auf derselben Ebene wie der Gerichtsvollzieher,* indem es *Vollstreckungsmaßnahmen* vornimmt. So ist es *funktionell* zuständig für:

- die Zwangsvollstreckung wegen Geldforderungen in Forderungen und andere Vermögensrechte (§§ 828 ff., 857 ff.);
- die Zwangsvollstreckung wegen Geldforderungen in das unbewegliche Vermögen nach dem ZVG (§§ 1, 163);

13 Dazu *Münzberg* DGVZ 1999, 177.
14 BVerfGE 51, 97; dazu *Schneider* NJW 1980, 2377; zum rechtlichen Gehör bei der richterlichen Durchsuchungsanordnung BVerfG NJW 1980, 1171; zu den Anforderungen an die Durchsuchungsanordnung OLG Köln OLGZ 1993, 375.
15 OLG Karlsruhe DGVZ 1992, 41.
16 AG Strausberg DGVZ 2019, 240.

- das Verteilungsverfahren (§§ 872 ff.);
- bestimmte Maßnahmen im Verfahren über die Abnahme und Erzwingung von Vermögensauskünften (zB § 802g Abs. 1 S. 1); sowie
- bestimmte Fälle in der Mobiliarvollstreckung, wenn es dort um die Anordnung besonderer Maßnahmen geht: die der Austauschpfändung (§ 811a) und die Versteigerung der gepfändeten Sachen durch eine andere Person als den Gerichtsvollzieher (§ 825 Abs. 2).

2 Bei einem Verstoß gegen die funktionelle Zuständigkeit ist die Maßnahme nichtig.

II. Die örtliche Zuständigkeit

3 *Örtlich* zuständig ist grundsätzlich das Vollstreckungsgericht, in dessen Bezirk das Vollstreckungsverfahren stattfindet (§ 764 Abs. 2). Bei der Forderungspfändung gegen einen Schuldner, der im Inland seinen allgemeinen Wohnsitz hat, ist das dortige Gericht zuständig (§ 828 Abs. 2). Die Zuständigkeit richtet sich immer nach den *einzelnen Vollstreckungsmaßnahmen* (etwa einer bestimmten Pfändung), nicht nach dem Verfahren im Ganzen. Das bedeutet, dass *mehrere* Vollstreckungsgerichte zuständig sein können, wenn sich Vermögensobjekte des Schuldners in mehreren Gerichtsbezirken befinden. Ein *Verstoß* gegen die örtliche Zuständigkeit führt nicht zur Nichtigkeit (anders bei der funktionellen Zuständigkeit), sondern nur zur *Anfechtbarkeit* (§ 766).

III. Das Verfahren und die Rechtsbehelfe

4 Das Verfahren des Vollstreckungsgerichts ist abhängig davon, ob das Gericht eine Vollstreckungsmaßnahme erlässt oder über Rechtsbehelfe entscheidet. In beiden Fällen kann es sein Verfahren frei bestimmen. Dabei müssen jedoch die dargestellten Verfahrensgrundsätze beachtet werden. Seine Entscheidungen ergehen gemäß § 764 Abs. 3 durch Beschluss. Wird das Gericht als Vollstreckungsorgan tätig, so kann der Anspruch auf rechtliches Gehör eingeschränkt sein (→ § 1 Rn. 3). Die Sachaufklärung wird weitestgehend durch den Grundsatz des Formalismus in der Zwangsvollstreckung ersetzt (→ § 1 Rn. 6). Muss das Gericht dagegen über einen Rechtsbehelf entscheiden, so ist insbesondere der Anspruch auf rechtliches Gehör zu

wahren. Gemäß § 128 Abs. 4 ist es dem Gericht jedoch freigestellt, eine mündliche Verhandlung durchzuführen.

Die *Unterscheidung* zwischen *Vollstreckungsmaßnahmen* und *Entscheidungen* des Vollstreckungsgerichts ist auch wichtig wegen der *Rechtsbehelfe,* die dagegen vorgesehen sind. Gegen *Vollstreckungsmaßnahmen* gibt es die *Erinnerung* (§ 766), über die das Vollstreckungsgericht selbst entscheidet, gegen *Entscheidungen* die *sofortige Beschwerde* (§ 793; vgl. → § 20 Rn. 5). 5

Nach der ursprünglichen Regelung der ZPO wurde das Vollstreckungsgericht durch den *Richter* tätig. Heute ist an dessen Stelle weitgehend der *Rechtspfleger* getreten, soweit das Gericht als Vollstreckungsorgan handelt (§§ 3 Nr. 1 lit. i, 20 Nr. 15–17 RPflG). Dem Richter sind nur noch die Entscheidungen über Rechtsbehelfe gem. § 766 vorbehalten (§ 20 Nr. 17 RPflG).[1] Gegen die Entscheidung des Vollstreckungsgerichts gibt es die sofortige Beschwerde (§ 793), unabhängig davon, ob der Rechtspfleger oder der Richter entschieden hat (§ 11 Abs. 1 RPflG). 6

§ 5. Andere Vollstreckungsorgane

I. Das Prozessgericht

Das *Prozessgericht erster Instanz* ist *ausschließlich* zuständig für die Zwangsvollstreckung zur Erwirkung von Handlungen (§§ 887, 888) sowie von Duldungen und Unterlassungen (§ 890). Die Entscheidung erfolgt *durch den Richter, nicht durch den Rechtspfleger.* Die Verhängung von Zwangsgeld und Zwangshaft (§ 888) und von Ordnungsgeld und Ordnungshaft (§ 890) ist *Ausübung richterlicher Gewalt,* die dem Richter vorbehalten ist.[1] Gegen die Entscheidung ist die *sofortige Beschwerde* gegeben (§ 793). 1

Das Prozessgericht ist auch für einige im Rahmen der Zwangsvollstreckung mögliche *besondere Klagen* zuständig: 2

die Klage auf Erteilung der Vollstreckungsklausel (§ 731); die Klage gegen die Zulässigkeit der Vollstreckungsklausel (§ 768), die Vollstreckungsgegenklage (§ 767) und die damit verbundenen einstweiligen Anordnungen (§ 769). Des Weiteren obliegt dem Prozessgericht die 3

1 Zu der verfassungsrechtlichen Problematik dieser Regelung vgl. *Gaul* Rpfleger 1971, 48; *ders.* JZ 1973, 474, sowie *Blomeyer* ErkVerf II § 5 I 3.

1 Art. 92 GG; deshalb ist die Übertragung der Befugnis zur Verhängung von Zwangsgeld und -haft in §§ 889 Abs. 2, 888 Abs. 1; RPflG § 20 Nr. 17 auf den Rechtspfleger verfassungsrechtlich nicht unbedenklich, vgl. *Gaul* Rpfleger 1971, 48; *ders.* JZ 1973, 424.

Entscheidung über die Gewährung von Räumungsschutz bei Vollstreckung aus einem Räumungstitel (§ 721).

II. Das Grundbuchamt

4 Auch das *Grundbuchamt* kann als Vollstreckungsorgan tätig werden. Es trägt die Zwangshypothek ein (§§ 866, 867, 932), außerdem die Pfändung einer durch eine Buchhypothek gesicherten Forderung (§ 830 Abs. 1 S. 3; dasselbe gilt für Grund- und Rentenschulden, § 857 Abs. 6). Die entsprechenden Anträge hat der Gläubiger an das Grundbuchamt zu stellen, dieses wird *nicht von Amts wegen* tätig.

5 Obwohl nach hM die Eintragung in diesen Fällen eine *rechtliche Doppelnatur* hat, dh sowohl eine Zwangsvollstreckungsmaßnahme als auch eine Maßnahme der freiwilligen Gerichtsbarkeit ist, richten sich die Rechtsbehelfe nur nach der GBO; es ist also die einfache Beschwerde nach § 71 GBO zulässig.[2]

Übersicht 1: Beteiligte und Rechtsverhältnisse
Es sind drei Rechtsverhältnisse zu unterscheiden:

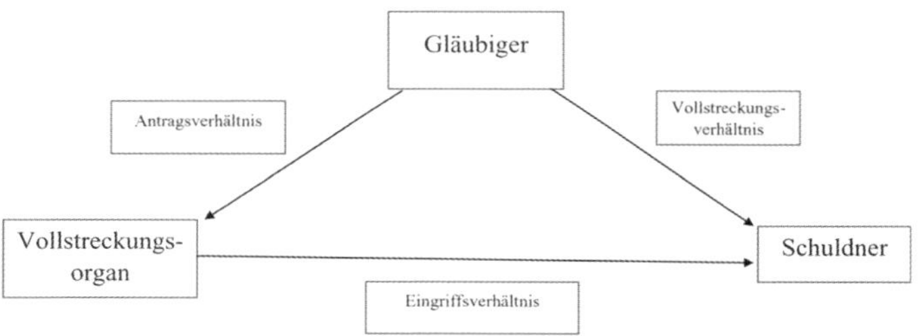

3. Kapitel. Die Voraussetzungen der Zwangsvollstreckung

§ 6. Die Voraussetzungen im Allgemeinen

Literatur: *Schreiber,* Allgemeine Voraussetzungen der Zwangsvollstreckung: Titel, Klausel, Zustellung, Jura 2005, 670.

1 Mit der Zwangsvollstreckung wird in die *Privatsphäre* des Schuldners eingegriffen. Deshalb ist sie an *strenge gesetzliche Voraussetzun-*

2 Vgl. BLAHAG/*Nober* ZPO § 867 Rn. 3 ff.

gen gebunden (Formalismus der Zwangsvollstreckung, → § 1 Rn. 6). Darin liegt ein *Schutz der Parteien* und zugleich eine *Erleichterung für die Vollstreckungsorgane,* die eben nur das Vorliegen dieser Voraussetzungen überprüfen müssen. Dabei ist zu unterscheiden zwischen Voraussetzungen, die die Zulässigkeit der Zwangsvollstreckung *schlechthin* betreffen und solchen, die vorliegen müssen, damit die Vollstreckung gerade *zu diesem Zeitpunkt* beginnen kann. Dies ist in erster Linie die *Zustellung des Titels* vor Beginn der Zwangsvollstreckung oder gleichzeitig damit. Der Schuldner muss davon unterrichtet sein, wer gegen ihn die Zwangsvollstreckung betreibt und aus welchem Rechtsgrund.

Die *Voraussetzungen* für den *Beginn der Zwangsvollstreckung* 2
schlechthin ergeben sich aus dem *Zwangsvollstreckungsrecht* und dem *allgemeinen Zivilprozessrecht.* Aus dem Zwangsvollstreckungsrecht folgt die Notwendigkeit eines wirksamen *Antrags* des Gläubigers. Dieser ist aber nur möglich, wenn die Prozesshandlungsvoraussetzungen erfüllt sind. Weiterhin sind notwendig der *Titel,* die *Klausel* sowie die *funktionelle* und die *örtliche* Zuständigkeit des Vollstreckungsorgans. Aus dem allgemeinen Zivilprozessrecht ergibt sich, dass einige (nicht alle) *Zulässigkeitsvoraussetzungen* vorliegen müssen. Dies gilt für die deutsche Gerichtsbarkeit und die Zulässigkeit des Rechtsweges. Das Vollstreckungsorgan ist aber insoweit *an den Titel gebunden.* Wenn dieser ein Urteil ist, sind diese Voraussetzungen bereits bejaht und festgestellt. Auch die *Partei- und Prozessfähigkeit* müssen vorliegen, und zwar auf beiden Seiten.[1] Auch hier besteht eine Bindung der Vollstreckungsorgane an das Urteil, es sei denn, dass nachträgliche Umstände eingetreten sind, die zu einem Wegfall der Partei- oder Prozessfähigkeit geführt haben.[2] Bei *anderen Titeln* als Urteilen besteht insoweit *keine Bindung* der Vollstreckungsorgane.

§ 7. Der Vollstreckungstitel im Allgemeinen

Der *Vollstreckungstitel* ist eine *öffentliche Urkunde,* aus der sich er- 1
gibt, dass ein *bestimmter materiell-rechtlicher Anspruch* mit Hilfe der Zwangsvollstreckung durchgesetzt werden kann. Er ist die *Grundlage der Zwangsvollstreckung* und bestimmt *ihren Umfang.* Die Voll-

1 *Arens* FS Schiedermair, 1976, 5; *Jauernig/Berger* ZwangsVollstrR/InsR § 1 Rn. 37.
2 *Arens* aaO.

streckung ist zulässig, solange der Titel vorliegt; ob der zu vollstreckende materiell-rechtliche Anspruch besteht, wird von den Vollstreckungsorganen nicht geprüft.

2 Der Titel bestimmt die *Parteien der Zwangsvollstreckung.* Die Partei im Vollstreckungsverfahren muss im Titel oder der beigefügten Klausel als Gläubiger oder Schuldner genannt sein.[1] Das ist eine allgemeine Vollstreckungsvoraussetzung nach § 750 Abs. 1. Alle anderen sind Dritte, für und gegen die keine Vollstreckung erfolgen kann. Die genaue Bezeichnung des Schuldners kann im Einzelfall zu praktischen Problemen führen. Das gilt besonders in der Räumungsvollstreckung gegen eine Vielzahl, dem Gläubiger unbekannte Hausbesetzer. Auch hier muss eine genaue Identifizierung der Räumungsschuldner durch den Gläubiger erfolgen. Diese müssen im Titel oder der beigefügten Klausel eindeutig bezeichnet sein, da der Gerichtsvollzieher nicht gegen „unbekannt" vollstrecken kann.[2] Ferner muss auch zwischen Personenmehrheiten und deren Mitgliedern differenziert werden. So ist etwa eine WEG als Gläubigerin nicht identisch mit den sie umfassenden Miteigentümern. Ein sie ausweisender Titel ist nicht vollstreckbar, ein darauf gerichteter Antrag muss stattdessen zurückgewiesen werden.[3] In bestimmten Fällen der *Rechtsnachfolge* kann jedoch der Titel durch Umschreibung der Vollstreckungsklausel auf den Rechtsnachfolger umgestellt werden (§§ 727–729). Der Gläubiger, der gegen den Erblasser ein Urteil erstritten hat, braucht also den Rechtsnachfolger nicht erneut zu verklagen.

3 Aus dem Titel ergeben sich auch *Inhalt und Umfang der Zwangsvollstreckung,* etwa die Höhe der einzutreibenden Geldforderung oder die Handlung, Duldung oder Unterlassung, die durchzusetzen ist. Daraus ergibt sich für den Richter des Erkenntnisverfahrens, dass der *Urteilstenor genau zu formulieren ist.*[4]

4 Der Leistungsumfang muss sich grundsätzlich aus dem Titel selbst ergeben. Zulässig ist aber die Bezugnahme auf außerhalb liegende Quellen, wenn diese leicht zugänglich und zuverlässig feststellbar sind. Der Bundesgerichtshof[5] hat dies für den vom Statistischen Bundesamt ermittelten Preisindex für die Le-

---

1 Für ein Beispiel, in dem diese Voraussetzung nicht erfüllt war: OLG München NJW 2017, 2420.
2 Insoweit klarstellend BGH NJW 2018, 399 (400) Rn. 18; s. auch *Waldschmidt* JurBüro 2020, 458 und OLG Brandenburg JA 2021, 75 (*Weber*).
3 OLG München NZM 2019, 790 (792) Rn. 26 f.
4 *Lüke* ZivilProzR I § 29 Rn. 8.
5 BGH NJW-RR 2004, 649; 2005, 366.

benshaltungskosten bejaht.[6] Bei Zweifeln über den Inhalt des Titels muss dieser von den Vollstreckungsorganen *ausgelegt* werden.[7] Lassen sich die Unklarheiten auf diese Weise nicht beseitigen, kann auf *Feststellung des Urteilsinhalts geklagt werden.*[8] Stattdessen kann auch die Klage erneut erhoben werden; das Rechtsschutzinteresse ist hier ausnahmsweise gegeben und die Rechtskraft des ersten Urteils steht nicht entgegen. In der Regel haftet der Schuldner mit seinem ganzen Vermögen. *Materiell-rechtliche Haftungsbeschränkungen* müssen sich aus dem Titel ergeben, um beachtlich zu sein. Bei den Parteien kraft Amtes (Insolvenzverwalter, Zwangsverwalter, Testamentsvollstrecker) ergibt sich die Beschränkung der Haftung auf das von ihnen verwaltete Vermögen schon aus der Parteibezeichnung.

§ 8. Das Endurteil

I. Die als Titel in Frage kommenden Urteile

1 Das Endurteil ist *der wichtigste Vollstreckungstitel;* es liegt der gesetzlichen Regelung zu Grunde (§§ 704 ff., 795). Als Vollstreckungstitel kommen in Frage Leistungsurteile; hinsichtlich der Kosten auch Feststellungs- und Gestaltungsurteile. Sowohl Vollendurteile als auch Teilendurteile sind vollstreckbar (§ 301 Abs. 1, ebenso Versäumnis- und Vorbehaltsurteile, § 302).[1]

II. Die vorläufige Vollstreckbarkeit

Literatur: *Brögelmann,* Anordnung der vorläufigen Vollstreckbarkeit in Zivilurteilen, JuS 2007, 1006; *Giers,* Die vorläufige Vollstreckbarkeit, DGVZ 2008, 8; *König,* Die vorläufige Vollstreckbarkeit im Zivilurteil, JuS 2004, 119; *Kruse/Schäfers,* Die Zahlung zur Abwendung der Zwangsvollstreckung, JuS 2013, 896.

2 Urteile sind vollstreckbar, wenn sie entweder *formell rechtskräftig* oder für *vorläufig vollstreckbar* erklärt sind (§ 704 Abs. 1). Nach Eintritt der Rechtskraft, wenn feststeht, dass das Urteil Bestand haben wird, ist es unproblematisch, die Vollstreckung durchzuführen. Die Regelung der vorläufigen Vollstreckbarkeit ist demgegenüber weniger selbstverständlich. Wenn das Urteil noch nicht rechtskräftig ist, kann es im Instanzenzug zu seiner *Aufhebung* und zu einer *abweichenden*

6 Gegenbeispiel: BGH NJW 2006, 695 – Unterhaltsanspruch „unter Anrechnung bereits gezahlter Beträge".
7 OLG Köln NJW 1985, 274; AG Bad-Hersfeld DGVZ 2020, 101; dagegen haben die Parteien die Erinnerung, § 766.
8 BGH NJW 1972, 2268.
1 Zur Vollstreckbarkeit auflösend bedingter Urteile (§§ 280, 304) vgl. *Lüke* ZivilProzR I § 13 Rn. 10, § 20 Rn. 13.

Entscheidung kommen. Dann stellt sich heraus, dass die *Zwangsvollstreckung ungerechtfertigt* war. Diese Gefahr nimmt das Gesetz in Kauf. Es soll durch die vorläufige Vollstreckbarkeit verhindert werden, dass eine Partei ein *Rechtsmittel* nur zu dem Zweck einlegt, den *Eintritt* der formellen Rechtskraft und damit der *Vollstreckbarkeit hinauszuzögern.* Außerdem sollen die Parteien gezwungen werden, schon in der ersten Instanz *den Prozess sorgfältig zu führen* und alle erheblichen Tatsachen vorzubringen.

3 Sie liegt im Interesse des Gläubigers, bedeutet aber gleichzeitig eine erhebliche Gefahr für den Schuldner. Deswegen muss das Gesetz auch dessen Interessen berücksichtigen. Dies geschieht durch die Anordnung von *Sicherheitsleistungen.*

4 Die vorläufige Vollstreckbarkeit wird *von Amts wegen* angeordnet, soweit der Klageinhalt vollstreckbar ist. In besonderen gesetzlichen Fällen sind Urteile vom Gericht aber auch ohne Sicherheitsleistung für vorläufig vollstreckbar zu erklären. Anknüpfungspunkte sind dabei das Verhalten der Parteien (Nr. 1 und 2), das Verfahren (Nr. 3, 4, 5, 10) oder das Ergebnis einer gesetzlichen Interessenabwägung (Nr. 6, 7, 8, 9 und 11):

- Anerkenntnis- und Verzichtsurteile (§ 708 Nr. 1); diese beruhen auf einem *eigenen Verhalten des Schuldners;*
- Versäumnisurteile und Urteile nach Lage der Akten gegen die säumige Partei (§ 708 Nr. 2); auch diese gehen auf das *Verhalten der säumigen Partei* zurück;
- Urteile, die den Einspruch verwerfen (§ 341), hinsichtlich der Kostenentscheidung (§ 708 Nr. 3);
- Urteile im Urkunden-, Wechsel- oder Scheckprozess (§ 708 Nr. 4); dabei handelt es sich um ein auf *besondere Schnelligkeit* angelegtes Verfahren;
- Urteile, die ein in einem Urkunden, Wechsel- oder Scheckprozess ergangenes Urteil für vorbehaltlos erklären (§ 708 Nr. 5);
- Urteile, die Arreste und einstweilige Verfügungen ablehnen oder aufheben (§ 708 Nr. 6); bei der Aufhebung hat der *Schuldner ein besonderes Interesse* an der sofortigen Vollstreckbarkeit, weil Arreste und einstweilige Verfügungen eine besondere Gefahr für ihn bedeuten;
- Urteile in Mietstreitigkeiten (§ 708 Nr. 7) und Urteile auf Unterhalts- und Rentenleistung (§ 708 Nr. 8) sowie Urteile wegen verbotener Eigenmacht (§ 708 Nr. 9); in allen diesen Fällen hat der *Gläubiger ein überwiegendes Interesse* an einer schnellen Vollstreckung;

- Berufungsurteile in vermögensrechtlichen Streitigkeiten (§ 708 Nr. 10); hier liegt eine *erhöhte Richtigkeitsgarantie* vor. Außerdem soll vor allem auch die *zweckwidrige Einlegung der Revision* und die sich daraus ergebende Belastung des Bundesgerichtshofs vermieden werden;
- Urteile in vermögensrechtlichen Streitigkeiten, wenn der Gegenstand der Verurteilung in der Hauptsache EUR 1.250 nicht übersteigt oder wenn nur die Kostenentscheidung über einen Betrag von nicht mehr als EUR 1.500 vollstreckbar ist (§ 708 Nr. 11); hier ist die vorläufige Vollstreckbarkeit wegen des *nicht allzu hohen Betrages* gerechtfertigt, mit dessen Rückzahlung gerechnet werden kann, falls das Urteil aufgehoben wird.

Die anderen Urteile sind gegen *Sicherheitsleistung* für vorläufig vollstreckbar zu erklären (§ 709). Der Gläubiger muss hier Sicherheit für den Fall leisten, dass das Urteil später aufgehoben oder abgeändert wird. Sollte dies eintreten, kann der Schuldner nach bereits erfolgter Vollstreckung auf die Sicherheitsleistung zurückgreifen. Erst nach der Sicherheitsleistung kann die Vollstreckung erfolgen. 5

Art und Höhe der Sicherheit ordnet das Gericht an; in der Praxis ist besonders häufig die Sicherheitsleistung durch Bankbürgschaft. Die Höhe richtet sich *nach dem mutmaßlichen Schaden,* der dem Schuldner durch die Vollstreckung entstehen könnte. Soweit wegen einer *Geldforderung* vollstreckt werden soll, braucht das Gericht die Sicherheitsleistung gem. §§ 709 S. 2, 711 S. 2 im Titel nicht zu beziffern, sondern kann sie in einem bestimmten Verhältnis zur Höhe des jeweils zu vollstreckenden Betrages angeben. 6

K klagt gegen B einen Anspruch auf Kaufpreiszahlung in Höhe von a) EUR 1.000 oder b) EUR 5.000 ein. Die Klage hat jeweils in vollem Umfang Erfolg. Der Ausspruch über die vorläufige Vollstreckbarkeit lautet in Fallvariante **a)**: *„Das Urteil ist vorläufig vollstreckbar."* In den Fällen des § 708 Nr. 4–11 schließt sich allerdings noch die Abwendungsbefugnis nach § 711 an. Da ein Zahlungstitel vollstreckt werden soll, lautet der Ausspruch über die Abwendungsbefugnis gem. §§ 711 S. 1 und 2, 709 S. 2: *„Der Beklagte darf die Vollstreckung durch Sicherheitsleistung in Höhe von 110% des vollstreckbaren Betrages abwenden, wenn nicht der Gläubiger vor der Vollstreckung Sicherheit in Höhe von 110% des zu vollstreckenden Betrages leistet."* In Fallvariante **b)** lautet Ausspruch über die Vollstreckbarkeit: *„Das Urteil ist vorläufig vollstreckbar gegen Sicherheitsleistung in Höhe von 110% des zu vollstreckenden Betrages."* § 709 ordnet somit als Regel an, dass der Gläubiger eine Sicherheitsleistung erbringen muss. § 708 regelt dagegen Sonderfälle. Soll aber kein Zahlungstitel, sondern zB ein titulierter Herausgabeanspruch vollstreckt wer- 7 den, so ist die Sicherheitsleistung zu beziffern. Sie muss den drohenden Schaden (§ 717 Abs. 2; vgl. → § 8 Rn. 15 f.) abdecken und kann sich dafür am Wert der Sache orientieren.[2]

8 Die Sicherheit ist nach Eintritt der Rechtskraft zurückzugewähren (§ 715).

9 Bei der Sicherheitsleistung wird den Interessen des Gläubigers auf doppelte Weise Rechnung getragen. Nach § 720a kann der Gläubiger bei einem nur gegen Sicherheitsleistung vollstreckbaren Urteil die Zwangsvollstreckung schon betreiben, bevor die Sicherheit geleistet ist, er ist aber auf *Sicherungsmaßnahmen* (Pfändung, Sicherungshypothek) beschränkt.[3] Der Schuldner kann diese Sicherungsvollstreckung *abwenden,* wenn er *seinerseits Sicherheit in Höhe des Hauptanspruchs leistet,*[4] es sei denn, dass der Gläubiger *vorher die ihm obliegende Sicherheit geleistet hat* (§ 720a Abs. 3). Eine Sicherheitsleistung durch den Gläubiger ist entgegen dem Wortlaut des § 720a Abs. 1 stets erforderlich, wenn die Sicherungsvollstreckung zur Zahlungsunfähigkeit und Insolvenzreife des Schuldners führt.[5] Dem *Gläubigerinteresse* wird außerdem durch die Vorschrift des § 710 Rechnung getragen. Der Gläubiger kann, wenn er die Sicherheitsleistung nach § 709 nicht oder nur unter erheblichen Schwierigkeiten leisten kann und ihm die Aussetzung der Vollstreckung einen schwer zu ersetzenden Nachteil bringen würde, auf Antrag erreichen, dass das Urteil *auch ohne Sicherheitsleistung* für vorläufig vollstreckbar erklärt wird. Dasselbe gilt, wenn die Aussetzung aus einem sonstigen Grund für den Gläubiger unbillig wäre, insbesondere weil er die Leistung für seine Lebenshaltung oder seine Erwerbstätigkeit dringend benötigt.

10 Das Gesetz berücksichtigt aber auch die *Interessen des Schuldners,* dessen *primäres Anliegen* es ist, *die Vollstreckung überhaupt,* oder auch jedenfalls *aufgrund einer eigenen Sicherheitsleistung abzuwenden* oder wenigstens die Vollstreckung an eine *Sicherheitsleistung durch den Gläubiger zu binden,* damit mögliche Schadensersatzansprüche gegen den Gläubiger durchgesetzt werden können. So kann der Schuldner in den Fällen des § 708 Nr. 4–11 die Vollstreckung *durch Sicherheitsleistung abwenden* (§ 711). Dadurch ist der Gläubi-

2 Vgl. dazu Zöller/*Herget* ZPO § 709 Rn. 3 ff.
3 Unter bestimmten Voraussetzungen kann auch die Abgabe einer Vermögensauskunft gem. § 802c verlangt werden, BGH DGVZ 2007, 13 (zu § 807 aF); s. auch *Hölk* MDR 2006, 841.
4 Auch durch Prozessbürgschaft, OLG München OLGZ 1991, 75.
5 OLG Köln ZIP 1994, 1053.

ger davor gesichert, dass er seinen Anspruch später nicht mehr durchsetzen kann, etwa weil der Schuldner vermögenslos geworden ist. Der *Gläubiger* kann die Abwendung der Vollstreckung verhindern, indem er *seinerseits Sicherheit* leistet und damit sicherstellt, dass der Schuldner seinen Schadensersatzanspruch durchsetzen kann, wenn das Urteil aufgehoben werden sollte (§ 711).

Noch weitergehende *Schutzmöglichkeiten zugunsten des Schuldners* gewährt § 712. Wenn ihm die Vollstreckung einen *nicht* zu ersetzenden Nachteil bringen würde (etwa Zerstörung der wirtschaftlichen Existenz; nicht aber die bloße Preisgabe von Betriebs- und Geschäftsgeheimnissen[6]), kann ihm auf Antrag gestattet werden, die Vollstreckung durch Sicherheitsleistung abzuwenden, auch wenn der Gläubiger Sicherheit geleistet hat (§ 712 Abs. 1 S. 1). Ein solcher Nachteil muss sich aus der Vollstreckung selbst und nicht bereits aus der Verurteilung ergeben.[7] Wenn der Schuldner nicht zur Sicherheitsleistung in der Lage ist, so ist entweder die Vollstreckung auf die Sicherheitsvollstreckung (gemäß § 720a Abs. 1 und 2) zu beschränken oder das Urteil überhaupt nicht für vorläufig vollstreckbar zu erklären (§ 712 Abs. 1 S. 2). Dem Antrag des Schuldners ist *nicht* zu entsprechen, wenn ein *überwiegendes Interesse* des Gläubigers entgegensteht (§ 712 Abs. 2 S. 1). Bei der Abwägung der beiderseitigen schutzwürdigen Belange im Rahmen eines Berufungsverfahrens haben im Zweifel die Interessen der im ersten Rechtszug obsiegenden Partei den Vorrang, zu deren Gunsten die vorläufige Vollstreckbarkeit angeordnet wurde.[8] In den Fällen des § 708 kann das Gericht aber anordnen, dass das Urteil nur gegen Sicherheitsleistung zu vollstrecken sei (§ 712 Abs. 2 S. 2). 11

Die *Verhandlung* über die vorläufige Vollstreckbarkeit erfolgt *im Rahmen des Erkenntnisverfahrens,* dort sind die Anträge nach den §§ 710, 711 S. 3, 712 zu stellen (§ 714). Die *Entscheidung* erfolgt im *Endurteil,* das gegebenenfalls nach § 321 zu ergänzen ist (§ 716). Wird das Urteil mit der Berufung angefochten, so ist *in der Berufungsinstanz* auf Antrag über die vorläufige Vollstreckbarkeit vorab zu verhandeln und zu entscheiden (§ 718 Abs. 1); eine Anfechtung des vom Berufungsgericht darüber gefällten Teilurteils findet nicht statt (§ 718 Abs. 2). Das *Berufungsgericht* kann auf Antrag des Schuldners *vorläufige Anordnungen* durch Beschluss treffen (§§ 719 Abs. 1 und 3, 707), vor allem die einstweilige Einstellung der Zwangsvollstreckung gegen 12

6 BGH BeckRS 2019, 6784 Rn. 7 = EWiR 2019, 383 (*Beck*).
7 OLG Celle OLGZ 1969, 458, 459 f.; MüKoZPO/*Götz* § 712 Rn. 3.
8 BGH WuW 1997, 162.

oder ohne Sicherheitsleistung anordnen.[9] Allerdings ist der Schuldner gehalten, die Gründe, die er in seinem Antrag nach § 719 iVm § 707 anführt, bereits in der ersten Instanz durch einen Antrag nach § 712 geltend zu machen. Andernfalls soll er mit diesen Einwänden nicht mehr gehört werden.[10] Bei einem Antrag gegen die Zwangsvollstreckung aus einem *Versäumnisurteil* gelten verschärfte Anforderungen (§ 719 Abs. 1 S. 2) *zusätzlich* zu denjenigen des § 707 Abs. 1 S. 2.[11] In der *Revisionsinstanz* gilt § 719 Abs. 2. Nach der Rechtsprechung des Bundesgerichtshofs regelt die Vorschrift nicht die Frage, ob im Revisionsverfahren die Einstellung ohne oder gegen Sicherheitsleistung anzuordnen ist; insoweit gelte ebenfalls § 719 Abs. 1 iVm § 707.[12] Die einstweilige Einstellung der Zwangsvollstreckung nach dieser Vorschrift soll zu versagen sein, wenn der Schuldner es versäumt, im Berufungsrechtszug einen ihm möglichen und zumutbaren Antrag auf Vollstreckungsschutz gem. § 712 zu stellen.[13] Der Schuldner muss bei einem Antrag nach § 719 Abs. 2 glaubhaft machen, dass die Vollstreckung einen für ihn nicht zu ersetzenden Nachteil bringen würde. Allein der Umstand, dass die Vollstreckung das Prozessergebnis vorwegnehmen würde, begründet einen solchen Nachteil nicht. Ein Nachteil liegt auch nicht vor, wenn der Gläubiger für das zu räumende Grundstück bereits einen Erbbaurechtsvertrag geschlossen hat und deswegen durch die Räumung für den Schuldner endgültige Verhältnisse geschaffen werden.[14]

13 Die vorläufige Vollstreckbarkeit tritt mit der Verkündung eines Urteils insoweit *außer Kraft,* als dieses die Entscheidung in der Hauptsache oder die Vollstreckbarkeitserklärung aufhebt oder abändert (§ 717 Abs. 1). Wenn das Urteil, das die vorläufige Vollstreckbarkeit angeordnet hat, *rechtskräftig* wird, entfallen alle diese Einschränkungen; Sicherheiten sind zurückzugewähren (§ 715).

---

9 Zu den Voraussetzungen OLG Celle OLGZ 1993, 475; OLG Saarbrücken MDR 1997, 1157.
10 OLG Köln JurBüro 1997, 553 aA: OLG Stuttgart MDR 1998, 858; MüKoZPO/*Götz* § 719 Rn. 6 mwN.
11 Vgl. BVerfG NJW-RR 2004, 934; aA OLG Stuttgart NJW-RR 2003, 713 dazu *Deubner* JuS 2004, 31 (34).
12 BGH NJW 2010, 1081.
13 BGH BeckRS 2019, 6784 Rn. 3 mwN = EWiR 2019, 383 (*Beck*); DGVZ 2008, 12.
14 BGH NJW-RR 2017, 1355.

Übersicht 2: Sicherheitsleistung

14

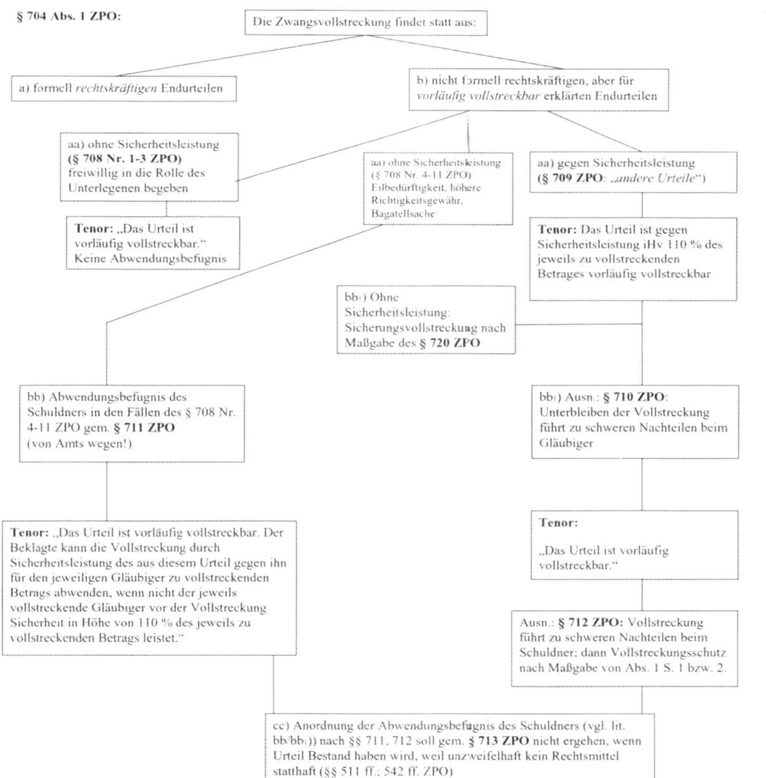

III. Der Schadensersatzanspruch aus § 717

Literatur: *Bork/Bothe,* Haftungsgrund und autoritative Feststellung bei der Analogie zu § 717 Abs. 2 ZPO, ZZP 132, 71; *Gaul,* Die Haftung aus dem Vollstreckungszugriff, ZZP 97, 3; *Häsemeyer,* Schadenshaftung im Zivilrechtsstreit, 1979; *Krafft,* Die Schadensersatzpflicht aus § 717 II ZPO, JuS 1997, 734; *Saenger,* Zur Schadensersatzpflicht bei vorzeitigen Vollstreckungsmaßnahmen des materiell berechtigten Gläubigers, JZ 1997, 222.

15 Vorläufige Vollstreckbarkeit bedeutet, dass die Parteien im Zeitpunkt der Vollstreckung noch nicht wissen, *ob es bei dem Urteil bleibt.* Das heißt aber *nicht,* dass der Gläubiger *nur vorläufige Vollstreckungsmaßnahmen* durchführen kann. Es kann vielmehr, von den Fällen der Sicherungsvollstreckung abgesehen (§ 720a), aus einem vorläufig vollstreckbaren Urteil *ebenso vollstreckt* werden wie aus einem rechtskräftigen. Die Zwangsvollstreckung führt also *schon zur Befriedigung des Gläubigers.* Das bedeutet, dass der Schuldner eine Vermögenseinbuße erleidet. Verwiese man ihn deswegen auf materiell-rechtliche Schadensersatzansprüche gegen den Gläubiger, wenn das Urteil aufgehoben wird, drohten erhebliche Schwierigkeiten. Ein *Verschulden* wäre dem Gläubiger kaum nachzuweisen, weil man von ihm nicht mehr Rechtskenntnisse erwarten kann als von dem Gericht, das zu seinen Gunsten entschieden hatte. Das Gesetz sieht deshalb einen *besonderen Schadensersatzanspruch des Schuldners vor, der von einem Verschulden des Gläubigers unabhängig* ist (§ 717 Abs. 2; er wird mit Abänderung des vorläufig vollstreckbaren Urteils durchsetzbar).[15] Der Gläubiger betreibt also die Vollstreckung aus einem für vorläufig vollstreckbar erklärten Urteil *auf eigenes Risiko.* Der Anspruch aus § 717 Abs. 2 richtet sich auf *Ersatz allen Schadens, der dem Schuldner durch die Vollstreckung des Urteils oder durch eine zur Abwendung der Vollstreckung gemachte Leistung entstanden ist.*[16] Hierzu zählt auch der weitere, über die Leistung zur Abwendung der Zwangsvollstreckung hinausgehende Schaden, insbesondere der sog. Zinsschaden.[17] Die §§ 249 ff. BGB sind anwendbar. Der Gläubiger kann materiell-rechtliche Einwendungen wie Mitverschulden (§ 254 BGB) geltend machen und auch die Aufrechnung erklären, soweit diese mit

---

15 BGH NJW-RR 2009, 407.

16 Auch wenn dadurch mittelbar eine Zurückbehaltungslage wiederhergestellt wird, BGH NJW-RR 2007, 1029; s. aber BGH NJW 1978, 163 u. BGHZ 85, 110; zum Tatbestandsmerkmal „Leistung zur Abwendung der Zwangsvollstreckung" *Adam* JurBüro 1998, 569

17 BGH NJW 1997, 2603.

Sinn und Zweck des § 717 Abs. 2 vereinbar ist. Begleitschäden, die auf einer nicht gehörigen Durchführung der Vollstreckung beruhen, sollen vom Schutzzweck des § 717 Abs. 2 aber nicht umfasst sein.[18] Bei freiwilliger Leistung auf ein noch nicht rechtskräftiges Feststellungsurteil (gegen die öffentliche Hand)[19] fehlt ein Druck zur Erfüllung, und § 717 gilt nicht entsprechend.[20] Der Anspruch entsteht mit Aufhebung des vorläufig vollstreckbaren Urteils, ohne dass dieses aufhebende Urteil rechtskräftig sein muss. Der Schadensersatzanspruch kann also wieder *entfallen*, wenn das aufhebende Urteil *seinerseits aufgehoben wird.*

Der Anspruch aus § 717 Abs. 2 besteht nicht, wenn ein *Berufungsurteil* in einer vermögensrechtlichen Streitigkeit aufgehoben worden ist (§ 717 Abs. 3 S. 1; Ausnahme: Versäumnisurteile). In diesem Fall ist der Schuldner auf einen Bereicherungsanspruch beschränkt, der sich auf das aufgrund des Urteils Geleistete erstreckt (§ 717 Abs. 3 S. 2). Die Vorschrift ist somit Ausdruck einer abgestuften Risikoverteilung.[21] In den Bestand des Berufungsurteils darf der Gläubiger erhöhtes Vertrauen setzen. 16

Die Ansprüche aus § 717 stehen entgegen dem Gesetzeswortlaut *auch dem Kläger* zu, denn dieser kann Schuldner der Zwangsvollstreckung gewesen sein, wenn nach Klageabweisung wegen der Kosten gegen ihn vollstreckt wurde.

Dem Schuldner stehen *mehrere Wege* offen, um seinen Anspruch aus § 717 geltend zu machen. Er kann eine neue Klage erheben, für die dann die allgemeinen Regeln gelten. Die hM will den Anspruch aus § 717 als *Fall der Gefährdungshaftung* ansehen und deshalb die Klage im Gerichtsstand der unerlaubten Handlung zulassen.[22] Der Schuldner kann den Anspruch aber auch durch Zwischenantrag (§ 261 Abs. 2) in dem anhängigen Verfahren geltend machen (§ 717 Abs. 2 S. 2, Abs. 3 S. 4), wahlweise auch durch Widerklage oder im Wege der Aufrechnung. 17

Beim Zwischenantrag ist der Anspruch als zur Zeit der Zahlung rechtshängig geworden anzusehen. Damit treten die materiell-rechtlichen Folgen der Klageerhebung rückwirkend ein. Im Falle des Bereicherungsanspruchs aus Abs. 3 gilt dies auch dann, wenn dieser Antrag nicht gestellt wird. § 818 Abs. 3 BGB ist bei diesem Anspruch also ausgeschlossen. 18

---

18 BGH NJW-RR 2009, 658.
19 *Lüke* ZivilProzR I § 11 Rn. 2.
20 BAG NJW 1989, 3173.
21 MüKoZPO/*Götz* § 717 Rn. 28.
22 BGH NJW 1957, 1926; BGH NJW 2011, 2518, Rn. 10; Zöller/*Herget* ZPO § 717 Rn. 13 dagegen *Bötticher* ZZP 85, 1.

19 Eine *ähnliche Regelung wie § 717 Abs. 2* enthält das Gesetz *in anderen Fällen einer nachträglich unberechtigten Vollstreckung* (§§ 302 Abs. 4 S. 2 und 3; 600 Abs. 2; 945). § 717 Abs. 2 ist *entsprechend* anzuwenden, wenn ein Zwischenurteil nach § 280 oder ein Grundurteil nach § 304 aufgehoben wird,[23] außerdem bei den Titeln des § 794 Abs. 1 Nr. 2 und 3, nach hM aber nicht bei Aufhebung eines Urteils im Wiederaufnahmeverfahren[24] § 717 Abs. 2 (und der entsprechenden Regelung in § 945; s. auch § 799a) liegt der Rechtsgedanke zugrunde, dass die Vollstreckung aus einem noch nicht endgültigen Vollstreckungstitel auf Gefahr des Gläubigers erfolgt. Daraus ergeben sich die Grenzen für die Analogiefähigkeit. So kann nicht im Wege entsprechender Anwendung des § 717 Abs. 2 ein Schadensersatzanspruch gegen einen Dritten begründet werden, der eine einstweilige Einstellung der Zwangsvollstreckung nach § 771 Abs. 3 (dazu → § 23 Rn. 33) erwirkt hat, die sich nachträglich als ungerechtfertigt herausstellt.[25] Das Gleiche muss beim Wegfall des Titels nach Rechtskraft durch Vollstreckungsgegenklage und bei beiderseitiger Erledigungserklärung gelten.[26] Auch im Falle einer Vollstreckung aus einem formell rechtskräftigen Versäumnisurteil, das aber wegen der Unbestimmtheit der Ansprüche nicht in materielle Rechtskraft erwächst, ist § 717 Abs. 2 nicht analog anwendbar.[27]

IV. Ausländische Urteile als Vollstreckungstitel

Literatur: *Beitzke,* Anerkennung und Vollstreckung ausländischer gerichtlicher Entscheidungen in der Bundesrepublik Deutschland, Jura 1971, 30; *Geimer,* Grundfragen der Anerkennung und Vollstreckung ausländischer Urteile im Inland, JuS 1965, 475; *Geimer/Schütze,* Internationaler Rechtsverkehr in Zivil- und Handelssachen, Loseblatt, 39. EL, Stand: Juni 2010; *Gottwald,* Grundfragen der Anerkennung und Vollstreckung ausländischer Entscheidungen in Zivilsachen, ZZP 103, 257; *ders.,* Die internationale Zwangsvollstreckung, IPRax 1991, 285; *Koch,* Anerkennung und Vollstreckung ausländischer Urteile und ausländischer Schiedssprüche in der Bundesrepublik Deutschland, in: *Gilles,* Effiziente Rechtsverfolgung, 1987, 161; *ders.,* Ausländischer Schadensersatz vor deutschen Gerichten, NJW 1992, 3073.

---

23 Dazu *Schiedermair* JuS 1961, 221.
24 AA *Dieckmann* JuS 1969, 109.
25 BGHZ 95, 10; abl. *Häsemeyer* NJW 1986, 1028; s. auch BGH NJW 1984, 2095; OLG München NJW-RR 1989, 1471.
26 S. auch BGH NJW 1988, 1268 (1269).
27 BGH JZ 2000, 162 mAnm *Münzberg.*

Ausländische Urteile können im Inland erst vollstreckt werden, wenn *ein besonderes Vollstreckungsurteil* erlassen worden ist (§ 722 Abs. 1; zur Zuständigkeit für die Klage s. Abs. 2). 20

Dieses Urteil setzt voraus, dass das ausländische Urteil rechtskräftig ist[28] und nach § 328 anerkannt werden kann (§ 723 Abs. 2). Seine Richtigkeit wird nicht überprüft (§ 723 Abs. 1). Das Vollstreckungsurteil begründet dann die Vollstreckbarkeit des ausländischen Urteils (es handelt sich deshalb um ein prozessuales Gestaltungsurteil). Da das Verfahren nach den §§ 722, 723 umständlich und kompliziert ist, ist vielfach durch Staatsverträge ein einfacheres Beschlussverfahren eingeführt worden. 21

Besonderheiten gelten zwischen den Mitgliedstaaten der EU.[29] Nach Art. 38 ff. EuGVVO wird für eine in einem anderen Mitgliedstaat ergangene Entscheidung im Inland eine internationale Vollstreckungsklausel erteilt. Eines Vollstreckungsurteils bedarf es nicht.[30] Ein Titel, der in einem anderen Mitgliedstaat als *Europäischer Vollstreckungstitel* nach Art. 6 EuVTVO für unbestrittene Forderungen bestätigt worden ist, kann als ausländischer Titel sogar ohne Weiteres im Inland vollstreckt werden. Dabei kann es sich um gerichtliche Entscheidungen, öffentliche Urkunden oder Prozessvergleiche handeln.[31] Ergänzende Verfahrensvorschriften dazu finden sich in §§ 1084 ff. Als Vollstreckungstitel für eine sichernde Pfändung kommt auch der Beschluss zur vorläufigen Kontenpfändung nach der EuKoPfVO in Betracht. 22

Für zwischenstaatliche Vollstreckungsverträge gelten die Bestimmungen des Anerkennungs- und Vollstreckungsausführungsgesetzes (AVAG). 23

28 *Gaul/Schilken/Becker-Eberhard* ZVR § 12 Rn. 7 ff.; s. aber BGHZ 118, 312 (318 ff.).
29 Überblick bei *Lüke* ZivilProzR I § 54 Rn. 1 ff.
30 *Lüke* ZivilProzR I § 55 Rn. 14 ff.
31 *Lüke* ZivilProzR I §§ 56 Rn. 1 ff., 4.

§ 9. Andere Vollstreckungstitel

Literatur: *Münch,* Die Reichweite der Vollstreckungsunterwerfung, ZIP 1991, 1041; *Olzen,* Rechtsschutz gegen Zwangsvollstreckung aus notariellen Urkunden, DNotZ 1993, 211; *Vollkommer,* Zwangsvollstreckungsunterwerfung des Verbrauchers bei Immobiliardarlehensverträgen?, NJW 2004, 818; *Wolfsteiner,* Die vollstreckbare Urkunde nach der 2. Zwangsvollstreckungsnovelle, DNotZ 1999, 306.

1 Es gibt neben dem Endurteil eine Anzahl *anderer Vollstreckungstitel.* Die meisten ergeben sich aus der ZPO (§§ 794, 930–933), viele auch aus anderen Gesetzen. Die in § 794 genannten Titel umfassen *zwei Gruppen: andere gerichtliche Entscheidungen* als Endurteile und *beurkundete rechtsgeschäftliche Erklärungen.*

I. Gerichtliche Entscheidungen

2 Zu den gerichtlichen Entscheidungen gehören:
- Kostenfestsetzungsbeschlüsse (§ 794 Abs. 1 Nr. 2); das Urteil entscheidet hinsichtlich der Kosten nur dem Grunde nach, die Festsetzung der Höhe erfolgt durch den Rechtspfleger (§ 104, § 21 Nr. 1 RPflG) in Beschlussform;[1]
- Entscheidungen, gegen die das Rechtsmittel der Beschwerde stattfindet (§ 794 Abs. 1 Nr. 3)
- Vollstreckungsbescheide im Mahnverfahren (§§ 794 Abs. 1 Nr. 4, 699 ff.) sowie für vollstreckbar erklärte europäische Zahlungsbefehle (§ 794 Abs. 1 Nr. 6);
- für vollstreckbar erklärte Schiedssprüche, sofern die Entscheidungen rechtskräftig oder für vorläufig vollstreckbar erklärt worden sind (§ 794 Abs. 1 Nr. 4 lit. a iVm § 1060 Abs. 1);
- sowie gem. § 794 Abs. 1 Nr. 4 lit. b gerichtlich (§ 796b) oder notariell (§ 796c) für vollstreckbar erklärte Anwaltsvergleiche (§ 796a).

II. Beurkundete rechtsgeschäftliche Erklärungen

3 Von besonderer Bedeutung sind die beurkundeten rechtsgeschäftlichen Erklärungen: der Prozessvergleich und die vollstreckbare Urkunde.

---

1 *Lüke* ZivilProzR I § 52 Rn. 4.

1. Der Prozessvergleich. Häufig werden Prozesse mit einem Prozessvergleich beendet.[2] Wenn er protokolliert ist (§§ 160 Abs. 3 Nr. 1, 162 Abs. 1), ist er ein *Vollstreckungstitel* (§ 794 Abs. 1 Nr. 1). Erfüllt der Vergleich die allgemeinen Voraussetzungen für Vollstreckungstitel, ist er insbesondere bestimmt genug (→ § 7 Rn. 1 ff.), so können aufgrund dieses Titels *alle Vollstreckungsmaßnahmen durchgeführt werden, mit einer Ausnahme:* da der Prozessvergleich *nicht in Rechtskraft* erwächst, kann § 894 (Fiktion der Abgabe einer Willenserklärung) *nicht* angewendet werden. Wenn sich etwa eine Partei in dem Vergleich zur Auflassung und Eintragungsbewilligung verpflichtet hat, muss nach § 888 vollstreckt werden.[3] Deshalb wird man zweckmäßigerweise *die Erklärungen in dem Vergleich selbst abgeben.* Der Bundesgerichtshof hält es auch für zulässig, dass aus dem Vergleich auf Abgabe der Willenserklärung geklagt wird, weil auf die Vollstreckung dieses Urteils dann § 894 anzuwenden ist und dieses Verfahren einfacher und sicherer ist als das nach den §§ 887 ff.[4] 4

Der Prozessvergleich kann auch Dritte einbeziehen, die nicht Parteien des Rechtsstreits waren. Diese können dann aus dem Vergleich vollstrecken.[5] Aus einem Anwaltsvergleich kann erst nach einer entsprechenden gerichtlichen oder notariellen Vollstreckbarerklärung im Wege der Zwangsvollstreckung vorgegangen werden (§§ 796a ff.).

2. Die vollstreckbare Urkunde. *Vollstreckbare Urkunden* (§ 794 Abs. 1 Nr. 5) haben *ebenfalls erhebliche praktische Bedeutung.* Sie ermöglichen die Zwangsvollstreckung *ohne Prozess und Urteil* und werden deshalb von erfahrenen Gläubigern (wie Hypothekenbanken) bevorzugt. Eine Voraussetzung ist, dass sich der Schuldner der Zwangsvollstreckung ohne Urteil unterwirft. Das ist ebenso wie beim Prozessvergleich eine *Auswirkung der Dispositionsmaxime.* 5

Die Unterwerfungserklärung ist eine einseitige Prozesshandlung, die auf das Zustandekommen des Titels gerichtet ist. Sie ist von dem zugrunde liegenden materiellen Rechtsgeschäft zu unterscheiden. In der Abgabe einer abstrakten Vollstreckungsunterwerfung liegt demnach grundsätzlich nicht zugleich eine 6

2 Ausf. *Lüke* ZivilProzR I § 21 Rn. 10 ff.
3 OLG Koblenz DGVZ 1986, 138.
4 BGHZ 98, 127.
5 Str., dafür OLG Frankfurt/Main MDR 1973, 321; *Jauernig* JZ 1960, 10; 1967, 28; aA OLG München NJW 1957, 1367; *Gerhardt* JZ 1969, 691; vgl. auch BGH FamRZ 1980, 342; für Vergleiche zwischen den Eltern in einem Scheidungsverfahren über Unterhaltsansprüche des Kindes sieht das Gesetz dies nun ausdrücklich vor, § 1629 Abs. 3 S. 2 BGB.

dazu verpflichtende Kausalvereinbarung.[6] Die Erklärung kann auch dann Bestand haben, wenn das Grundgeschäft nichtig ist.[7] § 139 BGB soll nicht anwendbar sein.[8] Verstößt das materiell-rechtliche Grundgeschäft gegen ein gesetzliches Verbot, so ist aber auch die Unterwerfungserklärung nach § 134 BGB nichtig, wenn der Verbotszweck es erfordert.[9] Die Unterwerfungserklärung kann über den sachlich-rechtlichen Anspruch hinausgehen, dem sie dient.[10]

7 Neben der Unterwerfungserklärung muss die Urkunde folgende Voraussetzungen erfüllen. Sie muss von einem deutschen Gericht (nur noch ausnahmsweise, § 62 Abs. 1 BeurkG) oder einem Notar innerhalb der Grenzen seiner Amtsbefugnisse in der vorgeschriebenen Form aufgenommen, dh protokolliert (§§ 8 ff., 56 Abs. 4, 68 BeurkG) worden sein. Eine Vollmacht zur Abgabe der Unterwerfungserklärung unterliegt als Prozessvollmacht ausschließlich den §§ 80 ff. und muss deshalb nicht notariell beurkundet werden.[11] Die Urkunde muss über einen genau bezeichneten Anspruch errichtet sein, der einer vergleichsweisen Regelung zugänglich, nicht auf Abgabe einer Willenserklärung gerichtet ist und nicht den Bestand eines Mietverhältnisses über Wohnraum betrifft. Auch ein Anspruch aus einer Hypothek, Grund- oder Rentenschuld, der an sich nur auf Duldung der Zwangsvollstreckung gerichtet ist, kann auf diese Weise tituliert werden. Ist die Reichweite eines derartigen Vollstreckungstitels strittig, so ist auch hier die Feststellungsklage statthaft (→ § 7 Rn. 3).[12]

8 Der Schuldner muss sich wegen dieses Anspruchs der *sofortigen Zwangsvollstreckung* unterworfen haben. „Sofortig" bedeutet *ohne Prozess und Urteil*, nicht unmittelbar im Anschluss an die Errichtung der Urkunde. Der Zeitpunkt richtet sich nach deren Inhalt und kann bei langfristigen Darlehen viele Jahre später liegen. Der Anspruch kann also auch bedingt oder betagt sein;[13] er muss aber bestimmt sein, dh die Höhe des Anspruchs muss sich aufgrund der Urkunde errechnen lassen.[14]

9 Besondere Bedeutung hat die vollstreckbare Urkunde *bei Hypotheken und Grundschulden* erlangt. Wenn sich der Schuldner nur hinsichtlich der Hypothek oder der Grundschuld der Vollstreckung unterwirft, kann diese nur in das belastete Grundstück erfolgen. Un-

---

6 BGH NJW 2005, 1576 (1578).
7 BGH NJW 1985, 2423.
8 BGH aaO.
9 BGHZ 154, 283; BGH NJW 2004, 841 – Verstoß eines Treuhandvertrages gegen das RBerG (heute RDG); nach § 242 BGB kann die Berufung auf die Nichtigkeit ausgeschlossen sein, BGH MDR 2004, 522.
10 BGH NJW 2000, 951.
11 BGH MDR 2004, 591.
12 BGH NJW 1997, 2320.
13 BGHZ 16, 180.
14 BGHZ 88, 6.

terwirft er sich auch wegen der Forderung, so ist die Vollstreckung in sein gesamtes Vermögen zulässig.[15] Bei einem Verbraucherdarlehen iSv §§ 491 ff. BGB ist streitig, ob die unbegrenzte Unterwerfung entsprechend § 496 Abs. 3 S. 1, 2 BGB unwirksam ist.[16]

Durch Hypotheken oder Grundschulden gesicherte Forderungen bestehen meistens über lange Zeiträume. Es entsteht dann für den Gläubiger die Gefahr, dass das Eigentum an dem Grundstück auf einen Dritten übergeht, der an die Unterwerfungsklausel nicht gebunden ist. Das Gesetz sieht deshalb vor, dass sich der Eigentümer wegen einer Hypothek, Grund- und Rentenschuld der sofortigen Zwangsvollstreckung in der Weise unterwerfen kann, dass sie *gegen den jeweiligen Eigentümer* zulässig sein soll. Die Unterwerfung muss in *das Grundbuch eingetragen werden* (§ 800 Abs. 1 S. 2). Diese Vorschrift erfüllt lediglich eine Art Warnfunktion für den Erwerber eines mit dem Titel belasteten Grundstücks; denn die Vollstreckungsklausel zu einem Titel über ein dingliches Recht könnte auch ohne die Eintragung bereits gemäß §§ 727, 325 Abs. 1 bis 3 gegen den Rechtsnachfolger im Eigentum erteilt werden. Der Titel behält nach Ansicht des Bundesgerichtshofs[17] auch nach einer befreienden Schuldübernahme seine Wirksamkeit (gegen den alten Schuldner). Erweise die Schuldübernahme sich als rechtsgrundlos, so könne der Gläubiger ohne Weiteres gegen den „Altschuldner" aus der vollstreckbaren Urkunde vollstrecken. Eine gegen die Vollstreckung gerichtete Klage gem. § 767, gestützt darauf, dass die alte Schuld übernommen worden sei, verstoße gegen § 242 BGB; denn der Schuldner müsse die Vollstreckung aus einer (neu) zu errichtenden vollstreckbaren Urkunde dulden.[18] Im Übrigen kann eine unberechtigte Zwangsvollstreckung unter den Voraussetzungen von § 799a zu einer verschuldensunabhängigen Schadenshaftung führen.[19] Die Ankündigung der Zwangsvollstreckung ohne entsprechende Fälligkeit der Forderung führt indes bereits nach §§ 280 Abs. 1, 241 Abs. 2, ggf. iVm § 282 BGB.[20] 10

15 Vgl. aber OLG Düsseldorf ZIP 1993, 1376
16 So zB *Vollkommer* NJW 2004, 818 (819); anders die hM s. BGH NJW 2005, 1576 (1578); MüKoBGB/*Schürnbrand/Weber* § 496 Rn. 9 mwN.
17 BGHZ 110, 319 (321 f.).
18 Allg. zu den Rechtsbehelfen des Schuldners gegen die Vollstreckung aus notariellen Urkunden: *Windel* ZZP 102, 175.
19 Dazu *Becker-Eberhard* FS Werner, 2009, 532; *Vollkommer* ZIP 2008, 2060; *Wendt/Skauradszun* JR 2011, 231
20 KG MDR 2019, 858.

III. Andere Vollstreckungstitel

11 Auch *außerhalb* der ZPO gibt es Vollstreckungstitel. Von besonderer Bedeutung ist etwa der *Auszug aus der Insolvenztabelle,* aus dem nach Beendigung des Insolvenzverfahrens – vorbehaltlich einer Restschuldbefreiung (§ 294 InsO) – wieder die Einzelvollstreckung erfolgen kann (§§ 201 f. InsO), oder der *Zuschlag in der Zwangsversteigerung eines Grundstücks* (§§ 93, 132, 162, 180 Abs. 1 ZVG).

§ 10. Die Vollstreckungsklausel

Literatur: *Saenger,* Die Klausel als Voraussetzung der Zwangsvollstreckung, JuS 1992, 861; *Schlosser,* Die Vollstreckungsklausel der ZPO, Jura 1984, 88; *Schreiber,* Allgemeine Voraussetzungen der Zwangsvollstreckung: Titel, Klausel, Zustellung, Jura 2005, 670; Ulrici, Der vereinfachte Vollstreckungsauftrag an den Gerichtsvollzieher – Ein Testballon im elektronischen Rechtsverkehr, NJW 2017, 1142.

1 Die Zwangsvollstreckung wird aufgrund einer mit der *Vollstreckungsklausel versehenen Ausfertigung des Urteils (vollstreckbare Ausfertigung)* durchgeführt (§ 724 Abs. 1). Eine Ausfertigung ist die amtliche Abschrift des von den Richtern unterschriebenen Originals des Urteils, das bei den Akten bleibt. Sie ist bestimmt, im Rechtsverkehr die Urschrift zu ersetzen. Die Vollstreckungsklausel „vorstehende Ausfertigung wird dem (Bezeichnung der Partei) zum Zwecke der Zwangsvollstreckung erteilt" wird der Ausfertigung des Urteils von dem Urkundsbeamten der Geschäftsstelle (§ 724 Abs. 2) am Schluss beigefügt (§ 725). Sie ist ein *amtliches Zeugnis,* dass der Titel *vollstreckbar* ist. Ihr Sinn liegt darin, dass den Vollstreckungsorganen die Prüfung erspart werden soll, ob ein ihnen zur Zwangsvollstreckung vorgelegter Titel vollstreckbar ist oder nicht.

2 Für den Urkundsbeamten der Geschäftsstelle des Prozessgerichts macht es keine Schwierigkeit nachzuprüfen, ob das Urteil rechtskräftig ist oder nicht;[1] für den Gerichtsvollzieher könnte diese Feststellung sehr schwer sein, vor allem dann, wenn die Vollstreckung in einem anderen Gerichtsbezirk stattfinden soll. Die Vollstreckungsorgane sind deshalb an die Klausel gebunden. Diese Bindung erleichtert ihnen die Durchführung der Vollstreckung.

1 Zur Zuständigkeit für die Klauselerteilung beim Vollstreckungsbescheid, BGH NJW 1993, 3141.

Wenn die *Klausel fehlt,* darf dem Antrag des Gläubigers auf Durchführung der Zwangsvollstreckung *nicht entsprochen werden.* Wird dagegen verstoßen, hat der Schuldner die *Erinnerung* (§ 766). 3

Die Notwendigkeit der Erteilung einer Vollstreckungsklausel besteht grds. *bei allen Titeln. Ausnahmen* sind die *Vollstreckungsbescheide* (§§ 796, 699) und die *Arrestbefehle* und *einstweiligen Verfügungen* (§§ 929, 936) sowie der Kostenfestsetzungsbeschluss auf einem vollstreckbaren Urteil (§ 795a). In diesen Fällen muss die Vollstreckung besonders schnell[2] erfolgen. Eine Klausel ist in den ersten beiden Fällen nur erforderlich, wenn die Vollstreckung für oder gegen eine andere Person erfolgen soll als im Titel genannt *(Rechtsnachfolger).* Entbehrlich ist die Vollstreckungsklausel auch bei im Ausland bestätigten *Europäischen Vollstreckungstiteln* nach Art. 6 EuVTVO für unbestrittene Forderungen (→ § 8 Rn. 20 ff.).[3] 4

Es dürfen *nicht beliebig viele vollstreckbare Ausfertigungen* erteilt werden, weil dies eine Gefahr für den Schuldner bedeuten würde, der Gläubiger könnte mehrfach vollstrecken. Weitere Ausfertigungen setzen deshalb ein besonderes Interesse des Gläubigers voraus und sind als solche zu kennzeichnen (§ 733)[4]. Die Anhörung des Schuldners steht nach § 731 Abs. 1 zwar im Ermessen des Rechtspflegers (§ 733 Abs. 1). In aller Regel wird diese aber vor Erteilung einer weiteren Ausfertigung erfolgen, da die Interessen des Schuldners wegen der Gefahr einer Doppelvollstreckung betroffen sind[5] und rechtliches Gerhör grundsätzlich vor Vornahme der Maßnahme gewährt werden muss. Nach Empfang der Leistung ist die Ausfertigung mit Quittung dem Schuldner auszuhändigen (§ 757). 5

---

2 Zum Versuch einer weiteren Beschleunigung der Vollstreckung bei Vollstreckungsbescheiden ohne Klauselerfordernis durch die Einführung der §§ 754a und 829a vgl. *Ulrici* NJW 2017, 1142.

3 S. auch *Lüke* ZivilProzR I § 56 Rn. 4.

4 Zu deren Kosten *Schneider* DGVZ 2011, 26

5 Musielak/Voit/*Lackmann* ZPO § 733 Rn. 8; s.a. BGH MDR 2017, 542, Rn. 10.

§ 11. Die Vollstreckungsklausel in besonderen Fällen

Literatur: *Huber,* Die isolierte Vollstreckungsstandschaft, FS E. Schumann, 2001, 227; *Loritz,* Die Rechtsnachfolge und Umschreibung der Vollstreckungsklausel in den Verfahren des einstweiligen Rechtsschutzes, ZZP 106, 3; *Münzberg,* Geständnis, Geständnisfiktion und Anerkenntnis im Klauselverfahren, NJW 1992, 201; *Nierwetberg,* Klauselerteilung durch den Rechtspfleger beim Widerrufsvergleich?, RPfleger 2005, 292; *Sauer/Meiendresch,* Widerrufsvergleich und Erteilung der Vollstreckungsklausel, NJW 2004, 2870.

I. Die titelübertragende Vollstreckungsklausel

Fall: K hat gegen B ein Urteil erstritten, das rechtskräftig geworden ist. Bevor er vollstrecken kann, stirbt B. E ist sein Erbe. K fragt an, ob er auch gegen E vollstrecken kann oder ob er erneut klagen muss.

1–2 In den bisher erörterten Fällen hatte die Erteilung der Klausel lediglich *deklaratorische Bedeutung,* indem sie die bereits bestehende Vollstreckbarkeit bezeugt.[1] In anderen Fällen hat sie eine darüber hinausgehende Funktion: hier wird *durch die Erteilung der Klausel erst die Vollstreckbarkeit* für oder gegen die in der Klausel genannten Personen *begründet.* Dies sind die Fälle der *Rechtsnachfolge* (§ 727). Nach § 325 Abs. 1 wirkt die Rechtskraft für und gegen die Rechtsnachfolger der Parteien. Rechtskraft und Vollstreckbarkeit sind aber *nicht* dasselbe, deshalb musste die Erstreckung der Vollstreckbarkeit besonders geregelt werden. Dabei gilt eine ähnliche Überlegung wie bei der Rechtskrafterstreckung. Ein Ausschluss der Vollstreckbarkeit für und gegen den Rechtsnachfolger würde das Urteil weitgehend entwerten. Im **Fall** müsste K erneut klagen. Deshalb muss eine Vollstreckung für und gegen die Rechtsnachfolger der im Urteil genannten Partei ohne neuen Prozess möglich sein. Andererseits ist der Formalismus der Zwangsvollstreckung zu berücksichtigen. Die *Vollstreckungsorgane* können nicht über die Rechtsnachfolge entscheiden, die streitig und zweifelhaft sein kann. Deswegen wird eine titelübertragende Vollstreckungsklausel nur erteilt, wenn die Rechtsnachfolge bei Gericht offenkundig oder durch öffentliche oder öffentlich beglaubigte Urkunden nachgewiesen ist (§ 727 Abs. 1), so zB durch einen Erbschein oder einen Pfändungs- und Überweisungsbeschluss

1 Zum Fall der Klauselbeantragung durch den Zedenten s. BGHZ 120, 387.

(falls der Gläubiger diesen Nachweis nicht führen kann, vgl. → § 12 Rn. 5). Entbehrlich ist der Urkundenbeweis, wenn der Schuldner die Rechtsnachfolge ausdrücklich zugesteht (§ 288).[2] Die Geständnisfiktion des Nichtbestreitens (§ 138 Abs. 3) gilt im Klauselverfahren allerdings nicht, weil es sich um kein kontradiktorisches Verfahren handelt und keine Erklärungslast des Schuldners nach § 138 Abs. 2 besteht.[3] Wird die titelübertragende Vollstreckungsklausel erteilt, enthält sie *ein förmliches Zeugnis über die Rechtsnachfolge und begründet dadurch die Vollstreckbarkeit für und gegen die Rechtsnachfolger.*[4]

Rechtsnachfolger iSd § 727 sind sowohl *Gesamt-* als auch *Einzelrechtsnachfolger,*[5] auf der Schuldnerseite unter der Voraussetzung, dass das Urteil gegen sie wirkt (§§ 727 Abs. 1, 325 Abs. 2).[6] Keine Rechtsnachfolge iSv § 727 ist die bloße Vollstreckungsermächtigung ohne gleichzeitige Übertragung des titulierten Anspruchs.[7] Der Titel braucht auch dann nicht nach § 727 umgeschrieben zu werden, wenn eine beteiligte Gesellschaft trotz Gesellschafter- und Formwechsels identisch geblieben ist.[8] Der Nachweis der Identität muss aber zweifelsfrei gelingen.[9] Andernfalls kann keine Klausel nach § 727 erteilt werden, da es an einer Rechtsnachfolge fehlt, sondern nur an einer Übereinstimmung der Bezeichnung von Partei im Vollstreckungsverfahren und im Titel fehlt. In diesen Fällen – etwa bei Formwechsel, Firmenänderung oder Änderung der Haftungsform[10] –behilft sich die Praxis mit einem klarstellenden Zusatz zur Klausel, der sog. Bei- 3

2 HM, BGH MDR 2006, 52; Stein/Jonas/*Münzberg* ZPO § 727 Rn. 44 mwN.

3 BGH aaO; so auch schon OLG Nürnberg NJW-RR 1993, 1340; *Münzberg* NJW 1992, 201 (204 ff.) mwN; aA noch OLG Koblenz MDR 1997, 883; NJW-RR 2003, 1007.

4 Zu den Voraussetzungen der Titelumschreibung bei Einzelrechtsnachfolge, BGHZ 120, 387.

5 Hierzu zählt auch ein Gläubiger, der im Wege der Zwangsvollstreckung eine Forderung hat pfänden und sich zur Einziehung überweisen lassen, OLG Frankfurt/Main NJW 1983, 2266; vgl. → § 26 Rn. 30, 42 ff.

6 Zur Rechtsnachfolge bei Prozessstandschaft *Heintzmann* ZZP 92, 61; *Roth* FS Prütting, 2018, 759.

7 BGHZ 92, 347; s. auch *BGH* NJW-RR 1992, 61; hierzu krit. *Münzberg* NJW 1992, 1867; vgl. *Lüke* ZivilProzR I § 7 Rn. 4; *Roth* FS Prütting, 2018, 759 (771); aA OLG Dresden NJW-RR 1996, 444; hierzu *G. Lüke* JuS 1996, 588; *Huber* FS E. Schumann, 2001, 227.

8 BGH DGVZ 2004, 73 Rn. 8.

9 Bei BGH NJW 2017, 2917 fehlte es hieran, da die F-GbR zwar zur F-oHG umwandelte, aber zuvor im Rechtsverkehr unter einer gänzlich anderen Firma auftrat. Deshalb war hier eine sog. *Beischreibung* der Namensänderung auf dem Titel notwendig (Rn. 9); vgl. dazu MüKoZPO/*Wolfsteiner* § 726 Rn. 75 f.; AG Straußberg DGVZ 2020, 31.

10 Für weitere Fälle s. Musielak/Voit/*Lackmann* ZPO § 727 Rn. 1a.

schreibung[11], die auf Antrag dem Titel beigefügt wird. Bei Fehlen einer solchen Beischreibung besteht die Gefahr, dass das Vollstreckungsorgan die Vollstreckung verweigert, da die Identität für das Organ nicht feststellbar ist. Unterbleibt ein solcher Zusatz, besteht das Risiko, dass sich das Vollstreckungsorgan weigert, die Vollstreckung durchzuführen. Eine Pflicht zur Ermittlung der Parteiidentität besteht für das Vollstreckungsorgan nicht.[12] (BGH aaO)

4 § 727 wird in einer Anzahl von Fällen *entsprechend* angewendet[13]: bei der Umschreibung auf Parteien kraft Amtes[14] (Insolvenz-, Nachlass-, Zwangsverwalter), soweit das verwaltete Vermögen betroffen ist; auf den Nacherben (§§ 728, 326), auf den Übernehmer einer Firma (§ 729 Abs. 2), auf den nicht verklagten Ehegatten bei der nachträglich vereinbarten Gütergemeinschaft (§ 742), auf den Nießbraucher (§ 738), vom Erblasser auf den Testamentsvollstrecker (§ 749) und vom Testamentsvollstrecker auf den Erben (§ 728 Abs. 2).

II. Die titelergänzende Vollstreckungsklausel

5 Es gibt Titel, nach deren Inhalt die Vollstreckung *vom Eintritt einer bestimmten Tatsache abhängt.* Wenn dies der *Eintritt eines kalendermäßig bestimmten Tages* ist (zB bei Verurteilung zu einer künftigen Leistung), kann die Klausel ohne Weiteres erteilt werden, ebenso, wenn die Vollstreckung von einer *Sicherheitsleistung* abhängt (§§ 751, 726 Abs. 1). Die Vollstreckung ist aber erst nach Eintritt des kalendermäßig bestimmten Tages bzw. dann zulässig, wenn die Sicherheitsleistung durch öffentliche oder öffentlich beglaubigte Urkunde nachgewiesen ist (§ 751). Auch wenn die Leistungspflicht des Schuldners *von einer Zug um Zug zu erbringenden Gegenleistung des Gläubigers abhängt,* wird die Klausel ohne Weiteres erteilt (§ 726 Abs. 2; Ausnahme: Abgabe einer Willenserklärung).

6 In allen *anderen Fällen,* in denen der zu vollstreckende Anspruch von einer bestimmten Tatsache abhängt, etwa vom *Eintritt einer aufschiebenden Bedingung* oder von *einer Kündigung,* darf die Vollstreckungsklausel erst erteilt werden, wenn der Beweis des *Eintritts dieser Bedingung* durch öffentliche oder öffentlich beglaubigte

---

11 BGH NJW-RR 2011, 1335.
12 BGH NJW-RR 2011, 1335.
13 Ausf. Zöller/*Seibel* ZPO § 727 Rn. 18; zum Insolvenzverwalter vgl. zuletzt BGH MDR 207, 542 Rn. 5 ff. zum Zusammenfallen von Prozessstandschaft kraft Amtes mit gesetzlicher Prozessstandschaft nach § 265 Abs. 2.
14 Dasselbe gilt, wenn die Verfügungsbefugnis an den ursprünglich Berechtigten zurückfällt, BGH RNotZ 2018, 26 (27).

Urkunden geführt worden ist (§ 726 Abs. 1, sog. *titelergänzende Klausel*). Voraussetzung ist aber, dass der Gläubiger die materiellrechtliche *Beweislast* für den Eintritt dieser Bedingung trägt. Ist dies nicht der Fall, wird die Klausel *ohne diesen Nachweis erteilt.*

Steht zum Beispiel ein *Prozessvergleich* unter Widerrufsvorbehalt, so wird dies als aufschiebende Bedingung ausgelegt. Der Gläubiger hat zu beweisen, dass bis zum Ablauf der vereinbarten Frist keine Widerrufserklärung des Schuldners eingegangen ist. Damit ist § 726 Abs. 1 einschlägig und der Rechtspfleger wäre für die Erteilung der titelergänzenden Klausel zuständig. Da jedoch die Widerrufserklärung regelmäßig bei der Geschäftsstelle eingeht und deshalb die Zuständigkeit des Urkundsbeamten praktisch sinnvoll ist, trifft das Gesetz in § 795b nunmehr eine entsprechende Zuständigkeitsregel für bestimmte Fälle des § 794 Abs. 1 Nr. 1. Bei den in der Praxis häufigen *kassatorischen Klauseln* meistens bei Prozessvergleichen[15] oder vollstreckbaren Urkunden) muss nicht der Gläubiger die Fälligkeit nachweisen, sondern der Schuldner die pünktliche Zahlung (§ 363 BGB). § 726 Abs. 1 ist hier also nicht anzuwenden.[16] 7

§ 12. Das Verfahren auf Erteilung der Vollstreckungsklausel

Literatur: *Barnert,* Klauselerinnerung und Vollstreckungsabwehrklage in der neueren Rechtsprechung des BGH, MDR 2004, 605; *Jäckel,* Rechtsbehelfe im Klauselverfahren, JuS 2005, 610.

Zuständig für die *Erteilung* der Vollstreckungsklausel bei Urteilen und Prozessvergleichen ist der *Urkundsbeamte der Geschäftsstelle* des Gerichts erster Instanz. Wenn der Prozess bei einem Gericht höherer Instanz anhängig ist, ist der Urkundsbeamte dieser Geschäftsstelle zuständig. In den Fällen der §§ 726ff. ist an die Stelle des Urkundsbeamten der *Rechtspfleger* getreten (§ 20 Nr. 12 RPflG; s. aber § 795b). Bei vollstreckbaren Urkunden, die das Gericht verwahrt, ist dessen Urkundsbeamter zuständig (§ 797 Abs. 1), bei notariellen Urkunden der Notar (§ 797 Abs. 2). Für Anwaltsvergleiche, die beim Notar verwahrt und für vollstreckbar erklärt wurden, ist die Klausel ebenfalls vom Notar zu erteilen (§ 797 Abs. 6). 1

Die Erteilung setzt einen formlosen *Antrag* voraus. Vor der Entscheidung ist zu prüfen, ob ein gültiger Titel vorliegt und sein Inhalt vollstreckungsfähig ist; bei einem Urteil, ob es rechtskräftig oder vorläufig vollstreckbar ist. Ob der zu vollstreckende materielle Anspruch besteht, ist weder bei den Urteilen noch bei den anderen Titeln zu prüfen. 2

Wenn der *Urkundsbeamte* die *Erteilung der Vollstreckungsklausel ablehnt,* kann der Gläubiger befristete Erinnerung einlegen (§ 573 Abs. 1). Gemäß 3

15 *Lüke* ZivilProzR I § 21 Rn. 13.
16 *Münzberg* RPfleger 1997, 413.

§ 573 Abs. 1 S. 3 iVm § 572 Abs. 1 hat der Urkundsbeamte Abhilfebefugnis. Hilft er nicht ab, so trifft das mit dem Verfahren befasste Gericht die Entscheidung, dh das Gericht in dessen Geschäftsstelle der Urkundsbeamte tätig ist. Gegen dessen ablehnende Entscheidung im ersten Rechtszug findet gemäß § 573 Abs. 2 die sofortige Beschwerde statt; gegen ablehnende Entscheidungen des Landgerichts als Beschwerdegericht oder gegen Erinnerungsentscheidungen des Landgerichts als Berufungsgericht sowie gegen Erinnerungsentscheidungen des Oberlandesgerichts in erster Instanz hat der Gläubiger die Möglichkeit der Rechtsbeschwerde gemäß § 574 Abs. 1 Nr. 2, sofern sie in dem jeweiligen Beschluss zugelassen ist. Wird der *Rechtspfleger* in der ersten Instanz gemäß § 20 Nr. 12 RPflG tätig, so hat der Gläubiger gemäß §§ 11 Abs. 1 RPflG iVm 567 Abs. 1 die sofortige Beschwerde gegen die Ablehnung der Klauselerteilung. Bei Ablehnung durch den Rechtspfleger eines Landgerichts als Berufungsgericht oder eines Oberlandesgerichts hat der Gläubiger die Möglichkeit der befristeten Erinnerung gemäß § 11 Abs. 2 RPflG.

4 Der Schuldner kann *gegen* die Erteilung *formelle Einwendungen* geltend machen, wie etwa jene, dass kein formell wirksamer Titel vorliege oder dieser sei nicht vollstreckbar sei,[1] und zwar mit der Erinnerung bei dem Gericht, dessen Urkundsbeamter die Klausel erteilt hat (§ 732 Abs. 1, 797 Abs. 3). Das Gericht entscheidet durch Beschluss, gegen den die Rechtsbeschwerde möglich ist, sofern sie in dem Beschluss zugelassen wird. Mit der Begründung, der Titel sei aus formellen Gründen unwirksam (zB zu unbestimmt), kann wahlweise auch eine Vollstreckungsgegenklage entsprechend § 767 erhoben werden;[2] dies gilt jedoch nicht für die Frage der formellen Voraussetzungen einer Unterwerfungserklärung nach § 794 Abs. 1 Nr. 5, die im Verfahren nach § 732 zu klären ist.[3]

5 *Besondere Rechtsbehelfe* sind bei der *titelübertragenden* und *titelergänzenden Klausel* vorgesehen. Wenn der Gläubiger den in den §§ 726 bis 729 vorgesehenen Beweis mit öffentlichen oder öffentlich beglaubigten Urkunden nicht führen kann,[4] muss er eine *besondere Klage erheben* (§ 731). Dort kann er den erforderlichen Beweis *mit allen von der ZPO zugelassenen Beweismitteln* führen. Der Schuldner kann auch bei der titelübertragenden und -ergänzenden Klausel formelle Einwendungen im Wege der Erinnerung geltend machen (§ 732). Außerdem kann er eine *besondere Klage erheben*, mit der er den bei der Erteilung der Klausel als bewiesen angesehenen *Eintritt*

---

1 BGH NJW 2006, 567.
2 BGH MDR 2005, 113; *Lackmann* ZwangsVollstrR Rn. 494; näher dazu *Barnert* MDR 2004, 605; vgl. → § 21 Rn. 9.
3 BGH MDR 2004, 471.
4 Zur Frage, ob dies eine Verfahrensvoraussetzung ist, so die wohl hM *Gaul/Schilken/Becker-Eberhard* ZVR § 17 Rn. 11; zweifelnd: Wieczorek/Schütze/*Bittmann* ZPO § 731 Rn. 11.

der materiell-rechtlichen Voraussetzungen der qualifizierten Klausel bestreitet (§§ 768, 796 Abs. 3, 797 Abs. 5).[5]

Der Schuldner kann zum Beispiel geltend machen, die Voraussetzungen einer kassatorischen Klausel seien nicht gegeben gewesen oder es liege kein Fall der Rechtsnachfolge vor. Antrag und Urteilstenor bei dieser Klage lauten, dass die Zwangsvollstreckung aus der Klausel für unzulässig erklärt wird. 6

Gem. § 768 aE besteht die Klagemöglichkeit unbeschadet der Befugnis des Schuldners, Einwendungen gegen die Klausel nach § 732 zu erheben. Wegen dieser Formulierung ist umstritten, ob beide Rechtsbehelfe sich ausschließen oder etwa die genannten materiell-rechtlichen Einwendungen auch im Wege der Erinnerung erhoben werden können.[6] 7

Materiell-rechtliche Einwendungen gegen die *titulierte Forderung* selbst sind stets per Vollstreckungsgegenklage gem. § 767 zu erheben.[7] 8

Streitig ist, ob der Gläubiger statt einer Klage nach § 731 auch eine neue auf Zahlung gerichtete Klage erheben kann. Das wird teilweise befürwortet, solange die Klage nicht der eindeutig einfachere und billigere Weg ist.[8] Die Gegenauffassung sieht in der Klage nach § 731 den spezielleren Rechtsbehelf[9] oder lehnt ein Rechtsschutzbedürfnis ab.[10] Können aber nur die Voraussetzungen der Rechtsnachfolge nicht in der von § 727 ZPO geforderten Form nachgewiesen werden, so wird bei einer Rechtskrafterstreckung schon die Rechtskraft einer nochmaligen Leistungsklage entgegenstehen.[11] Das von der Gegenauffassung häufig angeführte Argument, dass der Gläubiger zwischen mehreren eröffneten Rechtsbehelfen die Wahl habe,[12] nimmt dagegen etwas vorweg, was erst noch zu begründen ist, indem angenommen wird, beide Rechtsbehelfe stünden offen. 9

---

5 Hierzu *Jäckel* JuS 2005, 614; *Nakano* FS Baumgärtel, 1990, 403.
6 Für Ausschließlichkeit beider Rechtsbehelfe: Stein/Jonas/*Münzberg* ZPO § 732 Rn. 3; Zöller/*Stöber* ZPO § 732 Rn. 12; wohl auch BGH NJW-RR 2006, 567; für ein Wahlrecht: *Brox/Walker* ZwangsVollstrR Rn. 139; *Jäckel* aaO 613 f.
7 *Lippross/Bittmann* ZwangsVollstrR Rn. 96; vgl. BGH MDR 2005, 1432; 2006, 27.
8 BGH NJW 1987, 2863; BAG NJW 1995, 73; LG Berlin r+s 1995, 184.
9 Wieczorek/Schütze/*Bittmann* ZPO § 731 Rn. 6; Stein/Jonas/*Münzberg* ZPO § 731 Rn. 6.
10 BGH NJW 1957, 1111.
11 S. schon Rosenberg, Lehrb. d. dt. ZivProzR, 7. Aufl. 1956, § 85 II 2b S. 387.
12 ZB BGH NJW 1987, 1863.

Übersicht 3: Klauselrechtsbehelfe

10 Rechtsbehelfe des Gläubigers nach Verweigerung der Klauselerteilung

Verweigerung durch:			
Den Urkundsbeamten betr. einfache Klausel, auch bei gerichtlicher Urkunde (§ 797 Abs. 1 ZPO)	Den Rechtspfleger betr. qualifizierte Klausel, auch bei gerichtlicher Urkunde (§ 797 Abs. 1 ZPO)	Den Notar (wegen notarieller Urkunde, § 797 Abs. 2 ZPO) betr. jegliche Klausel	Der Gläubiger besitzt die nach § 726 ZPO (Bedingungseintritt) bzw. §§ 727 ff. ZPO (Rechtsnachfolge) erforderlichen Unterlagen nicht und kann sie auch nicht auf einfachem Wege beschaffen
Rechtsbehelfe:			
Erinnerung nach § 573 Abs. 1 → Prozessgericht			Klage nach § 731 → Prozessgericht
Rechtsmittel:			
Sofortige Beschwerde nach den allg. Vorschriften (§ 573 Abs. 2 ZPO) → Landgericht	Sofortige Beschwerde nach § 11 Abs. 1 RPflG iVm § 567 Abs. 1 Nr. 2 ZPO → Landgericht (§ 793 ZPO (–), da noch kein Vollstreckungsverfahren)	Beschwerde nach § 54 Abs. 2 S. 1 BeurkG iVm §§ 58 ff. FamFG → Landgericht	Berufung nach den allgemeinen Vorschriften (§§ 511 ff. ZPO) → Berufungsgericht
Rechtsbeschwerde nach § 574 Abs. 1 Nr. 2 ZPO nur auf Zulassung → Bundesgerichtshof, § 133 GVG	Rechtsbeschwerde nach § 574 Abs. 1 Nr. 2 ZPO nur auf Zulassung → Bundesgerichtshof, § 133 GVG	Rechtsbeschwerde nach §§ 70 ff. FamFG → Bundesgerichtshof, § 133 GVG	Revision nach allgemeinen Vorschriften (§§ 542 ff. ZPO) → Bundesgerichtshof, § 133 GVG

Übersicht 4: Rechtsbehelfe des Schuldners gegen die Erteilung der Klausel

11

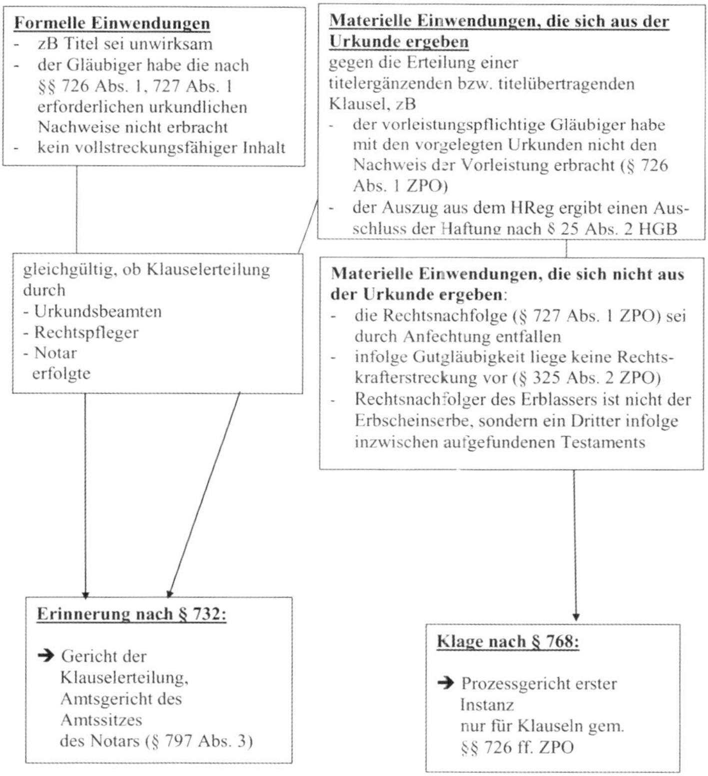

Formelle Einwendungen
- zB Titel sei unwirksam
- der Gläubiger habe die nach §§ 726 Abs. 1, 727 Abs. 1 erforderlichen urkundlichen Nachweise nicht erbracht
- kein vollstreckungsfähiger Inhalt

Materielle Einwendungen, die sich aus der Urkunde ergeben
gegen die Erteilung einer titelergänzenden bzw. titelübertragenden Klausel, zB
- der vorleistungspflichtige Gläubiger habe mit den vorgelegten Urkunden nicht den Nachweis der Vorleistung erbracht (§ 726 Abs. 1 ZPO)
- der Auszug aus dem HReg ergibt einen Ausschluss der Haftung nach § 25 Abs. 2 HGB

gleichgültig, ob Klauselerteilung durch
- Urkundsbeamten
- Rechtspfleger
- Notar

erfolgte

Materielle Einwendungen, die sich nicht aus der Urkunde ergeben:
- die Rechtsnachfolge (§ 727 Abs. 1 ZPO) sei durch Anfechtung entfallen
- infolge Gutgläubigkeit liege keine Rechtskrafterstreckung vor (§ 325 Abs. 2 ZPO)
- Rechtsnachfolger des Erblassers ist nicht der Erbscheinserbe, sondern ein Dritter infolge inzwischen aufgefundenen Testaments

Erinnerung nach § 732:

➔ Gericht der Klauselerteilung, Amtsgericht des Amtssitzes des Notars (§ 797 Abs. 3)

Klage nach § 768:

➔ Prozessgericht erster Instanz nur für Klauseln gem. §§ 726 ff. ZPO

§ 13. Die Vollstreckung in besondere Vermögensmassen

Literatur: *Gerhardt,* Zur Anfechtbarkeit bei Übertragung des einzigen Vermögensgegenstandes einer Gesellschaft bürgerlichen Rechts, JZ 1992, 724; *Marotzke,* Zwangsvollstreckung in Gesellschaftsanteile nach Abspaltung der Vermögensansprüche, ZIP 1988, 1509; *Paulus,* Die Gesellschaft bürgerlichen Rechts als Schuldner und Drittschuldner, DGVZ 1992, 65; *Stankewitsch,* Vollstreckung gem. § 744a ZPO in eheliches Eigentum und Vermögen, das dem FGB-Güterstand unterliegt, NJ 1991, 534; *Wertenbruch,* Die Parteifähigkeit der GbR – die Änderungen für die Gerichts- und Vollstreckungspraxis, NJW 2002, 324.

I. Überblick

1 Ein gegen den Schuldner gerichteter Titel ist erforderlich und ausreichend, um in dessen Vermögen vollstrecken zu können. Probleme ergeben sich, wenn ein Recht dem Schuldner nicht *allein,* sondern in *Rechtsgemeinschaft mit anderen* zusteht oder wenn sein Recht *mit dem Recht* oder der *Verwaltungsbefugnis* eines anderen belastet ist. Ein Recht steht dem Schuldner in Gemeinschaft mit anderen zu, zB in den Fällen des Gesamthandvermögens. Belastet mit dem Recht eines Dritten ist es, wenn der Dritte ein Nießbrauchsrecht hat. Unter einem Verwaltungsrecht steht das Schuldnervermögen bei der Nachlassverwaltung, der Testamentsvollstreckung und in der Insolvenz. In allen diesen Fällen erhebt sich die Frage, *gegen wen sich der Titel richten muss:* nur gegen den Schuldner oder auch gegen die anderen Berechtigten.

II. Die Fälle der Rechtsgemeinschaft

2 1. Bei der *BGB-Gesellschaft* kann der Gläubiger versuchen, in das *Gesellschaftsvermögen* oder in den *Anteil der einzelnen Gesellschafter* zu vollstrecken.[1] Nachdem der Bundesgerichtshof die (Außen-)BGB-Gesellschaft als rechts- und parteifähig anerkannt hat, soweit sie als Teilnehmerin am Rechtsverkehr eigene Rechte und Pflichten begründet,[2] kann auch gegen sie ein Urteil erstritten werden. Folglich muss es möglich sein, gegen die verurteilte BGB-Gesellschaft die Zwangsvollstreckung zu betreiben; denn sie ist im Urteil oder der Vollstre-

1 Zur Zustellung in diesen Fällen BGH NJW 2006, 2191; 2007, 995.
2 BGHZ 146, 341.

ckungsklausel als Schuldnerin bezeichnet (§ 750 Abs. 1). Zur Zwangsvollstreckung in das Gesellschaftsvermögen ist aber nach § 736 auch ein Titel gegen alle Gesellschafter aus ihrer persönlichen Mithaftung ausreichend.[3] Es ist *nicht erforderlich,* dass dieser Titel ein *gemeinsames Urteil* ist. Es genügt, wenn in mehreren Prozessen einzelne Urteile gegen alle Gesellschafter ergangen sind. Hat der Gläubiger nur ein *Urteil gegen einen Gesellschafter,* so kann er lediglich *in dessen Anteil am Gesellschaftsvermögen vollstrecken* (§ 859 Abs. 1), wodurch er zwar nicht Gesellschafter wird, aber die dem Gesellschafter zustehenden Ansprüche auf den Gewinnanteil und das Auseinandersetzungsguthaben erhält (§ 717 BGB). Nach Kündigung der Gesellschaft kann er grundsätzlich auch den Anspruch des Gesellschafter-Schuldners auf Durchführung der Auseinandersetzung ausüben.[4]

2. Ähnlich ist die Rechtslage bei der *OHG* und der *KG.* Diese sind 3
zwar keine juristischen Personen, aber *passiv vollstreckungsfähig.* Zur Zwangsvollstreckung in das Gesellschaftsvermögen ist immer *ein gegen die Gesellschaft gerichteter Titel erforderlich* (§§ 124 Abs. 2, 161 Abs. 2 HGB). *Einzeltitel* gegen die Gesellschafter reichen hier nicht aus. Für die Zwangsvollstreckung *in das Vermögen des einzelnen Gesellschafters* ist *ein gegen diesen gerichteter Titel* erforderlich (§ 129 Abs. 4 HGB). Aufgrund dieses Titels kann der Anteil am Gesellschaftsvermögen gepfändet werden (§ 859 Abs. 1).

3. Das Gesetz erklärt den *nichtrechtsfähigen Verein* nunmehr aus- 4
drücklich für aktiv und passiv parteifähig (§ 50 Abs. 2). Dementsprechend ist er auch *aktiv* und *passiv vollstreckungsfähig.* Es genügt deshalb bspw. ein gegen den Verein ergangenes Urteil, um in das Vereinsvermögen vollstrecken zu können (§ 735).

4. *Die Zwangsvollstreckung gegen Ehegatten:* a) Auszugehen ist 5
vom gesetzlichen Güterstand der Zugewinngemeinschaft. Während des Bestehens der Ehe bedeutet dies Gütertrennung. Die Zwangsvollstreckung ist also immer nur *in das Vermögen des Ehegatten zulässig, gegen den sich der Titel richtet.*

Bei beweglichen Sachen ergibt sich die Schwierigkeit, dass der Gerichtsvoll- 6
zieher, der sich am Gewahrsam orientiert, angesichts der gemeinsamen Wohnung nicht feststellen kann, wer Gewahrsamsinhaber ist. Meistens wird Mit-

3 BGH MDR 2005, 113 (115); dazu und zu den Auswirkungen der obigen Entscheidung auf die Zwangsvollstreckung: *Pohlmann* ZZP 115, 103; *K. Schmidt* NJW 2001, 993; *Wertenbruch* DGVZ 2001, 97; s. zum Weiteren *K. Schmidt* NJW 2008, 1841.

4 BGHZ 116, 222; hierzu *Gerhardt* JZ 1992, 724.

gewahrsam beider Ehegatten vorliegen, der den nicht schuldenden Ehegatten zur Erinnerung nach § 766 berechtigt, wenn der Gerichtsvollzieher pfändet. § 739 erleichtert die Zwangsvollstreckung, indem die Eigentumsvermutung des § 1362 BGB[5] durch die Fiktion des Gewahrsams des Schuldners ergänzt wird. Der Gerichtsvollzieher kann also pfänden, ohne untersuchen zu müssen, ob der schuldende Ehegatte Alleingewahrsam hat.[6] Gemäß § 739 Abs. 2 gilt das Gesagte zugunsten der Gläubiger des Lebenspartners entsprechend für die Eigentumsvermutung des § 8 Abs. 1 LPartG.[7]

7 b) Leben die Ehegatten in *Gütergemeinschaft,* so reicht für die Vollstreckung in das Gesamtgut *ein Titel gegen den allein verwaltenden Ehegatten* aus (§ 740 Abs. 1); bei *gemeinschaftlicher Verwaltung* müssen *beide* Ehegatten zur Leistung verurteilt sein (§ 740 Abs. 2).[8]

8 c) Eine *Sonderregelung* gilt, wenn ein in Gütergemeinschaft lebender Ehegatte *selbständig ein Erwerbsgeschäft betreibt.* Dann reicht grundsätzlich, auch wenn er das Gesamtgut nicht oder nicht allein verwaltet, zur Zwangsvollstreckung in das Gesamtgut *ein gegen ihn ergangenes Urteil* aus (§ 741). Dies dient der *Sicherung des Geschäftsverkehrs.* Der Gläubiger braucht nicht nachzuweisen, dass der andere Ehegatte in die Führung des Erwerbsgeschäfts eingewilligt hat (§§ 1431, 1456 BGB). Die Nichteinwilligung muss dieser mit der Klage aus § 774 geltend machen.

III. Die Fälle des Rechts eines Dritten am Schuldnervermögen

9 1. Bei einem *Nießbrauchsrecht* ist der Nießbraucher wegen der *vor* Bestellung seines Rechtes entstandenen Verbindlichkeiten des Bestellers *zur Duldung der Zwangsvollstreckung* verpflichtet (§§ 1086, 1089 BGB). Die Zwangsvollstreckung setzt deshalb voraus, dass der *Besteller zur Leistung* und der *Nießbraucher zur Duldung* verurteilt worden ist (§ 737). Zur unbeschränkten Anordnung der Zwangsverwaltung eines Grundstücks (→ § 33 Rn. 1) bedarf es nicht nur eines Titels gegen den Eigentümer, sondern auch gegen den Nießbraucher. Dies gilt im formalisierten Vollstreckungsverfahren selbst dann, wenn der Nießbrauch gegenüber dem Recht des Vollstreckungsgläubigers nachrangig ist.[9]

5 Die Vorschrift ist auf die nichteheliche Lebensgemeinschaft nicht analog anzuwenden, BGH NJW 2007, 992 (993 f.).
6 Zur Auswirkung der §§ 1365 ff. BGB auf die Zwangsvollstreckung vgl. *Baur/Stürner/Bruns* ZwangsVollstrR Rn. 19.10.
7 S. dazu auch *Viertelhausen* DGVZ 2001, 129; *Röder* KKZ 2001, 82.
8 S. dazu auch *App* JurBüro 2000, 570.
9 BGH Rpfleger 2003, 378.

2. Bei der Testamentsvollstreckung reicht zur Vollstreckung in den 10
Nachlass *ein gegen den Testamentsvollstrecker ergangenes Urteil* (§ 748 Abs. 1; vgl. die Sonderfälle in Abs. 2 und 3).

§ 14. Die Vollstreckung in den Nachlass und das Eigenvermögen des Erben

Literatur: *Behr,* Zwangsvollstreckung in den Nachlaß, Rpfleger 2002, 2; *Börner,* Das System der Erbenhaftung, JuS 1968, 53; 108; *Noack,* Vollstreckung gegen Erben, JR 1969, 8.

I. Grundlagen

Es gibt hier *zwei Vollstreckungsobjekte,* den *Nachlass* und das *Ei-* 1
genvermögen des Erben, und dementsprechend *zwei Arten von Gläubigern,* die *Nachlassgläubiger* und die *Eigengläubiger.* Den *Nachlassgläubigern haftet der Nachlass,* den *Eigengläubigern das Eigenvermögen des Erben.* Wenn der Erbe die Erbschaft angenommen hat oder die Ausschlagungsfrist abgelaufen ist, besteht *nur noch ein Vermögen,* das *beiden Gruppen von Gläubigern unbeschränkt haftet.* Der Erbe hat jedoch die Möglichkeit, die *Haftungsbeschränkung auf den Nachlass* herbeizuführen (§§ 1975 ff. BGB, Nachlassverwaltung, Nachlassinsolvenz). Dann werden die beiden Haftungsobjekte *wieder getrennt* und haften nur der jeweiligen Gruppe von Gläubigern.

II. Die Vollstreckung in den Nachlass

Es ist zu unterscheiden, ob die Zwangsvollstreckung schon *vor* 2
dem Tod des Erblassers begonnen hat oder nicht. Hat sie schon begonnen, kann sie ohne Umschreibung des Titels auf den Erben *fortgesetzt* werden, aber *nur in den Nachlass* (§ 779 Abs. 1). Eine Vollstreckung in das Vermögen des *Erben* ist *vor Annahme* der Erbschaft und *Umschreibung* des Titels gegen den Erben (§ 727) nicht möglich.

Soll die Vollstreckung erst *nach dem Tode des Erblassers* beginnen, 3
so kann sie vor der Annahme der Erbschaft nur wegen einer *Nachlassverbindlichkeit* und *nur in den Nachlass* erfolgen (§ 778 Abs. 1 und 2). Es bestehen hier *noch zwei getrennte Vermögensmassen;* da noch nicht feststeht, ob der vorläufige Erbe die Erbschaft behält.

4 *Nach der Annahme der Erbschaft* kann der Titel gegen den Erben *umgeschrieben* werden (§ 727). Gegen ihn kann wegen jeder Forderung vollstreckt, und er kann auch verklagt werden.

5 Auch *nach Annahme der Erbschaft* können aber dem Erben die *Einreden* der §§ 2014, 2015 BGB zustehen, die ihm eine Frist zur Inventarerrichtung und zur Überlegung, ob er die Haftungsbeschränkung herbeiführen soll, gewähren sollen. Wenn der Erbe diese Einreden im Vollstreckungsverfahren geltend macht, kann er erreichen, dass die Zwangsvollstreckung auf *sichernde Maßnahmen beschränkt* wird (§§ 782, 783). Er muss diese Einreden im Wege der Klage geltend machen (§ 785, der auf § 767 verweist).

6 Bei einer Gesamtrechtsnachfolge auf *mehrere Erben* ist zur Vollstreckung in den Nachlass ein Titel *gegen alle Erben* erforderlich (§ 747), der ebenso wenig wie bei § 736 einheitlich sein muss. *Ohne diesen* ist nur eine *Vollstreckung in den Erbanteil* mit anschließender Auseinandersetzung des Nachlasses möglich (§ 859 Abs. 2).

III. Die Vollstreckung in das Eigenvermögen des Erben

7 Der Erbfall *ändert nichts* an der *Haftung* des Erben mit *seinem Vermögen für eigene Verbindlichkeiten.* Wegen Nachlassverbindlichkeiten kann vor der Annahme der Erbschaft *nicht in das Eigenvermögen* des Erben vollstreckt werden (§ 778 Abs. 1). Nach der Annahme besteht *nur noch ein Vermögen,* das grundsätzlich beiden Gruppen von Gläubigern haftet. Die Gläubiger können die Zwangsvollstreckung ohne Rücksicht darauf betreiben, ob der Erbe *unbeschränkt oder beschränkt* (auf den Nachlass) haftet. Der Erbe muss diese *Haftungsbeschränkung* (aufgrund der §§ 1975, 1990–1992 BGB) *selbst herbeiführen* (§ 781). Wenn die Vollstreckung aufgrund eines gegen den Erblasser erwirkten, gegen den Erben umgeschriebenen Titels erfolgt (§ 727), kann der Erbe sie durch *die Klage* nach §§ 785, 767 geltend machen. Ist der Erbe selbst wegen der Nachlassverbindlichkeit verklagt und verurteilt worden, so hat er diese Möglichkeit nur, wenn sie ihm *im Urteil vorbehalten ist* (§ 780 Abs. 1). Die Vorschrift des § 780 Abs. 1 ist auch auf den Prozessvergleich anwendbar.[1] Der Schuldner muss die Haftungsbeschränkung also schon *im Prozess* - in der Tatsacheninstanz –[2] *geltend machen.* Es steht dabei im Ermessen des Prozessgerichts, ob es den Haftungsumfang

---

1 BGH NJW 1991, 2839; NJW 1992, 2694.
2 BGHZ 54, 204.

selbst sachlich aufklärt oder aber dies dem Vollstreckungsorgan überlässt und den Vorbehalt ungeprüft ausspricht.[3] In der Zwangsvollstreckung muss der Schuldner dann wieder die Klage aus den §§ 785, 767 erheben.

§ 15. Die Voraussetzungen für den Beginn der Zwangsvollstreckung

Literatur: *Fichtner*, Die Vollstreckung aus Titeln auf Leistung Zug um Zug nach der Zweiten Zwangsvollstreckungsnovelle und dem Schuldrechtsmodernisierungsgesetz, DGVZ 2004, 1, 17, 33; *Kaiser*, Rechtsbehelfe bei der Zwangsvollstreckung aus Zug-um-Zug-Titeln, NJW 2010, 2330.

Neben Antrag, Titel und Klausel müssen *weitere Voraussetzungen* vorliegen, damit die Zwangsvollstreckung beginnen kann. 1

Dies ist zunächst die *Zustellung des Urteils* vor oder mit Beginn der Zwangsvollstreckung (§ 750 Abs. 1). Der Schuldner soll noch einmal Kenntnis von dem Urteil erlangen, damit er sein Verhalten entsprechend einrichten kann.

Das Urteil, das zugestellt wird, muss nicht die vollstreckbare Ausfertigung sein; es genügt die Zustellung einer anderen Ausfertigung (s. § 750 Abs. 1). 2

Vollstreckbare Urkunden, Kostenfestsetzungsbeschlüsse, die nicht auf das Urteil gesetzt sind, und Regelunterhaltsbeschlüsse müssen mindestens zwei Wochen vor Beginn der Zwangsvollstreckung zugestellt werden (§ 798). Hier ist der Schuldner besonders schutzbedürftig, entweder weil kein Prozess stattgefunden hat oder weil er die Entscheidung noch nicht kennt. 3

Bei der *titelübertragenden* und der *titelergänzenden Klausel* müssen das Urteil, die ihm beigefügte Klausel und außerdem Abschriften der Urkunden zugestellt werden, aufgrund deren die Klausel erteilt wurde (§ 750 Abs. 2; Ausnahmen: §§ 799, 800 Abs. 2). Dies ist notwendig, da hier die Vollstreckbarkeit erst durch die in der Klausel festgestellten Vorgänge begründet worden ist. 4

Wenn die Zwangsvollstreckung von einer *Sicherheitsleistung* durch den Gläubiger abhängt, darf sie erst beginnen, wenn die Sicherheitsleistung durch eine öffentliche oder öffentlich beglaubigte Urkunde nachgewiesen und eine Abschrift dieser Urkunde bereits zugestellt ist oder gleichzeitig zugestellt wird (§ 751 Abs. 2). Andernfalls muss der Gläubiger die formelle Rechtskraft abwarten und sich ein entsprechendes Zeugnis ausstellen lassen (§ 706). 5

Ist die Zwangsvollstreckung vom *Eintritt eines Kalendertages* abhängig (bei künftigen Leistungen), so darf sie erst mit dessen Ablauf beginnen (§ 751 Abs. 1). Bei der Sicherungsvollstreckung (§ 720a) muss zwischen der Zustel- 6

3 KG NJW-RR 2003, 941.

lung und dem Vollstreckungsbeginn eine Wartefrist von zwei Wochen eingehalten werden (§ 750 Abs. 3). Inwieweit das auch für einfache Vollstreckungsklauseln gilt, ist str.[1]

7 Die §§ 756, 765 betreffen die Zwangsvollstreckung bei einer Leistung Zug-um-Zug durch den Gerichtsvollzieher (§ 756) in körperliche Sachen und durch das Vollstreckungsgericht (§ 765) insbesondere in Forderungen und Vermögensrechte. Die Zwangsvollstreckung, die von einer *Zug-um-Zug* zu bewirkenden Leistung des Gläubigers an den Schuldner abhängt, darf erst beginnen, wenn der Gerichtsvollzieher die Leistung dem Schuldner angeboten hat oder durch öffentliche oder öffentlich beglaubigte Urkunden nachgewiesen ist, dass der Schuldner befriedigt oder im Verzug der Annahme ist. Eine Abschrift dieser Urkunden muss bereits zugestellt sein oder gleichzeitig zugestellt werden (§ 756). Um diesen Nachweis in der Zwangsvollstreckung zu erleichtern, ist es zulässig, die Klage auf die Zug-um-Zug zu erbringende Leistung mit einem Antrag gem. § 256 Abs. 1 auf Feststellung des Annahmeverzugs zu verbinden, obwohl der Annahmeverzug als solcher kein Rechtsverhältnis i.S. dieser Vorschrift darstellt und damit die Feststellung nicht Gegenstand einer isolierten Feststellungsklage sein kann.[2] Der Vorteil eines solchen Vorgehens liegt darin, bereits vor Eintritt der formellen Rechtskraft im Rahmen der vorläufigen Vollstreckung gegen den Schuldner vorgehen zu können. Aus prozessökonomischen Gründen wird eine solche Klageverbindung und eine Vollstreckung des Leistungsurteils bereits aus dem für vorläufig vollstreckbar erklärten Urteil als zulässig erachtet. In einem solchen Fall gilt der Nachweis als iSv § 765 Nr. 1 Hs. 1 Fall 2 erbracht. Das ist bei einer vom Erkenntnisverfahren über die Leistungsklage isolierten Feststellungsklage, etwa gerichtet auf Feststellung, dass der Schuldner hinsichtlich der vom Gläubiger Zug-um-Zug zu erbringenden Gegenleistung befriedigt ist, nicht möglich. Dieses Feststellungsurteil, nach dem der Schuldner sich im Verzug der Annahme befindet, muss rechtskräftig sein, damit es materielle Beweiskraft erlangt und das Zug-um-Zug-Urteil vollstreckt werden kann (§ 765 Nr. 1 Hs. 1 Fall 2). Das folgt aus § 417, wonach eine öffentliche Urkunde nur den Beweis für den Inhalt, nicht aber dessen Richtigkeit begründet. Letzteres verlangt die Rechtskraft der Entscheidung,[3] die durch ein Rechtskraftzeugnis nachgewiesen werden muss (§ 706, → § 15 Rn. 5). Das Vollstreckungsorgan soll nicht prüfen müssen, ob die formelle Rechtskraft eingetreten ist. In einfach gelagerten Fällen, also vor allem bei leicht transportablen Gegenständen, kann der Gerichtsvollzieher die Gegenleistung dem Schuldner auch unmittelbar vor Ort anbieten. Der Gerichtsvollzieher hat die Gegenleistung so anzubieten, wie sie dem Titel zu entnehmen ist. Bestehen Zweifel, ob die angebotene Sache dem Ausgeurteilten entspricht, so kann auf Feststellung geklagt werden.[4] Auch für den Zustand eines vom Gläubiger zu leistenden Gegenstands ist

1 S. OLG Schleswig NJW-RR 1988, 700 mwN.
2 BGH NJW 2000, 2663.
3 BGH NJW 2018, 3029 (3030).
4 BGH DGVZ 2011, 31.

nach dem Grundsatz des Formalismus der Zwangsvollstreckung allein der Titelinhalt maßgeblich. Der Gerichtsvollzieher hat somit die Beschaffenheit einer nicht vertretbaren Sache nur dann zu prüfen, wenn der Titel außer der Identifikation des Gegenstandes weitere Angaben dazu enthält. Fehlt es daran, so darf der Gerichtsvollzieher die Sache trotz gravierender Mängel anbieten, solange diese noch identifizierbar ist. Der Schuldner kann dann ein Leistungsverweigerungsrecht wegen Verschlechterung nur im Wege der Vollstreckungsgegenklage nach § 767 geltend machen.[5] Ein Verstoß gegen § 756 kann dagegen mit der Erinnerung gerügt werden (§ 766).

4. Kapitel. Das Vollstreckungsverfahren

§ 16. Beginn, Stillstand und Beendigung der Zwangsvollstreckung

Literatur: *Behr,* Vollstreckung ohne Durchsuchungsanordnung, Art. 13 II GG, NJW 1992, 2125; *ders.,* Effektive Sachpfändung durch den Gerichtsvollzieher, NJW 1992, 2783; *Nies,* Antragstellung in der Zwangsvollstreckung nach neuem Recht, MDR 1999, 525; *van den Hövel,* „Gefahr im Verzug" durch die bloße Weigerung des Schuldners zur Wohnungsdurchsuchung, Art. 13 II GG, NJW 1993, 2031.

I. Der Beginn der Vollstreckung

Titel, Klausel und Zustellung sind allgemeine Voraussetzungen für die Zwangsvollstreckung, kennzeichnen aber noch nicht den Beginn des Vollstreckungsverfahrens. Die Frage, *wann die Vollstreckung beginnt,* ist wichtig *für die Zulässigkeit der besonderen Rechtsbehelfe des Vollstreckungsrechts,* die in der Regel (§§ 766, 771) erst *mit Beginn* der Vollstreckung und *bis zu ihrem Ende* gegeben ist. Dabei ist zwischen dem Beginn des Verfahrens insgesamt und dem Beginn einer konkreten Vollstreckungsmaßnahme, also etwa die Vollstreckung in einen einzelnen Gegenstand zu unterscheiden. Das Zwangsvollstreckungsverfahren ist von der *Dispositionsmaxime* bestimmt, es erfordert für seinen Beginn einen *Antrag des Gläubigers.* Mit diesem Antrag beginnt die Zwangsvollstreckung aber noch nicht, er gehört ebenso zu den *Vorbereitungshandlungen* wie der Erlass oder die Zustellung des Titels oder die Erteilung der Klausel. 1

5 BGH MDR 2005, 1311.

2 Die Zwangsvollstreckung beginnt mit der *ersten gegen den Schuldner gerichteten Handlung des funktionell zuständigen Vollstreckungsorgans,* also bei der Vollstreckung wegen Geldforderungen in bewegliche Sachen mit der *Pfändung* oder mit der richterlichen Anordnung zur *Durchsuchung* der schuldnerischen Wohnung (§ 758a) durch den Gerichtsvollzieher. Bei der Vollstreckung in Forderungen beginnt sie mit dem *Erlass des Pfändungsbeschlusses,* bei der Herausgabevollstreckung nach den §§ 883, 884 mit der *Wegnahme* der Sache durch den Gerichtsvollzieher. Bei der Vollstreckung von Duldungs- und Unterlassungsurteilen (§ 890) muss unterschieden werden: ist eine Androhung von Ordnungsmaßnahmen schon im Urteil enthalten, beginnt die Vollstreckung erst mit dem *Erlass eines entsprechenden Beschlusses,* andernfalls mit dem *Beschluss, der die Maßnahmen androht* (§ 890 Abs. 2).

II. Der Stillstand des Verfahrens

3 Die Zwangsvollstreckung setzt sich meistens aus *mehreren aufeinanderfolgenden Maßnahmen* zusammen: eine Sache wird gepfändet, sie wird versteigert, der Erlös wird ausgehändigt. Die vollstreckungsrechtlichen Rechtsbehelfe, die den Beginn der Vollstreckung voraussetzen, laufen deshalb *Gefahr, zu spät zu kommen.*

4 Wenn etwa ein Dritter mit der Klage aus § 771 geltend macht, die Sache gehöre ihm, und er diesen Prozess durch mehrere Instanzen führen muss, ist mit aller Wahrscheinlichkeit der Erlös längst an den Gläubiger ausgehändigt worden, bevor ihm ein rechtskräftiges Urteil Recht gibt.

5 Deshalb sehen die *Rechtsbehelfe des Zwangsvollstreckungsrechts* die Möglichkeit *einstweiliger Anordnungen* durch das angerufene Gericht vor, vor allem die der *einstweiligen Einstellung der Zwangsvollstreckung* gegen oder ohne Sicherheitsleistung (§§ 732 Abs. 2, 766 Abs. 1 S. 2, 769, 771 Abs. 3). Das Gericht kann dabei die Sicherheitsleistung durch Bankbürgschaft zulassen.[1] *Diese Anordnungen haben große praktische Bedeutung.* Ihr Erlass steht im Ermessen des Gerichts, das dabei die Erfolgsaussichten des Rechtsbehelfs berücksichtigen wird. Bei Klagen auf Unterlassung der Zwangsvollstreckung gem. § 826 BGB wird teilweise eine analoge Anwendung des § 769 Abs. 1 befürwortet.[2] Die Gegenauffassung verweist den Kläger auf

1 Zur Rechtsnatur und Auslegung einer für die vorläufige Einstellung gewährten Prozessbürgschaft BGH NJW-RR 2004, 1128.
2 Zöller/*Herget* ZPO § 769 Rn. 1; MüKoZPO/*K. Schmidt/Brinkmann* § 769 Rn. 4; OLG Zweibrücken NJW 1991, 3041.

den einstweiligen Rechtsschutz.[3] Eine Anordnung nach § 769 kann weder durch sofortige Beschwerde gem. § 793 noch durch außerordentliche Beschwerde angefochten werden. Der Rechtsmittelausschluss des § 707 Abs. 2 S. 2 gilt entsprechend[4] und steht auch außerordentlichen Rechtsmitteln entgegen[5].

6 Die Anordnung bedeutet *noch nicht die Einstellung.* Diese erfolgt vielmehr durch eine Erklärung des zuständigen Vollstreckungsorgans, dem die Entscheidung nach § 775 Nr. 2 vorgelegt wird. Etwas anderes gilt, wenn das über den Rechtsbehelf entscheidende Gericht selbst Vollstreckungsorgan ist, wie das Vollstreckungsgericht bei der Forderungspfändung. Dann bedeutet die Anordnung zugleich die Einstellung.

7 Ähnlich wie bei den vollstreckungsrechtlichen Rechtsbehelfen können einstweilige Anordnungen erfolgen, wenn die *Wiedereinsetzung in den vorigen Stand* oder die *Wiederaufnahme des Verfahrens* beantragt wird (§ 707) oder wenn ein *Rechtsmittel gegen ein vorläufig vollstreckbares Urteil* eingelegt wird (§ 719), also dann, wenn das Urteil, aus dem vollstreckt wird, beseitigt werden soll.

8 Eine Einstellung der Vollstreckung erfolgt außerdem in den Fällen des § 775 Nr. 1–5; außer im Fall der Nr. 2 ist die *Einstellung nicht nur einstweilig.* Hier wird entweder das Urteil aufgehoben oder die Zwangsvollstreckung für unzulässig erklärt (Nr. 1) bzw. die Befriedigung des Gläubigers nachgewiesen (Nr. 4 und 5).

9 Die *Fortsetzung der Zwangsvollstreckung* bei der einstweiligen Einstellung erfolgt nicht von Amts wegen, sondern *nur auf Antrag des Gläubigers,* dem stattzugeben ist, wenn die Voraussetzungen für die Einstellung nicht mehr vorliegen.

10 Mit der Einstellung sind die schon getroffenen Vollstreckungsmaßnahmen *noch nicht beseitigt.* Diese müssen vielmehr *von dem dafür zuständigen Vollstreckungsorgan aufgehoben werden.* Eine Aufhebung erfolgt in der Regel nur nach der endgültigen Einstellung in den Fällen des § 775 Nr. 1 und 3 (§ 776).

III. Die Beendigung der Vollstreckung

11 Entsprechend dem Beginn muss zwischen der *Beendigung einer einzelnen Vollstreckungsmaßnahme* und der *Beendigung der Zwangsvollstreckung im Ganzen* unterscheiden (diese Unterschei-

3 ZB OLG Hamm MDR 1987, 505; OLG Frankfurt a. M. NJW-RR 1992, 511.
4 BGH NJW 2004, 2224.
5 OLG Saarbrücken BeckRS 2009, 6032.

dung ist wieder von Bedeutung für die Zulässigkeit vollstreckungsrechtlicher Rechtsbehelfe). Die *einzelne Maßnahme* ist mit ihrer völligen Durchführung beendet, zB wenn eine bewegliche Sache gepfändet, versteigert und der Erlös dem Gläubiger ausgehändigt worden ist, oder wenn bei einer Forderungspfändung die Forderung überwiesen worden ist und der Drittschuldner gezahlt hat. Ob durch diese Maßnahme der Gläubiger befriedigt wurde, ist nicht entscheidend. Nach Abschluss der einzelnen Maßnahme sind die *Erinnerung* (§ 766) wegen dieser Maßnahme und die *Drittwiderspruchsklage* (§ 771) *nicht mehr zulässig.*

12 Die Zwangsvollstreckung *im Ganzen* ist mit der völligen Befriedigung des Gläubigers beendet, bei der Vollstreckung von Geldforderungen also auch hier erst mit der Aushändigung des Erlöses. Nach der Beendigung der Zwangsvollstreckung im Ganzen ist die *Vollstreckungsgegenklage* (§ 767) nicht mehr zulässig.

Übersicht 5: Verlauf einer Vollstreckung

Das Zwangsvollstreckungsrecht ist kein einheitliches Verfahren, sondern in seiner Ausgestaltung abhängig von Anspruch und Gegenstand. Daher sind verschiedene Arten der Vollstreckung nebeneinander möglich: 4

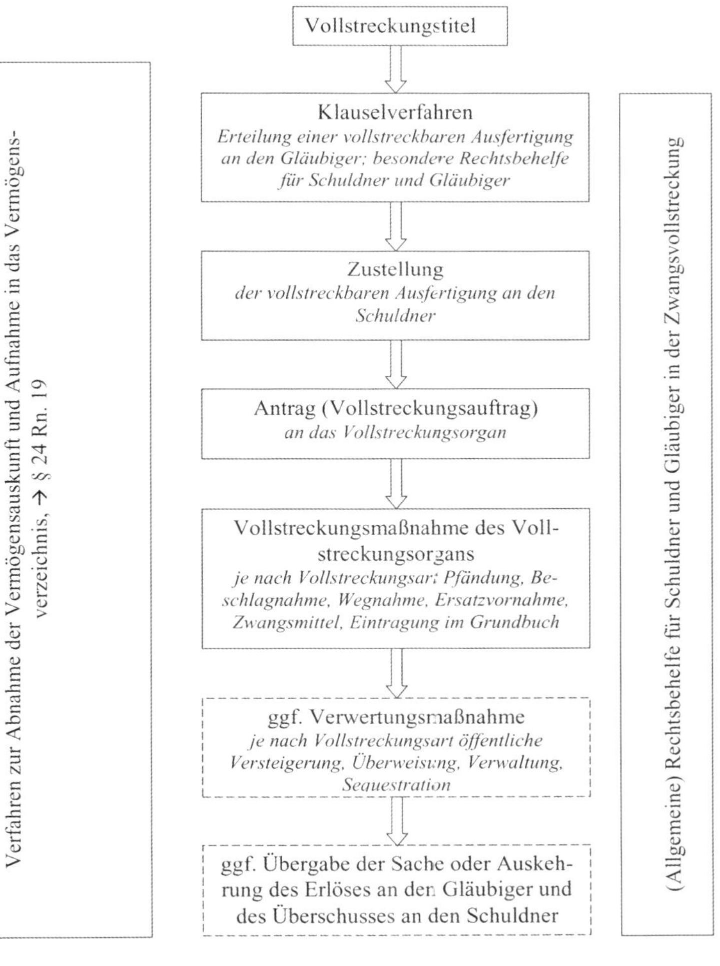

§ 17. Mängel des Vollstreckungsverfahrens

Literatur: *Gaul*, Zur Struktur der Zwangsvollstreckung, Rpfleger 1971, 87; *Geib*, Die Pfandverstrickung, 1969, 100ff.; *Martin*, Pfändungspfandrecht und Widerspruchsklage im Verteilungsverfahren, 1963; *Naendrup*, Gläubigerkonkurrenz bei fehlerhaften Zwangsvollstreckungsakten, ZZP 85, 311; *Schwinge*, Der fehlerhafte Staatsakt im Mobiliarvollstreckungsrecht, 1930 (Neudruck 1963).

1 Da die Zwangsvollstreckung ein staatlicher Eingriff in das Vermögen des Schuldners ist und sich auch gegen seine Person richten kann, kann sie nur rechtmäßig sein, wenn die *gesetzlichen Voraussetzungen* dafür vorliegen und die *gesetzlich vorgesehenen Formen* eingehalten worden sind. Der *Grundsatz des Formalismus* der Zwangsvollstreckung schützt auch den *Schuldner.* Wenn die gesetzlichen Bestimmungen nicht eingehalten werden, ist der betreffende Vollstreckungsakt *nicht schlechthin nichtig,* dh wirkungslos. Die überwiegende Meinung, vor allem auch der Bundesgerichtshof, nimmt *Nichtigkeit* nur an, wenn *alle Voraussetzungen* für eine Zwangsvollstreckung überhaupt fehlen oder bei *grundlegenden Verstößen gegen wesentliche Formen.*[1] Alle anderen Gesetzesverstöße berühren die Wirksamkeit der Vollstreckungsakte nicht, sondern machen diese mit Rechtsbehelfen anfechtbar.[2]

2 Nichtigkeit würde demnach beispielsweise vorliegen bei Fehlen eines Titels[3] oder der *funktionellen Zuständigkeit* des Vollstreckungsorgans oder wenn der Gerichtsvollzieher die Pfändung einer beweglichen Sache *nicht ersichtlich gemacht hat* (§ 808 Abs. 2 S. 2).

3 Ein *besonderes Problem* ergibt sich bei der *Pfändung.* Diese hat eine *doppelte Wirkung:* die staatliche Beschlagnahme, die sog. *Verstrickung,* und die Entstehung eines *Pfändungspfandrechts* (§ 804 Abs. 1).

4 Dessen Rechtsnatur ist streitig (→ § 24 Rn. 7). Die rein öffentlich-rechtliche Theorie sieht das Pfändungspfandrecht als öffentlich-rechtliches Recht an, das mit jeder wirksamen Pfändung entsteht. Nach der hM hat das Pfändungspfandrecht materiell-rechtlichen Charakter (sog. gemischte privat-öffentlich-rechtliche Theorie). Diese Auffassung will das Entstehen des Pfändungspfandrechts auch bei einer wirksamen Pfändung davon abhängig machen, dass die

1 BGHZ 30, 173; so auch *Blomeyer* ErkVerf II § 30 I; *Baur/Stürner/Bruns* ZwangsVollstrR Rn. 11.3.
2 *Gaul/Schilken/Becker-Eberhard* ZVR § 31 Rn. 5ff.
3 Vgl. BGH NJW 1993, 735.

materiell-rechtlichen Voraussetzungen für ein Pfandrecht vorliegen. Außerdem darf danach bei der Pfändung nicht gegen gesetzliche Vorschriften verstoßen werden, es sei denn, es handele sich um bloße Ordnungsvorschriften.[4] Man müsste also bei allen Gesetzesverstößen unterscheiden, ob sie die völlige Nichtigkeit oder nur das Nichtentstehen eines Pfändungspfandrechts zur Folge haben.[5] Dies würde von der Qualifizierung der verletzten Rechtsnorm als bloßer Ordnungsvorschrift abhängen, was im Einzelfall zu großen Schwierigkeiten führen kann. Selbst vom Boden der hM aus sollte man deshalb davon ausgehen, dass das Pfändungspfandrecht auf einem Staatsakt beruht und nur in seltenen Ausnahmefällen, wenn die Verstrickung nicht eingetreten ist, nicht entsteht.[6]

Die *Heilung* von *nichtigen Vollstreckungsakten* ist *nicht* möglich; sie müssen *wiederholt* werden. Ein fehlerhafter, aber *nicht nichtiger* Vollstreckungsakt *kann geheilt werden,* wenn der *Mangel beseitigt* wird oder der Schuldner auf die *Rüge* des Mangels *verzichtet.*[7] Dabei ist es streitig, ob die Heilung *rückwirkend* oder *nur für die Zukunft eintritt.*[8] 5

Für die öffentlich-rechtliche Theorie vom Pfändungspfandrecht und für die Auffassung, die auch bei Gesetzesverstößen in der Regel ein Entstehen des Pfandrechts annimmt, stellt sich dieses Problem nicht so dringlich wie für die h. M[9], weil es meistens um die Frage geht, wann das Pfändungspfandrecht entstanden ist. Aus Gründen der Rechtssicherheit sollte man auch von der hM ausgehend auf den Zeitpunkt der Verstrickung abstellen, also eine Rückwirkung annehmen. 6

---

4 *Baur/Stürner/Bruns* ZwangsVollstrR Rn. 11.6.

5 Zu den Auswirkungen dieser Auffassung → § 24 Rn. 7.

6 Vgl. *Jauernig/Berger* ZwangsVollstrR/InsR § 16 Rn. 15 ff.

7 *Baur/Stürner/Bruns* ZwangsVollstrR Rn. 11.8; *Gaul/Schilken/Becker-Eberhard* ZVR § 31 Rn. 41 ff.

8 BLAHAG/*Schmidt* ZPO Grdz. § 750 Rn. 4 f.; Stein/Jonas/*Münzberg* ZPO § 750 Rn. 11 ff. einerseits; *Baur/Stürner/Bruns* ZwangsVollstrR Rn. 11.8; *Gaul/Schilken/Becker-Eberhard* ZVR § 31 Rn. 44 ff. andererseits.

9 *Baur/Stürner/Bruns* ZwangsVollstrR Rn. 11.8 mwN.

§ 18. Vereinbarungen in der Zwangsvollstreckung

Literatur: *Bartels,* Der Verzicht auf den gesetzlichen Vollstreckungsschutz, Rpfleger 2008, 397; *Bohn,* Die Zulässigkeit des vereinbarten Vollstreckungsausschlusses, ZZP 69, 20; *Bürck,* Erinnerung oder Klage bei Nichtbeachtung von Vollstreckungsvereinbarungen durch die Vollstreckungsorgane?, ZZP 85, 391; *Emmerich,* Zulässigkeit und Wirkungsweise der Vollstreckungsverträge, ZZP 82, 413; *Gaul,* Zulässigkeit und Geltendmachung vertraglicher Vollstreckungsbeschränkung, JuS 1971, 347; *Scherf,* Vollstreckungsverträge, 1971 (dazu *E. Peters,* AcP 172, 561); *Schiedermair,* Vereinbarungen im Zivilprozeß, 1935; *Schlosser,* Einverständliches Parteihandeln im Zivilprozeß, 1968; *Wagner,* Prozeßverträge, 1998.

Fall 1: G gewährt dem Zahnarzt Dr. S ein Darlehen. In dem schriftlich abgeschlossenen Vertrag verzichtet S für den Fall der Zwangsvollstreckung auf die Einhaltung des § 811 Nr. 7, der die Pfändung seiner Praxiseinrichtung verbietet. Als S nicht zahlen kann und G aufgrund eines inzwischen erwirkten Titels die Praxiseinrichtung pfänden lassen will, weigert sich der Gerichtsvollzieher, die Pfändung vorzunehmen. G legt Erinnerung ein. Mit Erfolg?

Fall 2: G gewährt dem Kaufmann S ein Darlehen. In dem Vertrag wird vereinbart, dass G bei einer möglichen Zwangsvollstreckung wegen der Darlehensforderung darauf verzichtet, in den Miteigentumsanteil des S an dem privaten Wohnhaus zu vollstrecken, das S und seiner Frau zu je ein halb gehört. Als S nicht zahlen kann, kündigt G an, er werde ihn verklagen und habe nicht die Absicht, sich an die seiner Ansicht nach ungültige Vereinbarung über die Vollstreckung zu halten. S fragt an, wie die Rechtslage ist.

1 *Vereinbarungen im Zivilprozess* sind grundsätzlich möglich. Der Zivilprozess ist zwar öffentliches, aber nicht durchweg zwingendes Recht. Die Privatautonomie gilt auch hier, wenn auch verglichen mit dem materiellen Zivilrecht in wesentlich eingeschränkterem Umfang. Sie findet ihre Grenze an Rechtsnormen, die im öffentlichen Interesse bestehen. Innerhalb dieses Rahmens können die Parteien auch im Zivilprozess Vereinbarungen schließen.[1] *Diese Grundsätze gelten zwar auch im Vollstreckungsrecht.* Als formalisiertes Verfahren ist es aber in der Regel der Parteidisposition entzogen.[2] Es ist also *wenig Raum für Vereinbarungen der Parteien.*

---

1 *Lüke* ZivilProzR I § 19 Rn. 3; *Schiedermair,* Vereinbarungen im Zivilprozeß, 1935, 44 ff.; *Arens,* Willensmängel bei Parteihandlungen im Zivilprozeß, 1968, 86 f.

2 Vgl. RGZ 128, 81.

Die Parteien können zB nicht die funktionelle Zuständigkeit verändern, sie sind auch an die gesetzliche Regelung der einzelnen Vollstreckungsarten gebunden, können also nicht vereinbaren, dass die Abgabe einer Willenserklärung (§ 894) nach den Vorschriften über die Vollstreckung unvertretbarer Handlungen erfolgen soll (§ 888). Sie können auch nicht durch Verträge die Zulässigkeit der Zwangsvollstreckung erweitern, zB vereinbaren, dass ohne Titel oder ohne Klausel vollstreckt werden darf. 2

Am wichtigsten ist aber, dass der Schuldner auch *nicht von vornherein auf die Einhaltung der Schuldnerschutzvorschriften* (§§ 811, 850 ff.) *verzichten kann.* 3

Wäre dies möglich, so würden diese Vorschriften bald formularmäßig abbedungen werden. Der Schuldner ist freilich nicht gezwungen, die Nichteinhaltung dieser Vorschriften geltend zu machen, wenn ein Vollstreckungsorgan eine unpfändbare Sache oder Forderung gepfändet hat. In **Fall 1** ist die Praxiseinrichtung also unpfändbar. Der Gerichtsvollzieher hat zu Recht die Pfändung abgelehnt. 4

Man geht davon aus, dass der *Schuldner* in der Regel *schutzbedürftiger* ist *als der Gläubiger. Vollstreckungsbeschränkende Verträge* werden deshalb als *zulässig* angesehen. 5

Ein völliger Ausschluss der Vollstreckbarkeit geht wohl über die den Parteien gewährte Dispositionsfreiheit hinaus,[3] falls nicht ein materiell-rechtlicher Erlass gewollt war. Eine *zeitliche Beschränkung* ist dagegen möglich. Zulässig sind vor allem auch Vereinbarungen über eine *gegenständliche Beschränkung* **(Fall 2).** Hierdurch wird an sich pfändbares Vermögen von der Vollstreckung ausgenommen. Lange war allerdings streitig, ob dies im Wege der Erinnerung nach § 766 oder der Vollstreckungsabwehrklage nach § 767 geltend zu machen sei. Teilweise wurde differenziert: Wurden sie vor oder während des Prozesses geschlossen, so musste die *Haftungsbeschränkung im Urteil* ausgesprochen werden.[4] Für eine Beschränkung, die erst nachträglich vereinbart wurde sah eine Auffassung ebenfalls die *Erinnerung*,[5] eine andere die *Vollstreckungsgegenklage* aus § 767[6] und eine dritte Ansicht ein Wahlrecht zwischen beiden vor.[7] Der Bundesgerichtshof hat sich der zweiten Ansicht angeschlossen, da dem Vollstreckungsorgan nicht zugemutet werden solle, die Vollstreckungsvereinbarung auszulegen.[8] Da aber § 767 Abs. 1 nur Einwendungen erfasst, die den zu vollstreckenden Anspruch selbst betreffen, passt auch dieser 6

3 *Schiedermair* aaO, 90 (93).
4 BGH MDR 1975, 747.
5 *Jauernig/Berger* ZwangsVollstrR/InsR § 1 Rn. 34; *Baur/Stürner/Bruns* ZwangsVollstrR Rn. 10.9; *Schiedermair* aaO134 f.
6 BGH NJW 1968, 701; JR 1992, 283 mAnm *Schilken*; *Gaul* JuS 1971, 349; *J. Blomeyer* ZZP 89, 495; *Gaul/Schilken/Becker-Eberhard* ZVR § 33 Rn. 49 ff.
7 Zöller/*Stöber* ZPO vor § 704 Rn. 25, iErg auch *Wagner*, Prozeßverträge, 1998, 772 ff.
8 BGH NJW 2017, 2202 = JuS 2017, 1123 (*K. Schmidt*) mwN.

Rechtsbehelf nicht in unmittelbarer Anwendung. Das Gericht sieht hierfür eine Regelungslücke und wendet § 767 Abs. 1 deshalb in entsprechender Weise an.[9] Der Entscheidung des Bundesgerichtshofs lag eine Vollstreckungsvereinbarung im Rahmen eines Ehevertrages zugrunde. Die Vereinbarung wurde also vor Einleitung des Rechtsstreits getroffen. Da das Gericht nicht auf die Präklusion nach § 767 Abs. 2 eingeht, lässt darauf schließen, dass es insoweit keine Differenzierung vornimmt.[10] In **Fall 2** müsste S die Vereinbarung also nicht schon im Erkenntnisverfahren geltend machen. S kann die Vollstreckung entgegen der Haftungsbeschränkung in entsprechender Anwendung des § 767 Abs. 1 im Wege der *Vollstreckungsabwehrklage* geltend machen.

§ 19. Die Kosten der Zwangsvollstreckung

1 Die *Kosten der Zwangsvollstreckung* sind von den *Prozesskosten,* über die das Urteil entschieden hat, *zu unterscheiden.* Sie entstehen nicht durch das Erkenntnisverfahren, sondern *durch die Zwangsvollstreckung,* etwa durch die Ausfertigung und Zustellung des Urteils, die Pfändung, die Versteigerung und die Ersatzvornahme mit Ermächtigung des Gerichts nach § 887 Abs. 1.[1] Auch die Aufwendungen, die dem Gläubiger entstanden sind, etwa durch eine zu leistende Sicherheit, gehören hierher. Ebenfalls als Zwangsvollstreckungskosten erstattungsfähig sind die Kosten der Vorpfändung, wenn der Gläubiger einen berechtigten Anlass hatte, eine solche Maßnahme vorzunehmen.[2]

2 Die Kosten der Zwangsvollstreckung fallen, soweit sie notwendig waren (§ 91), dem *Vollstreckungsschuldner* zur Last (§ 788 Abs. 1)[3]. Ihre Beitreibung kann ohne besonderen Titel und Kostenfestsetzungsbeschluss *zugleich mit der Vollstreckung aus dem Urteil* erfolgen (§ 788 Abs. 1 S. 2 HS 2). Auf Antrag können die Kosten aber auch durch Kostenfestsetzungsbeschluss tituliert werden (§ 788 Abs. 2).[4]

3 Kosten von Schuldnerschutzmaßnahmen können dem Gläubiger auferlegt werden (§ 788 Abs. 4). Wenn das Urteil, aus dem vollstreckt worden ist, auf-

9 BGH NJW 2017, 2202 (2204 f.) Rn. 42 ff.
10 *Gössl* NJW 2017, 2205; anders noch BGH MDR 1975, 747.
1 Siehe zB OLG München MDR 1998, 795.
2 AG Heilbronn DGVZ 2019, 241, 242.
3 Zu den nachgerichtlichen Inkassokosten und dem Umfang ihrer Ersatzfähigkeit als Kosten der Zwangsvollstreckung *Wedel* JurBüro 2001, 345.
4 Zur Zweckmäßigkeit dieses Vorgehens *Hintzen* WuB 2018, 295 (298) unter 3.; MüKoZPO/*K. Schmidt/Brinkmann* § 788 Rn. 40.

gehoben wird (etwa bei vorläufiger Vollstreckbarkeit), sind dem Schuldner die Kosten zu erstatten (§ 788 Abs. 3).[5]

Rechtsbehelfe des Schuldners sind bei der Vollstreckung wegen der Kosten nach § 788 Abs. 1 durch den *Gerichtsvollzieher* die *Erinnerung* (§ 766 Abs. 2), bei der Vollstreckung durch das *Vollstreckungsgericht* die sofortige Beschwerde (§ 793, §§ 11 Abs. 1, 20 Nr. 17 RPflG). Auch gegen die Entscheidung im Kostenfestsetzungsverfahren gemäß § 788 Abs. 2 ist die sofortige Beschwerde zulässig (§ 104 Abs. 3; §§ 11 Abs. 1, 21 Nr. 1 RPflG). 4

In besonders gelagerten Fällen ist *auch* die Vollstreckungsabwehrklage nach § 767 Abs. 1 ZPO statthaft. Das hat das Bundesverfassungsgericht[6] in einem Fall klargestellt, in dem der Gläubiger die Zwangsvollstreckung bereits eingeleitet hatte. Allerdings hatte er noch nicht beantragt, die Kosten der Zwangsvollstreckung festzusetzen. Ferner gab es noch keine konkreten Maßnahmen der Zwangsvollstreckung, gegen die sich die Vollstreckungserinnerung (§ 766) bzw. sofortige Beschwerde (§§ 793, 567 ff.) hätte richten können. Gleiches gilt, wenn eine Beweisaufnahme über die Einwendungen des Schuldners nicht erforderlich ist.[7] 5

5. Kapitel. Die Rechtsbehelfe in der Zwangsvollstreckung

§ 20. Die Erinnerung und die sofortige Beschwerde

Literatur: Allgemein zu den Rechtsbehelfen: *Arens/Lüke,* Die Rechtsbehelfe im Zwangsvollstreckungsverfahren, Jura 1982, 455; *Gaul,* Das Rechtsbehelfssystem der Zwangsvollstreckung – Möglichkeiten und Grenzen einer Vereinfachung, ZZP 85, 251; *Geißler,* Das System des vollstreckungsinternen Rechtsschutzes, JuS 1986, 280; *Lippross,* Das Rechtsbehelfssystem der Zwangsvollstreckung, JA 1979, 9; *Nies,* Rechtsmittel, Rechtsbehelfe und andere Anträge in der Zwangsvollstreckung, MDR 1999, 1418; *Renkl,* Rechtsbehelfe und Klagen in der Zwangsvollstreckung, JuS 1981, 514, 588, 666; *Schreiber,* Die Rechtsschutzmöglichkeiten des Vollstreckungsschuldners, Jura 2011, 110; *Spohnheimer,* Zivilprozessuale Standard-Probleme in den Pflichtfachklausuren – Zwangsvollstreckungsverfahren und andere Schnittstellen zum materiellen Recht, JA 2018, 18.

5 Zur Anwendung von § 98 auf einen im Zwangsvollstreckungsverfahren geschlossenen Vergleich BGH DGVZ 2007, 36.
6 BVerfG NJW-RR 2018, 694; besprochen von *Hintzen* WuB 2018, 295.
7 BVerfG NJW-RR 2018, 694 (696) Rn. 27.

I. Die Erinnerung

Literatur: *J. Blomeyer,* Die Erinnerungsbefugnis Dritter in der Zwangsvollstreckung, 1966 (dazu *Münzberg,* ZZP 80, 493); *Becker,* Die Vollstreckungserinnerung, JuS 2011, 37; *Brox/Walker,* Die Vollstreckungserinnerung, JA 1986, 57; *K. Schmidt,* Die Vollstreckungserinnerung im Rechtssystem, JuS 1992, 90; *Spohnheimer,* Zivilprozessuale Standard-Probleme in den Pflichtfachklausuren – Zwangsvollstreckungsverfahren und andere Schnittstellen zum materiellen Recht, JA 2018, 18; *Zeising,* Erinnerung versus sofortige Beschwerde in der Zwangsvollstreckung, Jura 2010, 93.

1 Nach § 766 Abs. 1 entscheidet das Vollstreckungsgericht über Anträge, Einwendungen und Erinnerungen, welche die Art und Weise der Zwangsvollstreckung betreffen. Die Erinnerung kann vom Schuldner, vom Gläubiger und unter Umständen auch von einem Dritten[1] erhoben werden. Letzterer ist allerdings nur bei eigener Betroffenheit erinnerungsbefugt.[2]

2 Der Schuldner kann etwa geltend machen, es liege kein Titel oder keine Klausel vor, ihm sei der Titel nicht rechtzeitig zugestellt worden oder die gepfändete Sache oder Forderung sei nach den Vorschriften über den Schuldnerschutz unpfändbar (§§ 811, 850 ff.). Der Gläubiger kann zB vorbringen, der Gerichtsvollzieher weigere sich zu Unrecht, tätig zu werden, oder er lehne die Pfändung bestimmter Sachen ab, die ihm der Gläubiger bezeichnet habe (§ 766 Abs. 2). Auch ein Dritter kann die Erinnerung einlegen, etwa mit der Begründung, dass Sachen gepfändet worden seien, die sich in seinem Gewahrsam befunden haben.[3] Eine Verletzung seines Eigentums muss der Dritte dagegen mit der Klage nach § 771 geltend machen. Der nachpfändende Gläubiger kann die Rechtmäßigkeit der vorrangigen Pfändung prüfen lassen.[4] Der Gerichtsvollzieher ist bei fehlender persönlicher oder gebührenrechtlicher Betroffenheit grundsätzlich nicht erinnerungsbefugt.[5]

3 Meistens richtet sich die Erinnerung gegen Vollstreckungsmaßnahmen des Gerichtsvollziehers. Sie kann aber auch gegen Maßnahmen des Vollstreckungsgerichts erfolgen, so wenn dieses einen Pfändungsbeschluss erlassen hat (§§ 829, 834).

4 Die Erinnerung ist also gegen das Verfahren bei Vollstreckungsmaßnahmen oder deren Ablehnung statthaft.[6] Man muss deshalb zwischen Vollstreckungsmaßnahmen und Entscheidungen unter-

1 Vgl. OLG Jena OLG-NL 1996, 263.
2 OLG Köln OLGZ 1993, 115; anschaulich BGH NJW 2018, 555 (557) Rn. 22.
3 Arg. § 809; OLG Köln OLGZ 1993, 113 = JuS 1993, 514 (*K. Schmidt*): zur Erinnerungsbefugnis der Angehörigen eines Verstorbenen bei Pfändung eines Grabsteins.
4 S. hierzu BGH NJW-RR 1989, 636 = JuS 1989, 1018 (*K. Schmidt*).
5 OLG Düsseldorf NJW-RR 1993, 1280.
6 Vgl. LG Stendal DGVZ 2020, 97; vgl. hierzu → § 3 Rn. 2.

scheiden. Gegen Entscheidungen ist die sofortige Beschwerde gegeben (§ 793).

Nach der hM liegt eine *Entscheidung* vor, wenn ein Antrag auf Vornahme einer Vollstreckungsmaßnahme vom *Vollstreckungsgericht abgelehnt* wird oder eine Vollstreckungsmaßnahme erst *nach Anhörung des Schuldners* erfolgt (zB § 844 Abs. 2).[7] Bei der Entscheidung über den Antrag auf Erlass einer Durchsuchungsanordnung (→ § 3 Rn. 7) ist zu unterscheiden, ob der Schuldner vorher gehört worden ist oder nicht. War dies der Fall, liegt eine mit der sofortigen Beschwerde nach § 793 anfechtbare Entscheidung vor. Welcher Rechtsbehelf, Erinnerung oder sofortige Beschwerde, gegeben ist, wenn der Schuldner nicht gehört wurde, ist str.[8] Von der Durchsuchungsanordnung betroffene Dritte haben immer die Erinnerung.[9] 5

Auch das *Prozessgericht* kann als *Vollstreckungsorgan* tätig werden (→ § 5 Rn. 1). Nach hM ist gegen seine Vollstreckungsmaßnahmen aber *niemals die Erinnerung* an das Vollstreckungsgericht, sondern *immer die sofortige Beschwerde* gegeben. Es könnte sonst der Fall eintreten, dass das Amtsgericht im Rahmen des § 766 Abs. 1 über Maßnahmen des Landgerichts entscheidet.[10] 6

Die Erinnerung ist *weder an eine Form noch an eine Frist gebunden.* Zulässig ist sie allerdings nur, solange die beanstandete Maßnahme noch nicht beendet ist. Eine nachträgliche Feststellung der Rechtswidrigkeit ist nach § 766 grundsätzlich nicht vorgesehen.[11] Zuständig für die Entscheidung ist das *Vollstreckungsgericht* (§ 766 Abs. 1 S. 1). Dieses kann seine Entscheidung ohne mündliche Verhandlung fällen (§ 764 Abs. 3). Es hat die Möglichkeit, *einstweilige Anordnungen* zu treffen (§ 766 Abs. 1 S. 2). Die Entscheidung ergeht durch *Beschluss.* Dieser kann der Erinnerung stattgeben, dh die angegriffene Maßnahme für unzulässig erklären oder die Erinnerung zurückweisen. Gegen den Beschluss ist dann die sofortige Beschwerde zulässig (§ 793). 7

7 BGH ZIP 2004, 1379; Stein/Jonas/*Münzberg* ZPO § 766 Rn. 3 ff.; *Gaul/Schilken/Becker-Eberhard* ZVR § 37 Rn. 24 ff.; aA *Baur/Stürner/Bruns* ZwangsVollstrR Rn. 43.4; Wieczorek/Schütze/*Spohnheimer* ZPO § 793 Rn. 18.

8 Vgl. dazu KG NJW 1986, 1180.

9 KG DGVZ 1986, 114.

10 BLAHAG/*Weber* ZPO § 766 Rn. 7; vgl. auch *Baur/Stürner/Bruns* ZwangsVollstrR Rn. 43.5.

11 BGH MDR 2005, 648.

II. Die sofortige Beschwerde

Literatur: *Becker,* Die Rechtsbeschwerde in der Zwangsvollstreckung – vom LG unmittelbar zum BGH, JuS 2004, 574; *Gaul,* Die neue Rechtsbeschwerde zum Bundesgerichtshof in der Zwangsvollstreckung – ein teuer erkaufter Fortschritt, DGVZ 2005, 113; *Meller-Hannich,* Norm und Praxis im Zwangsvollstreckungsrecht, Bestandsaufnahme und Ausblick nach sieben Jahren Rechtsbeschwerde zum Bundesgerichtshof, DGVZ 2009, 69, 85; *Schneider/Klein,* Die sofortige Beschwerde in der Zwangsvollstreckung, JA 2006, 445.

8 Sie findet gegen *Entscheidungen* statt, die im Zwangsvollstreckungsverfahren ohne mündliche Verhandlung ergehen können (§ 793). Ohne Bedeutung für die Statthaftigkeit ist es, dass eine mündliche Verhandlung stattgefunden hat, solange sie gem. § 128 Abs. 4 freigestellt war.[12] Wenn das Vollstreckungsgericht entschieden hat, ist also *die sofortige Beschwerde* gegeben, etwa wenn es eine Entscheidung über die Erinnerung nach § 766 gefällt hat. Ob das Vollstreckungsgericht durch einen Richter oder einen Rechtspfleger handelt, ist für Rechtsbehelfe grundsätzlich ohne Bedeutung (§ 11 Abs. 1 RPflG; zur Abgrenzung zu § 766 → § 20 Rn. 1).

9 Die Entscheidung muss bereits *im Zwangsvollstreckungsverfahren* ergangen sein, *vorbereitende Entscheidungen* unterliegen der sofortigen Beschwerde nach § 567 Abs. 1 Nr. 2 nur, wenn es sich um eine Entscheidung handelt, die eine mündliche Verhandlung nicht erfordert und durch die ein das Verfahren betreffendes Gesuch zurückgewiesen wird.

10 *Beschwerdeberechtigt* sind der Schuldner, der Gläubiger und in Ausnahmefällen Dritte, deren Belange durch die Entscheidung beeinträchtigt wurden (zB der Drittschuldner bei der Forderungspfändung). Die notwendige Beschwer ist allgemeine Zulässigkeitsvoraussetzung und muss noch zum Zeitpunkt der Entscheidung vorliegen. Sie darf sich nicht allein aus der Kostenlast des Rechtsmittelklägers aus der Hauptsache ergeben. Andernfalls ist das Rechtsmittel unzulässig.[13] Die Beschwerde muss innerhalb einer *Notfrist von zwei Wochen* eingelegt werden (§ 569 Abs. 1).

11 Über die sofortige Beschwerde entscheidet das *Beschwerdegericht durch Beschluss.* Wenn das Beschwerdegericht sie nach § 574 Abs. 1 Nr. 2 zulässt, ist anschließend die *Rechtsbeschwerde* statthaft. Sie

---

12 HK-Zwangsvollstreckung/*Handke* ZPO § 793 Rn. 3; Wieczorek/Schütze/*Spohnheimer* ZPO § 793 Rn. 11.
13 BGH NJW-RR 2018, 384.

führt nach § 133 GVG zu einer Entscheidung des Bundesgerichtshofs. Dieser durch das ZPO-RG geschaffene Instanzenzug ermöglicht im Vollstreckungsrecht, das durch eine teilweise voneinander abweichende Rechtsprechung der Oberlandesgerichte geprägt war, eine größere Rechtseinheit.[14]

§ 21. Die Vollstreckungsgegenklage

Literatur: *Bierschenk*, Start-up mit Startschwierigkeiten, JA 2020, 648; *A. Blomeyer*, Rechtskraft- und Gestaltungswirkung der Urteile im Prozeß auf Vollstreckungsgegenklage und Drittwiderspruchsklage, AcP 165, 481; *Böhm*, Ungerechtfertige Zwangsvollstreckung und materiell-rechtliche Ausgleichsansprüche, 1971 (dazu *Gaul*, ZZP 85, 251); *Burgerd*, Die Präklusion der zweiten Vollstreckungsgegenklage, ZZP 106, 23; *Gaul*, Materielle Rechtskraft, Vollstreckungsabwehr und zivilrechtliche Ausgleichsansprüche, JuS 1962, 1; *Kaiser*, Die Abgrenzung der Vollstreckungsabwehrklage zur prozessualen Gestaltungsklage, NJW 2010, 2933; *Kittner*, § 767 ZPO – § 767 ZPO analog – Tenor im Kollisionsfall, JA 2010, 811; *Lakkis*, Präklusion von Einwendungen aus zivilrechtlichen Ausgleichsansprüchen analog § 767 III ZPO?, ZZP 119, 435; *Leyendecker*, Grundfälle zur Vollstreckungsabwehrklage, JA 2010, 631, 803; *G. Lüke*, Zur Klage auf Herausgabe des Vollstreckungstitels, JZ 1956, 475; *Makowsky*, Die Präklusion materiell-rechtlicher Einwendungen im Zwangsvollstreckungsverfahren, JuS 2014, 901; *Özen/Hein*, Die prozessuale Gestaltungsklage analog § 767 ZPO, JuS 2010, 124; *D. Schmidt*, Vollstreckungsabwehrklage und Vermögensschutz nach § 241 Abs. 2 BGB, ZZP 132, 463; *K. Schmidt*, Vollstreckungsgegenklage – Prozessrecht und materielles Recht in der Bewährung, FS BGH, Bd. III, 2000, 491; *Thole*, Die Präklusionswirkung der Rechtskraft bei Gestaltungsrechten und ihr Verhältnis zu § 767 Abs. 2 ZPO, ZZP 124, 45; *Wittschier*, Die Vollstreckungsgegenklage gem. § 767 ZPO, JuS 1997, 450.

I. Ziel und Bedeutung

Fall 1: Nachdem das gegen ihn ergangene Urteil rechtskräftig geworden ist, zahlt der Schuldner S durch Banküberweisung. Gleichwohl lässt der Gläubiger die Zwangsvollstreckung durchführen. S beruft sich gegenüber dem Gerichtsvollzieher auf die Zahlung. Dieser pfändet trotzdem. S fragt nach seinen Rechten.

Fall 2: S hatte schon während des Prozesses behauptet, gezahlt zu haben. Er hatte dies aber nicht beweisen können, weil er die Quittung verlegt hatte. Inzwischen hat er sie wiedergefunden. Als der Gerichtsvollzieher kommt,

14 *Becker* JuS 2004, 574; kritisch im Hinblick auf den Individualrechtsschutz *Gaul* DGVZ 2005, 113.

legt ihm S die Quittung vor. Der Gerichtsvollzieher pfändet gleichwohl. Welche Rechte hat S?

Fall 3: S hatte eine Forderung gegen den Kläger G, die zur Hälfte schon während des Prozesses fällig war, zur anderen Hälfte erst danach fällig geworden ist. S hatte während des Prozesses nicht aufrechnen wollen, weil er damit rechnete, den Prozess auch ohne dies zu gewinnen. Als die Zwangsvollstreckung droht, fragt er an, ob er jetzt noch aufrechnen könne und wie er das Erlöschen der Klageforderung geltend machen müsse.

Fall 4: G hat gegen S als Bürgen diverse Forderungen, die sich auf insgesamt EUR 500.000 belaufen. G macht in drei verschiedenen Prozessen jeweils einen Anspruch auf Zahlung in Höhe von EUR 100.000 geltend. Die Klagebegründungen sind identisch und schlüsseln die Gesamtforderungen auf. S wird jeweils antragsgemäß verurteilt und will sich gegen die nun drohende Zwangsvollstreckung wehren.

Fall 5: S mietet von G ein Gebäude, das er zu Wohn- und Geschäftszwecken nutzt. Nach einiger Zeit sind beträchtliche Mietrückstände aufgelaufen. S unterwirft sich sodann durch notarielles Schuldanerkenntnis der sofortigen Zwangsvollstreckung gegenüber dem G wegen konkret bezeichneter Mietrückstände.

1 Auszugehen ist von der *Formalisierung der Zwangsvollstreckung.* Die Vollstreckungsorgane sind an den Titel gebunden und *prüfen nicht, ob der materiell-rechtliche Anspruch* (der vollstreckbare Anspruch) *besteht.* Die Behauptung des Schuldners, der Anspruch bestehe nicht oder nicht mehr, bleibt grundsätzlich *unberücksichtigt.* Lediglich in den Fällen des § 775 Nr. 4 (Vorlage einer öffentlichen oder vom Gläubiger ausgestellten Privaturkunde) und Nr. 5. (Vorlage eines Einzahlungs- oder Überweisungsnachweises) wird die *nach Urteilserlass* (anders als in **Fall 2**) *erfolgte Befriedigung des Gläubigers* vom Vollstreckungsorgan berücksichtigt. Die Zwangsvollstreckung wird dann eingestellt, die bereits getroffenen Vollstreckungsmaßnahmen bleiben aber einstweilen bestehen (§ 776 S. 2).

2 Wenn auch in der Vollstreckung die Frage *nicht* geprüft wird, *ob der vollstreckbare Anspruch besteht,* so kann dessen *Erfüllung* doch *nicht unberücksichtigt* bleiben. Die Behauptung, *er habe nicht bestanden,* das Urteil sei also unrichtig, kann nicht nachgeprüft werden, weil dem die *materielle Rechtskraft* entgegensteht (**Fall 2;** hier behauptet S, schon vor Urteilserlass gezahlt zu haben). Die Rechtskraft verbietet aber nicht das Vorbringen *nachträglich eingetretener Tatsachen.*[1] Die Formalisierung der Zwangsvollstreckung macht es aber

1 *Lüke* ZivilProzR I § 32 Rn. 17

unmöglich, den *Vollstreckungsorganen* diese Feststellung zu überlassen. Viele Schuldner würden versuchen, durch derartige Behauptungen den Gang der Vollstreckung aufzuhalten. Der Einwand, dass der vollstreckbare Anspruch untergegangen sei, muss deshalb *in Form einer besonderen Klage, der Vollstreckungsgegen- oder Vollstreckungsabwehrklage* (§ 767 Abs. 1) geltend gemacht werden **(Fall 1).**

Diese Klage *beseitigt nicht das Urteil,* das alte Verfahren wird nicht 3
wieder aufgenommen. Es soll lediglich *für die Zukunft die Vollstreckbarkeit des Urteils beseitigt* und damit eine Vollstreckung aus dem Urteil unmöglich gemacht werden. Das Urteil erklärt deshalb die *Zwangsvollstreckung aus dem genau bezeichneten Titel insgesamt für unzulässig*[2] und stellt damit einen Einstellungsgrund nach § 775 Nr. 1 dar. Entsprechend ist der Klageantrag zu formulieren bzw. auszulegen.[3] Die Klage kann nicht auf bestimmte Vollstreckungsmaßnahmen oder Zeitabschnitte der Vollstreckung beschränkt werden.[4] Grundsätzlich ist eine Vollstreckungsabwehrklage auch zulässig, wenn der Schuldner sich nur gegen die Vollstreckung eines Teils der titulierten Forderung wendet. Der beklagte Vollstreckungsgläubiger hat die Möglichkeit, nach § 733 eine weitere – beschränkte – vollstreckbare Ausfertigung zu erwirken und den weitergehenden Titel dem Schuldner auszuhändigen.[5] Die Vollstreckungsgegenklage ist nach hM eine prozessuale Gestaltungsklage.[6] Das Urteil wirkt *unmittelbar rechtsändernd,* indem es die Vollstreckbarkeit beseitigt.[7] Wird gegen die Vollstreckung erfolgreich ein Zurückbehaltungsrecht gem. § 767 eingewendet, so führt das nicht zur Unzulässigkeit der Zwangsvollstreckung aus dem Titel schlechthin, sondern zu ihrer Zulassung Zug-um-Zug gegen die näher bestimmte Gegenleistung.[8]

II. Das Verfahren

Die Klage steht *nur dem Schuldner,* nicht Dritten zu. Dritte kön- 4
nen sich nur gegen einzelne Vollstreckungsmaßnahmen wenden, die in ihren Rechtskreis eingreifen (Verletzung des Gewahrsams, §§ 809, 766, oder des Eigentums, § 771). Die Vollstreckbarkeit des Urteils be-

---

2 BGHZ 100, 211 (212).
3 BGHZ 100, 211 (212).
4 BGHZ 100, 211 (212).
5 BGH NJW 2017, 674 Rn. 8; NJW 1955, 1556.
6 Materiell-rechtliche Ansätze haben sich nicht durchgesetzt, ausf. hierzu *D. Schmidt* ZZP 132, 463.
7 Zum Umfang der Rechtskraft vgl. BGH FamRZ 1984, 878; NJW-RR 1990, 48.
8 BGH NJW-RR 1997, 1272.

trifft nur die Parteien. Die Klage ist *gegen den Gläubiger* zu richten, er betreibt die Zwangsvollstreckung und ist passiv legitimiert.[9]

5 Der Titel muss vollstreckungsfähig, dh nach Form und Inhalt zur Zwangsvollstreckung geeignet sein[10] und eine Zwangsvollstreckung zumindest ernstlich drohen. Eine fehlende Vollstreckungsklausel beseitigt das Rechtschutzbedürfnis.[11] Die Klage nach § 767 ist daher nur möglich gegen Urteile, die einen *vollstreckungsfähigen Inhalt* haben, also nicht gegen Feststellungs- und Gestaltungsurteile. Eine analoge Anwendung von § 767 unter Ausschluss des § 767 Abs. 2 und 3 wird für den Fall befürwortet, dass ein Urteil mangels Bestimmtheit nicht rechtskraftfähig ist.[12] Die Vollstreckungsgegenklage ist aber nicht auf Urteile beschränkt, sondern kann *gegen alle Titel mit vollstreckungsfähigem Inhalt* erhoben werden (§ 795 S. 1), zB Vollstreckungsbescheide (§ 796 Abs. 3), Kostenfestsetzungsbeschlüsse (§ 795a), vollstreckbare Urkunden (§ 797 Abs. 4, 5), Prozessvergleiche[13] sowie im Ausland bestätigte Europäische Vollstreckungstitel (§ 1086, dazu → § 8 Rn. 20ff.). Vollstreckungsfähigkeit bedeutet aber nicht, dass der Titel auch nach materiell-rechtlichen Gründen wirksam ist; maßgeblich ist vielmehr, schon wegen des Formalismus der Zwangsvollstreckung, die verfahrensrechtliche Ordnungsgemäßheit des Titels.[14]

6 Die Zwangsvollstreckung braucht *noch nicht begonnen zu haben,* es reicht, dass der vollstreckbare Titel vorliegt.[15] Nach *Beendigung* der Zwangsvollstreckung *insgesamt* ist die Klage *nicht mehr zulässig.*

7 Wenn sich die Klage gegen ein Urteil richtet, ist das *Prozessgericht erster Instanz* (das den Prozess schon kennt) ausschließlich zuständig (§§ 767 Abs. 1, 802; für die Zuständigkeit bei Klagen gegen vollstreckbare Urkunden s. §§ 797 Abs. 5, 800 Abs. 3; gegen im Ausland bestätigte Europäische Vollstreckungstitel s. § 1086 Abs. 1).

8 Der Schuldner muss in der Klage (dh im Prozess, nicht in der Klageschrift) *alle Einwendungen* geltend machen, *die er geltend zu machen imstande ist.* Damit soll verhindert werden, dass der Schuldner nacheinander mehrere Klagen erhebt und dadurch die Vollstreckung verzögert. Mit nicht vorgebrachten Einwendungen ist der Schuldner später *ausgeschlossen* (§ 767 Abs. 3). Die Vorschrift setzt aber voraus,

---

9 S. aber BGHZ 120, 387.

10 S. hierzu: BGH NJW 1997, 2888; OLG Hamburg JurBüro 1999, 272.

11 BGH NJW 1992, 2160; OLG München WM 1998, 573.

12 BGHZ 124, 164; BGH NJW-RR 2004, 472.

13 Wenn der nachträgliche Wegfall der Forderung behauptet wird, BGH NJW 1967, 2014; s. auch BAG NJW 1997, 2869; wenn anfängliche Unwirksamkeit des Prozessvergleichs geltend gemacht wird, muss das alte Verfahren fortgesetzt werden, BGH JZ 1977, 136; dazu *Lüke* ZivilProzR I § 21 Rn. 17.

14 *Brox/Walker* ZwangsVollstrR Rn. 1329; ebenso BGHZ 118, 229 (234); anders noch BGH NJW-RR 1987, 1147.

15 Vgl. aber OLG Frankfurt a. M. NJW-RR 1988, 511: kein Rechtsschutzbedürfnis für die Vollstreckungsgegenklage, wenn die [unzulässige] Zwangsvollstreckung durch den Gläubiger nicht zu befürchten ist; vgl. auch BGH NJW 1989, 124.

dass über die Vollstreckungsgegenklage auch entschieden wird. Eine Klagerücknahme oder übereinstimmende Erledigungserklärung führt daher nicht zur Präklusion nach § 767 Abs. 3[16] Es ist streitig, ob § 767 Abs. 3 auch eingreift, wenn der Schuldner *ohne sein Verschulden* außerstande war, die Einwendungen rechtzeitig vorzubringen.[17] Gegen eine Präklusion spricht, dass man dann dem Schuldner nicht die Absicht der Prozessverschleppung vorwerfen kann.[18] Die von Abs. 2 abweichende Formulierung des Gesetzes wird teilweise als Anhaltspunkt für ein Verschuldenserfordernis angesehen.[19] Die Klageerhebung beseitigt noch nicht die Vollstreckbarkeit, deshalb besteht die Möglichkeit *einstweiliger Anordnungen* (§ 769, → § 16 Rn. 3).

III. Die Einwendungen

Mit der Vollstreckungsgegenklage werden *Einwendungen* geltend 9
gemacht, die den *durch das Urteil festgestellten Anspruch selbst betreffen* (§ 767 Abs. 1) und ihn entweder vernichten oder in seiner Durchsetzbarkeit hemmen.[20] Dies sind *materiell-rechtliche Einwendungen* wie etwa Erfüllung, Leistung an Erfüllungs statt, Erlass, Verzicht, Vergleich, Rücktritt, Widerruf, Minderung, Aufrechnung aber auch die Restschuldbefreiung nach § 301 InsO.[21] Der Untergang des materiell-rechtlichen Anspruchs kann sich auch aus § 281 Abs. 4 BGB ergeben, wenn der Kläger neben der Herausgabe im Wege der sog. unechten Eventualklage sogleich nach entsprechendem Fristablauf Schadensersatz statt der Leistung verlangt und dieses Zahlungsbegehren nicht unter weitere Bedingungen setzt.[22] Zugelassen wird, in entsprechender Anwendung von § 767 Abs. 1 (sog. Titelgegenklage), auch der *formell-rechtliche* Einwand, dass der Titel zu unbestimmt oder wirkungslos und deshalb nicht vollstreckbar sei.[23] Die Grenze wird durch die *materielle Rechtskraft* gezogen: die materiell-rechtlichen Einwendungen müssen *nach Schluss der letzten mündli-*

---

16 BGH NJW 1991, 2280.
17 So BGHZ 61, 25 f.
18 So auch *Jauernig/Berger* ZwangsVollstrR/InsR § 12 Rn. 18 mwN.
19 HK-Zwangsvollstreckung/*Schneiders* ZPO § 767 Rn. 58; Musielak/Voit/*Lackmann* ZPO § 767 Rn. 42; aA BGH NJW-RR 1987, 59; BGHZ 61, 25 (26 f.)
20 BGHZ 100, 211 (212).
21 BGH NJW 2008, 3640 = JuS 2009, 191 (*K. Schmidt*) und – nach teilweise vertretener Auffassung – Vollstreckungsverträge (→ § 18 Rn. 5 mwN; BGH NJW 2001, 231; OLG Karlsruhe MDR 1998, 1433.
22 BGH NJW 2018, 786 = JuS 2018, 912 (*K. Schmidt*).
23 BGHZ 124, 164; *BGH* NJW-RR 2007, 1724; s. auch *Socha* JuS 2008, 794; zur Abgrenzung *Kaiser* NJW 2010, 2933; abl. *Meier* ZZP 133, 51.

chen Tatsachenverhandlung entstanden sein (§ 767 Abs. 2). Alle vorher entstandenen Einwendungen sind durch die *Rechtskraft präkludiert,* ohne Rücksicht darauf, dass der Schuldner sie ohne sein Verschulden nicht vorbringen konnte. Das gilt zB im Fall der nachträglichen Kenntnis des Schuldners von der Abtretung des Anspruchs durch den Gläubiger an einen Dritten vor dem Schluss der mündlichen Verhandlung[24] oder der Möglichkeit einer Anfechtung wegen arglistiger Täuschung.[25] Auch der Einwand, bei einer eingeklagten und später zu vollstreckenden Auskunft müssten Geschäftsgeheimnisse offenbart werden, ist ein materieller Einwand, der regelmäßig bereits im Erkenntnisverfahren vorzubringen ist, da sich aus dem Klageantrag ergibt, welche Informationen begehrt werden.[26]

10 Auch neu aufgefundene Beweismittel können nicht mit der Vollstreckungsgegenklage geltend gemacht werden, **Fall 2;** hier kann allerdings der Schuldner die Wiederaufnahmeklage nach § 580 Nr. 7 lit. b erheben.

11 Nicht ausgeschlossen ist ein Bürge mit dem Einwand, die verbürgte Hauptforderung sei nach seiner rechtskräftigen Verurteilung verjährt. Es gilt weiterhin der Grundsatz der Akzessorietät.[27]

12 Der Zeitpunkt ist allerdings eng auszulegen. So sind Tatsachenveränderungen, die nach der letzten mündlichen Tatsachenverhandlung eintreten nur begrenzt von der Rechtskraft mitumfasst. Das ist durch Auslegung der Entscheidungsgründe festzustellen.[28]

13 Sehr streitig ist die Frage, *wann bei Gestaltungsrechten die Einwendungen entstanden sind,* im Zeitpunkt der *Ausübung* oder im Zeitpunkt der *Entstehung des Rechts,* bei der Aufrechnung also mit der Aufrechnungserklärung oder in dem Zeitpunkt, in dem sich die Forderungen aufrechenbar gegenüberstanden (§ 387 BGB), der sog. *Aufrechnungslage.* Entsprechendes gilt für andere Gestaltungsrechte wie Anfechtung, Rücktritt oder Minderung.

14 Die Rechtsprechung hält den zweiten Zeitpunkt für maßgebend; die Parteien sollen im Interesse der *Prozessbeschleunigung* zu möglichst frühzeitigem Vorbringen gezwungen werden.[29] Mittlerweile wird diese Regelung auch auf die außerprozessuale Geltendmachung dh auf die materiell-rechtliche Ebene

---

24 BGH ZZP 114, 225 mAnm *Münzberg*; für einen andere Lösung auf Grundlage eines allein materiell-rechtlichen Verständnisses des § 767 Abs. 2, *Thomale* ZZP 132, 139 (174).
25 *Lüke*ZivilProzR I § 32 Rn. 17.
26 OLG Düsseldorf NJOZ 2020, 819.
27 BGH NJW 1999, 278.
28 Vgl. BGH NJW-RR 2001, 1450 (1451) zur Verringerung des Schadens des Gläubigers nach Schluss der mündlichen Verhandlung.
29 BGHZ 42, 39; BGH WM 1995, 634; ebenso BLAHAG/*Hunke* ZPO § 767 Rn. 52.

erstreckt. So kommt es für die Unwirksamkeit der Aufrechnung nicht mehr darauf an, diese im Rahmen einer Vollstreckungsabwehrklage geltend zu machen, sondern die Aufrechnung unterliegt der Beschränkung des § 767 Abs. 2 auch, wenn sie außerhalb einer Vollstreckungsabwehrklage geltend gemacht wird.[30] Etwas anderes soll nur bei der nachträglichen Geltendmachung eines vertraglich eingeräumten Optionsrechts gelten.[31] Bei der Aufrechnung auf einen noch früheren Zeitpunkt abzustellen, nämlich denjenigen, in dem eine Aufrechnungslage durch den Schuldner hätte geschaffen werden können, hat der Bundesgerichtshof aber abgelehnt.[32] Der Bundesgerichtshof wendet das auch auf das Widerrufsrecht des Verbrauchers an. Im Ergebnis führt das aber zu einer Verkürzung dessen Schutzes, indem auf die erstmalige Möglichkeit zum Widerruf abgestellt wird und damit die Ausübungsfrist im Ergebnis verkürzt.[33] Die einheitliche Behandlung ist zwar zu begrüßen, es stellt sich aber die Frage, ob das noch den Vorgaben des europarechtlichen[34] Verbraucherschutzes genügt, auf denen das Widerrufsrecht beruht.

Die überwiegende Meinung in der Literatur stellt demgegenüber zutreffend **15**
auf den Zeitpunkt der *Ausübung des Rechts* ab. Erst mit der Ausübung des Gestaltungsrechts entstehen die Rechtswirkungen. Außerdem wird durch die Rechtsprechung eine im materiellen Recht nicht vorgesehene Befristung der Gestaltungsrechte eingeführt.[35] Die für die abweichende Behandlung des vertraglich eingeräumten Optionsrechts angeführten Gründe treffen auch bei den gesetzlichen Gestaltungsrechten zu.[36] Dem berechtigten Anliegen der Rechtsprechung, der Vollstreckungsverschleppung entgegenzutreten, kann auf andere Weise entsprochen werden. Die Aufrechnung wird – nach dem Rechtsgedanken des § 530 Abs. 2 aF – nur bei Sachdienlichkeit zugelassen[37]. Wird sie nicht zugelassen, so kann der Schuldner seine Gegenforderung auf normalem Wege einklagen. In **Fall 3** könnte der Schuldner mit dem Teil der Forderung, der erst nachträglich fällig geworden ist, ohne Weiteres aufrechnen. Für den anderen Teil käme es auf die Sachdienlichkeit an.

30 BGH NJW 2019, 3385, 3386 mAnm *Ulrici*.
31 BGHZ 94, 29 = JZ 1985, 751 mAnm *Arens*.
32 BGH NJW 2005, 2926, dazu *Beck* NJW 2006, 336 mwN.
33 BGH NJW 2020, 2876 Rn. 10ff. = JZ 2020, 846 mAnm *Piekenbrock*; in diesem Fall waren zudem die §§ 796 Abs. 2, 794 Abs. 1 Nr. 5 maßgeblich, da der Verbraucher keinen Einspruch gegen den Vollstreckungsbescheid eingelegt hatte, mit dem der Darlehensrückgewähranspruch geltend gemacht worden war.
34 Das Gesetz v. 20.9.2013 (BGBl. 2013 I 3642) dient der Umsetzung der Verbraucherrechterichtlinie (RL 2011/83/EU) vom 25.10.2011 (ABl. L 304 v. 22.11.2011, 64) und reformierte das Widerrufsrecht.
35 *Bruns/Peters*, Zwangsvollstreckung, 3. Aufl. 1987, § 14 I 3; *Baur/Stürner/Bruns* ZwangsVollstrR Rn. 45.12; *Jauernig/Berger* ZwangsVollstrR/InsR § 12 Rn. 10ff.; *Schwab* ZZP 74, 302; Stein/Jonas/*Münzberg* ZPO § 767 Rn. 30ff.; mit Ausnahme der Aufrechnung auch *Blomeyer* ErkVerf II § 33 IV 2; *Gaul/Schilken/Becker-Eberhard* ZVR § 40 Rn. 53ff.; wie die hL aber auch OLG Stuttgart NJW 1994, 1225; anders *Ernst* NJW 1986, 401.
36 BGHZ 94, 29 = JZ 1985, 751 mAnm *Arens*.
37 *Jauernig/Berger* ZwangsVollstrR/InsR § 12 Rn. 14; *Gaul/Schilken/Becker-Eberhard* ZVR § 40 Rn. 66ff.; Stein/Jonas/*Münzberg* ZPO § 767 Rn. 33ff. mwN; *Bötticher* ZZP 77, 483.

16 Bei den anderen Gestaltungsrechten würde die Nichtzulassung zu einem endgültigen Rechtsverlust führen. Man kann aber die durch die Vereinfachungsnovelle verstärkte allgemeine Prozessförderungspflicht der Parteien (§§ 277 Abs. 1, 282 Abs. 1, 296 Abs. 2) als Grund für die Nichtberücksichtigung der Ausübung eines Gestaltungsrechts im Prozess heranziehen. Damit ist eine flexible Behandlung ermöglicht. Die Nichtberücksichtigung kann dann erfolgen, wenn der Schuldner aus grober Nachlässigkeit das Gestaltungsrecht erst nach Schluss der letzten mündlichen Tatsachenverhandlung des Vorprozesses ausgeübt hat.[38]

17 Bei *vollstreckbaren Urkunden*, die nicht in Rechtskraft erwachsen, besteht die *zeitliche Grenze des § 767 Abs. 2 nicht* (§ 797 Abs. 4); denn hier bestand keine Möglichkeit, Einwendungen vorher in einem gerichtlichen Verfahren geltend zu machen. Auch bei den *Prozessvergleichen* gilt § 767 Abs. 2 nicht.[39] Bei einem *Anwaltsvergleich* findet, wie bei einem Schiedsspruch,[40] die Präklusionsvorschrift Anwendung, da beide Titel der Vollstreckbarerklärung bedürfen und das hierauf gerichtete Verfahren als mit dem Erkenntnisverfahren insoweit vergleichbar erachtet werden kann.[41] Der Schuldner kann darin also bereits behaupten, der Anspruch sei nie entstanden. Richtet sich die Klage gegen einen im Ausland bestätigten *Europäischen Vollstreckungstitel*,[42] so gilt § 767 Abs. 2 auch dann entsprechend, wenn es sich um einen gerichtlichen Vergleich oder eine öffentliche Urkunde handelt (§ 1086 Abs. 2).

IV. Das Verhältnis zu anderen Rechtsbehelfen

18 Die Vollstreckungserinnerung des § 766 und die Vollstreckungsgegenklage haben *verschiedene Ziele* und schließen sich gegenseitig aus. Für die Klauselerinnerung des § 732 gilt dies nicht, da im Wege der Vollstreckungsgegenklage auch der formell-rechtliche Einwand fehlender Vollstreckungsfähigkeit wegen Unbestimmtheit geltend gemacht werden kann.[43] Die Abänderungsklage (§ 323) und die Vollstreckungsgegenklage schließen einander aus. Mit der Abänderungs-

---

38 *Jauernig/Berger* ZwangsVollstrR/InsR § 12 Rn. 14.
39 BGH MDR 1987, 933; s. schon → § 21 Rn. 4; zusammenfassend auch BVerfG NJW-RR 2018,694 (695 f.) Rn. 22.
40 Ablehnend Wieczorek/Schütze/*Sponheimer* ZPO § 767 Rn. 87 soweit es nicht Einwendungen sind, die auch einen Verstoß gegen den ordre public darstellen, da nur dies im Verfahren auf Vollstreckbarerklärung gem. §§ 1060, 1059 eingewandt werden kann.
41 OLG Köln NJW 1997, 1450.
42 *Lüke* ZivilProzR I § 56 Rn. 1 ff.
43 BGHZ 124, 164; BGH NJW-RR 2004, 472.

klage wird eine andere Entwicklung geltend gemacht, als sie das Gericht seinem Urteil zugrunde gelegt hat.[44] Sie greift also die Rechtskraft des Urteils an, während das durch die Vollstreckungsgegenklage nicht geschieht. Daher stellt bei Verurteilung zu Verzugszinsen die Veränderung des Zinsniveaus keine mit der Vollstreckungsgegenklage geltend zu machende Einwendung dar.[45] Der Angriff richtet sich gegen die Richtigkeit des ersten Urteils und der in ihm enthaltenen Annahme, ein bestimmtes Zinsniveau würde fortbestehen, und nicht gegen die Vollstreckung aufgrund einer neuen, erst nachträglich eingetretenen Tatsachenlage. Die richtige Klage ist hier also die Abänderungsklage gem. § 323.[46] Trotz der grundsätzlichen Unterschiede zwischen den Klagen nach § 323 und § 767 gilt nach teilweise vertretener Auffassung – vor allem wegen der sehr ähnlichen Funktion beider Institute – die Präklusionswirkung des § 767 Abs. 3 auch für den Fall, dass einer Vollstreckungsgegenklage eine Abänderungsklage vorausgeht.[47]

Eine negative Feststellungsklage (dass der vollstreckbare Anspruch 19
nicht besteht) wird für zulässig gehalten, wenn die Voraussetzungen des § 256 vorliegen. Das Urteil beseitigt aber die Vollstreckbarkeit nicht, weshalb besonders auf das Vorliegen des Feststellungsinteresses zu achten ist. Ist die Vollstreckungsgegenklage aber wegen Präklusion des Aufrechnungseinwands abgewiesen worden, so ist eine Klage auf Feststellung, dass die titulierte Forderung durch diese Aufrechnung erloschen ist, unzulässig, da mit der Abweisung der Vollstreckungsgegenklage das Scheitern der Aufrechnung feststeht.[48] Entsteht eine Einwendung nach Urteilserlass, aber vor Ablauf der Berufungsfrist, hat der Schuldner die Wahl zwischen der Berufung und § 767. Entscheidet er sich für die Berufung, so kann er die Vollstreckungsgegenklage, gestützt auf diese Einwendung, nicht mehr erheben.

Wenn der Schuldner die Vollstreckung nach § 767 nicht verhindert 20
hat, obwohl dies möglich gewesen wäre, kann er nach Beendigung der Zwangsvollstreckung vom Gläubiger nach §§ 812 ff. BGB *He-*

---

44 *Lüke* ZivilProzR I § 32 Rn. 18.
45 BGHZ 100, 211 (212); ausführlich hierzu *Münzberg* JuS 1988, 345; s. ebenso BGH NJW-RR 1991, 1154.
46 Oder analog; OLG Karlsruhe NJW 1990, 1738; *Münzberg* JuS 1988, 345 (346); *Brehm* ZZP 101, 453; *Kahlert* NJW 1990, 1715 (1716) mwN; offengelassen in BGHZ 100, 211.
47 OLG Hamm FamRZ 1993, 581.
48 BGH NJW 2009, 1671 = JuS 2009, 967 (*K. Schmidt*), ausf. auch *Thole* ZZP 124, 45 (63 ff.); zur Feststellungsklage außerhalb der Aufrechnungskonstellation s. BGH NJW 2018, 235 = JuS 2018, 816 (*K. Schmidt*); *Kaiser* NJW 2015, 1286 (1287).

rausgabe, unter Umständen auch *Schadensersatz* (§§ 823 ff. BGB) verlangen.

V. Sogenannte Titelgegenklage

21 Die sog. Titelgegenklage ist eine prozessuale Gestaltungsklage analog § 767 Abs. 1. Sie ist statthaft, wenn sich der Vollstreckungsschuldner mit Einwendungen gegen den Titel selbst– und gerade nicht gegen den titulierten Anspruch – zur Wehr setzt. Das Klageziel ist identisch mit dem der Vollstreckungsgegenklage, nämlich die Unzulässigkeit der Zwangsvollstreckung aus dem konkret bezeichneten Titel festzustellen. In **Fall 4**[49] scheitert eine Vollstreckungsgegenklage nach § 767 Abs. 1 daran, dass die Ansprüche des G tatsächlich bestehen. S macht hiergegen keine materiell-rechtlichen Einwände geltend. Vielmehr betreffen die Einwendungen die formelle Wirksamkeit des Titels, hier einen Verstoß gegen die Bestimmtheit des Titels (vgl. § 253 Abs. 2 Nr. 2); denn es ist nicht klar, auf welche Teilforderungen sich der jeweilige Titel bezieht. Eine Auslegung, entsprechend dem Gedanken des § 366 Abs. 2 BGB vorzugehen oder die Auflistung in der Klagebegründung als maßgebliche Reihenfolge anzusehen, scheitert in diesem Fall daran, dass es drei Titel mit identischer Klagebegründung gibt. Unerheblich ist dabei, ob dieser Einwand bereits im Erkenntnisverfahren hätte geltend gemacht werden können, da sich die analoge Anwendung nicht auf § 767 Abs. 2 erstreckt.[50]

22 In **Fall 5**[51] stellt die notarielle Unterwerfungserklärung einen zu vollstreckenden Titel dar (§ 794 Abs. 1 Nr. 5). Anders als in **Fall 4** ist dieser auch hinreichend bestimmt, da die erfassten Mietrückstände konkret bezeichnet sind. Der Titel ist gleichwohl in materieller Hinsicht unwirksam, da Ansprüche aus Wohnraummietverhältnissen nicht Gegenstand notarieller Vollstreckungsunterwerfungen sein können. Diesen Einwand kann S mit der Klage analog § 767 Abs. 1 geltend machen. Da der materiell-rechtliche Anspruch auf Mietzinszahlung (§ 535 Abs. 2 BGB) hier nicht vom S in Frage gestellt wird, würde die Vollstreckungsgegenklage (§ 767 Abs. 1) demgegenüber scheitern.

---

49 Der Fall ist BGH NJW 1994, 460 nachgebildet.; s. auch *Brox/Walker* ZwangsVollstrR, 11. Aufl. 2017, Rn. 1314, 1335.
50 BGH NJW 1994, 460; *Brox/Walker* ZwangsVollstrR, 11. Aufl. 2017, Rn. 1314.
51 Vgl. OLG Oldenburg NJW 2015, 709.

§ 22. Die Drittwiderspruchsklage

Literatur: *Brox/Walker,* Die Drittwiderspruchsklage, JA 1986, 113; *A. Blomeyer,* Rechtskraft- und Gestaltungswirkung der Urteile im Prozeß auf Vollstreckungsgegenklage und Drittwiderspruchsklage, AcP 165, 481; *Gaul,* Dogmatische Grundlagen und praktische Bedeutung der Drittwiderspruchsklage, FS BGH, Bd. III, 2000, 521; *Grunsky,* Sicherungsübereignung, Sicherungsabtretung und Eigentumsvorbehalt in Zwangsvollstreckung und im Konkurs des Schuldners, JuS 1984, 497; *Huber,* Grundwissen – Zivilprozessrecht: Sicherungseigentum in Zwangsvollstreckung und Insolvenz, JuS 2011, 588; *Kaulbach,* Materieller Ausgleich nach beendeter Zwangsvollstreckung, Ausgewählte Probleme auf Grundlage der „gemischten" Theorie, Rpfleger 2008, 9; *Kieß,* Abwehr von Zwangsvollstreckungsmaßnahmen, JA 2018, 613; *Leyendecker,* Grundfälle zur Drittwiderspruchsklage gem. § 771 ZPO, JA 2010, 725, 879; *G. Lüke,* Bereicherungshaftung des Gläubigers bei der Zwangsvollstreckung in eine dem Schuldner nicht gehörige bewegliche Sache, AcP 153, 533; *Münzberg/Brehm,* Altes und Neues zur Widerspruchsklage nach § 771 ZPO, FS Baur, 1981, 517; *Paulus,* Die Behelfe des Sicherungseigentümers gegen den Vollstreckungszugriff, ZZP 64, 169; *Picker,* Die Drittwiderspruchsklage in ihrer geschichtlichen Entwicklung als Beispiel für das Zusammenwirken von materiellem Recht und Prozeßrecht, 1981; *Prütting/Weth,* Die Drittwiderspruchsklage gem. § 771 ZPO, JuS 1988, 505; *Staufenbiel/Meurer,* Drittwiderspruchsklage und Klage auf vorzugsweise Befriedigung, JA 2005, 796; *Zetzsche/Nast,* Gerichtsvollzieher mit Damenschmuck, JA 2016, 582.

Fall 1: D hat dem S seinen Blu-ray Spieler geliehen. G hat einen vollstreckbaren Titel wegen einer Geldforderung gegen S. Der Gerichtsvollzieher erscheint in der Wohnung und pfändet den Blu-ray Spieler, ohne den Hinweis des S zu beachten, dass dieser ihm nicht gehöre. S benachrichtigt den D, dieser den G. G erklärt, er habe nicht die Absicht, auf die Weiterführung der Vollstreckung in das Gerät zu verzichten. Was kann D tun?

Fall 2: Angenommen, der Blu-ray Spieler sei dem S von dem Elektrohändler E auf Raten und unter Eigentumsvorbehalt geliefert worden. Es stehen noch einige Raten aus. Was könnte E gegen die Pfändung unternehmen?

Fall 3: S hat der B-Bank zur Sicherung eines Kredits eine Maschine übereignet. Bevor der Kredit zurückgezahlt wird, pfändet ein Gläubiger des S die Maschine. Welche Rechte hat die Bank?

I. Grundlagen

Die Zwangsvollstreckung ergreift nur das *Vermögen des Schuldners,* nur gegen ihn richtet sich der Titel. Wenn in Grundstücke des Schuldners vollstreckt werden soll, ergeben sich keine Schwierigkei- 1 ten festzustellen, ob eine Immobilie zum Schuldnervermögen gehört. Das Grundbuch gibt darüber Auskunft (§ 17 ZVG). Anders ist es bei *beweglichen Sachen.* Hier wäre der Gerichtsvollzieher überfordert, wenn er die Zugehörigkeit zum Vermögen des Schuldners feststellen müsste. Auch würde eine genaue Feststellung zu viel Zeit kosten und es dem Schuldner ermöglichen, Vermögensgegenstände beiseite zu schaffen. Deshalb muss der Gerichtsvollzieher nur prüfen, ob der Schuldner *Gewahrsam an* der Sache hat (§§ 808 Abs. 1, 809). Wenn ein solcher besteht, kann und muss die Pfändung erfolgen. Das birgt die Gefahr, dass *Sachen Dritter* gepfändet werden. Der Schuldner kann dies durch einen Hinweis auf das Eigentum des Dritten *nicht verhindern,* es sei denn, das Dritteigentum ist offensichtlich (zB bei Fahrzeugen in einer Kfz-Werkstatt). Eine solche Pfändung ist *voll wirksam* und *Grundlage* für die anschließende *Versteigerung.* Der *Dritte muss sich selbst gegen die Beeinträchtigung seines Rechts wehren.* Die bloße Behauptung seines Eigentums kann dann nicht ausreichen. Das Gesetz stellt ihm vielmehr eine *besondere Klage* zur Verfügung, die sog. *Drittwiderspruchsklage* (§ 771). Mit dieser macht der Dritte geltend, dass eine gepfändete Sache nicht zum Schuldnervermögen, sondern zumindest wirtschaftlich ganz oder teilweise[1] seinem Vermögen zuzuordnen ist.

2 Es kann auch vorkommen, dass eine Forderung gepfändet wird, die einem Dritten zusteht. Diese Pfändung ist zwar unwirksam (→ § 26 Rn. 4). Wegen der Beseitigung des Rechtsscheins kann aber auch hier aus § 771 geklagt werden.[2]

3 In allen diesen Fällen ist die Klage aus § 771 ein Rechtsstreit, der in einem *normalen Erkenntnisverfahren außerhalb der Zwangsvollstreckung* auszutragen ist.

II. Die Voraussetzungen des § 771

4 Nach § 771 Abs. 1 muss dem Dritten „ein die Veräußerung hinderndes Recht" zustehen. Zwar kennt das Recht ein solches Recht nicht, da der gutgläubige Erwerb auch eine Veräußerung durch einen Nichtberechtigten ermöglicht. Der Rechtsinhaber aber könnte den Schuldner an einer solchen Veräußerung, die einen Eingriff in seinen Rechtskreis darstellt, hindern. Entsprechend wird in § 771 Abs. 1 das die Veräußerung hindernde Recht als ein Recht verstanden, *das eine*

1 Zum Besitz s. BeckOK ZPO/*Preuß* ZPO § 771 Rn. 27 ff.
2 BGH NJW 1977, 385; JuS 1981, 773 (*K. Schmidt*).

Veräußerung der Sache durch den Schuldner dem Dritten gegenüber rechtswidrig machen würde.[3] Da der Gläubiger nicht mehr Rechte hat als der Schuldner, kann sich der *Dritte auch gegen den Gläubiger wehren.*

Demnach kommen als Rechte iSv § 771 in erster Linie dingliche Rechte in Betracht, und hier vor allem das Eigentum **(Fall 1),** daneben aber auch andere dingliche Rechte wie etwa der Nießbrauch. Bei besitzlosen Pfandrechten (zB des Vermieters) ist nur die Klage auf vorzugsweise Befriedigung (§ 805) zulässig. 5

Der Normalfall des Eigentums ist unproblematisch. Schwierigkeiten bereiten die Sonderfälle des Eigentums, der *Eigentumsvorbehalt* und vor allem das *Sicherungseigentum*, weil diese Sicherungsrechte sind und die völlige Abwehr anderer Gläubiger durch die Klage aus § 771 nicht ohne Weiteres gerechtfertigt erscheint. 6

Diese Fragen spielen in der *Insolvenz* eine noch größere Rolle als in der Einzelzwangsvollstreckung, weil dort durch Sicherungsübereignungen und verlängerte Eigentumsvorbehalte und die damit verbundenen Vorausabtretungen von Forderungen die *Insolvenzmasse* zugunsten bevorzugter Gläubiger *ausgehöhlt* wird und für die ungesicherten Gläubiger nichts mehr übrig bleibt. 7

Das *Vorbehaltseigentum* wird in der Einzelzwangsvollstreckung als *volles Eigentum* anerkannt. Wenn also eine unter Eigentumsvorbehalt gelieferte Sache vor völliger Zahlung des Kaufpreises *beim Käufer* gepfändet wird, hat der Verkäufer, der noch Eigentümer ist, nach hM[4] *die Klage aus § 771* **(Fall 2).** 8

Wenn der Kaufpreis schon zum größeren Teil bezahlt ist, kann es für den Gläubiger vorteilhaft sein, den Rest zu zahlen, um damit den Eigentumserwerb des Käufers (seines Schuldners) herbeizuführen. Dies geschieht dann in Verbindung mit einer Pfändung der Anwartschaft des Käufers (→ § 28 Rn. 9 f.). 9

Wenn der Käufer seine *Anwartschaft* auf einen Dritten übertragen hat (entsprechend § 930 BGB) und ein Gläubiger des Käufers die bei diesem verbliebene Sache pfändet, kann auch der *Erwerber der Anwartschaft der Pfändung nach § 771 widersprechen.*[5] Selbst wenn sich die Sache ausnahmsweise beim Verkäufer befindet und von dessen Gläubiger gepfändet wird, kann der Käufer als Anwartschaftsberechtigter widersprechen.[6] 10

In der *Insolvenz* wird das *Vorbehaltseigentum* grundsätzlich ebenfalls wie *volles Eigentum* behandelt. Wird der *Vorbehaltskäufer insolvent,* so kann der 11

3 RGZ 116, 363 (366); BGHZ 55, 20 (26).
4 BGHZ 54, 218.
5 BGHZ 20, 88.
6 Str., vgl. BGHZ 55, 27; Stein/Jonas/*Münzberg* ZPO § 771 Rn. 24 ff. mwN.

Vorbehaltsverkäufer beim einfachen Eigentumsvorbehalt sein Eigentum nach § 47 InsO *aussondern* (herausverlangen), während er beim erweiterten Eigentumsvorbehalt ab Tilgung der Kaufpreisforderung bzw. beim verlängerten Eigentumsvorbehalt nur zur *abgesonderten* (vorzugsweisen) Befriedigung nach § 51 Nr. 1 InsO berechtigt ist.[7] In der *Insolvenz des Vorbehaltsverkäufers* ist der Vorbehaltskäufer dadurch geschützt, dass er nach § 107 Abs. 1 S. 1 InsO vom Insolvenzverwalter die Erfüllung des Vertrages verlangen kann, seine Anwartschaft somit insolvenzfest ist, indem dem Verwalter keine Wahl nach § 103 InsO offen steht.

12 Noch problematischer als das Vorbehaltseigentum ist das *Sicherungseigentum,* weil dieses funktionell an die Stelle des vom Gesetzgeber nicht zugelassenen, rechtsgeschäftlich bestellten *besitzlosen Pfandrechts* getreten ist. Es ist deshalb in der Einzelzwangsvollstreckung streitig, ob man das Sicherungseigentum als Pfandrecht behandeln und lediglich eine Klage auf vorzugsweise Befriedigung (§ 805) zulassen *(wirtschaftliche Betrachtungsweise)* oder ob man es als volles Eigentum anerkennen und die Klage aus § 771 gewähren soll *(rechtliche Betrachtungsweise).*

13 Allgemein unterscheidet die hM zwischen uneigennützigen und eigennützigen Treuhandverhältnissen. Die Sicherungsübereignung ist zu letzteren zu zählen.

14 Zu den *uneigennützigen Treuhandverhältnissen* gehört zB die Inkassozession. Hier erfolgt die Rechtsübertragung im Interesse des Treugebers (des Zedenten). Die Forderung soll wirtschaftlich in seinem Vermögen bleiben. Daraus wird für die Zwangsvollstreckung der Schluss gezogen, dass auch für die Klage aus § 771 die Forderung noch zum Vermögen des Treugebers gehört. Dieser kann also widersprechen, wenn ein Gläubiger des Treuhänders die Forderung pfändet, obwohl der Treuhänder rechtlich Inhaber der Forderung geworden ist. Gleiches gilt bei bloßer Forderungseinziehung im Rahmen einer Geschäftsbesorgung, wenn zugunsten des Auftraggebers ein Treuhandkonto eingerichtet wurde, auf das Gläubiger des Auftragnehmers zugreifen, selbst wenn der Treugeber dem Treuhänder im Einzelfall gestattet hatte, auf dem Konto eingegangene Gelder zur Tilgung von Forderungen gegen ihn zu verwenden.[8] Umgekehrt hat der Treuhänder kein Widerspruchsrecht, wenn die Forderung wegen eines gegen den Treugeber gerichteten Titels gepfändet wird.[9]

15 Bei der *eigennützigen Treuhand* liegt die Rechtsübertragung im Interesse des Treuhänders. Dahin gehört auch das *Sicherungseigentum,* dessen Übertragung im Interesse des Kreditgebers liegt. Wenn ein

7 *Bork* InsR Rn. 283 f.; *Foerste* InsR Rn. 348 ff.
8 BGH NJW 1996, 1543.
9 Vgl. BLAHAG/*Hunke* ZPO § 771 Rn. 26; *Baur/Stürner/Bruns* ZwangsVollstrR Rn. 46.7.

Gläubiger des Treugebers die zur Sicherheit übereignete Sache pfändet, die sich noch in dessen Gewahrsam befindet, hat der *Sicherungseigentümer* (die Bank in **Fall 3**) das *Widerspruchsrecht aus § 771* (hM). Diese rechtliche Betrachtungsweise ergibt sich daraus, dass das Sicherungseigentum *materiell-rechtlich anerkannt* ist und man dem Sicherungseigentümer nicht die ihm nach dem Sicherungsvertrag zustehende Befugnis, die Sache selbst zu verwerten, durch den Verweis auf die Klage aus § 805 nehmen will.[10] Eine andere Auffassung tritt für eine *wirtschaftliche Betrachtungsweise* ein. Das Sicherungseigentum sei im Grunde ein Scheingeschäft, ein besitzloses Pfandrecht, das eine wirtschaftliche Lücke des BGB ausfülle. Deshalb sei nur die Klage aus § 805 zu gewähren.[11]

Wenn sich die zur Sicherung übereignete Sache ausnahmsweise im *Gewahrsam des Treuhänders* (etwa der Bank) befindet und dort von einem Gläubiger des Treuhänders gepfändet wird, hat nach überwiegender Meinung auch der *Treugeber das Widerspruchsrecht aus § 771,* obwohl materiell-rechtlich nicht er, sondern der Treuhänder Eigentümer ist. Dies wird damit begründet, dass das Eigentum des Treuhänders vorerst nur zur Sicherung seiner Forderung dient und endgültig erst aus dem Vermögen des Treugebers ausscheidet, wenn jener es verwerten darf.[12] Dies wirkt sich auch aus, wenn der Sicherungseigentümer selbst in die zur Sicherheit übereignete Sache vollstreckt. Hier darf der Sicherungsgeber widersprechen, allerdings nur bis zu dem Zeitpunkt, von dem an der Sicherungseigentümer die Sache verwerten darf.[13] 16

Die gleichen Grundsätze gelten für die Sicherungszession. Auch hier kann der Sicherungsnehmer, der als Zessionar Inhaber der Forderung ist, bei einer „Pfändung" durch einen Gläubiger des Sicherungsgebers die Drittwiderspruchsklage erheben. Eine erteilte Einziehungsermächtigung (§ 185 BGB) ändert hieran ebenso wenig etwas, wie der Umstand, dass die Pfändung der Forderung ins Leere geht, da der Sicherungsgeber (Zedent) nicht mehr Inhaber der Forderung ist. Ziel der Drittwiderspruchsklage ist in diesem Fall die Beseitigung des Rechtsscheins. Im umgekehrten Fall, der Pfändung durch Gläubiger des Sicherungsnehmers in die zur Sicherheit abgetretene Forderung, kann der Sicherungsgeber unter denselben Voraussetzungen hiergegen mittels der Klage nach § 771 intervenieren wie der Sicherungsgeber beim Sicherungseigentum. Entsprechendes gilt für den verlängerten und erweiterten Eigentumsvorbehalt. 17

10 BGHZ 12, 234; Stein/Jonas/*Münzberg* ZPO § 771 Rn. 35; *Jauernig/Berger* ZwangsVollstrR/InsR § 13 Rn. 14; *Baur/Stürner/Bruns* ZwangsVollstrR Rn. 46.8; zum Ganzen: *Gaul/Schilken/Becker-Eberhard* ZVR § 41 Rn. 72 ff.

11 BLAHAG/*Hunke* ZPO § 771 Rn. 25; so grds. auch Schuschke/Walker/Kessen/Thole/*Raebel/Thole* ZPO § 771 Rn. 21.

12 BGH NJW 1959, 1224; *Jauernig/Berger* ZwangsVollstrR/InsR § 13 Rn. 15; *Baur/Stürner/Bruns* ZwangsVollstrR Rn. 46.8; Stein/Jonas/*Münzberg* ZPO § 771 Rn. 30.

13 BGH NJW 1978, 1859.

In der *Insolvenz des Treugebers* wird das *Sicherungseigentum* nach § 51 Nr. 1 InsO nicht wie volles Eigentum, sondern in *wirtschaftlicher Betrachtungsweise* wie ein Pfandrecht behandelt, indem es dem Sicherungseigentümer nur ein Recht auf *abgesonderte* (vorzugsweise) Befriedigung gewährt. Gleiches gilt für die Sicherungszession. Der Unterschied zur Behandlung in der Zwangsvollstreckung (Klage nach § 771) wird damit begründet, dass dort der Treunehmer allein, und nicht etwa ein Gläubiger des Treugebers darüber entscheiden soll, ob und wann er das Sicherungsgut verwertet. In der *Insolvenz des Treunehmers* dagegen kann der Treugeber den Gegenstand nach § 47 InsO aussondern (herausverlangen), wenn er die gesicherte Forderung tilgt.[14]

18 Es besteht kein Bedürfnis, den Besitz als Recht im Sinne von § 771 anzuerkennen. Bei unbeweglichen Sachen hat er keine Bedeutung für die materielle Rechtslage. Bei beweglichen Sachen ist, wenn der Besitz verletzt wird, jedenfalls die Erinnerung gegeben (§ 766).

19 Auch *obligatorische Rechte* können ein Widerspruchsrecht nach § 771 gewähren. Mit § 771 wird geltend gemacht, dass die gepfändete Sache *nicht zum Schuldnervermögen* gehört. Dies kann auch aufgrund obligatorischer Ansprüche geschehen, wenn diese *auf Herausgabe* gerichtet sind.

20 Der Mieter, der selbst nicht Eigentümer ist, macht als Vermieter gegen den Untermieter einen Herausgabeanspruch nach Ablauf des Vertrages geltend. Wenn die Sache beim Untermieter gepfändet wird, kann er nach § 771 widersprechen. Anders ist es bei obligatorischen *Verschaffungsansprüchen.*[15] Der Käufer kann aufgrund seines Anspruchs aus § 433 Abs. 1 BGB nicht der Pfändung der Sache beim Verkäufer widersprechen. Der Anspruch aus § 433 Abs. 1 BGB setzt gerade voraus, dass die verkaufte Sache noch zum Vermögen des Verkäufers gehört.

21 Bei Verletzung eines *relativen Veräußerungsverbots* (§§ 135, 136 BGB) kann nach § 772 S. 2 ebenfalls mit der Klage aus § 771 Widerspruch erhoben werden.

---

14 *Bork* InsR Rn. 285; *Foerste* InsR Rn. 360 mwN.
15 MüKoZPO/*K. Schmidt/Brinkmann* § 771 Rn. 40; dies gilt, selbst wenn diese durch Vormerkung gesichert sind, BGH NJW 1994, 128.

Übersicht 6: Sicherungsrechte in der Zwangsvollstreckung 1

<table>
<tr><th colspan="2">Eigentumsvorbehalt
(s. Lüke SachenR Rn. 541 ff.)</th><th colspan="2">Verlängerter Eigentumsvorbehalt
(s. Lüke SachenR Rn. 586 ff.)</th></tr>
<tr><td rowspan="2">• Betroffen:
○ Verkäufer als Inhaber des Eigentumsrechts
• Möglicher Rechtsbehelf:
○ Drittwiderspruchsklage
• Ziel:
○ Vollstreckung in den Gegenstand wird für unzulässig erklärt
• Behandlung in der Insolvenz:
○ Insolvenz des Vorbehaltskäufers: Insolvenzverwalter hat Wahlrecht (§ 103 InsO); wählt er Nichterfüllung: Aussonderung § 47 InsO des Vorbehaltseigentums durch Verkäufer</td><td colspan="2">Gläubiger des Vorbehalts<u>käufers</u> (Treugebers)...</td><td rowspan="2">• Betroffen:
○ Verkäufer als Inhaber der Forderung
• Möglicher Rechtsbehelf:
○ Drittwiderspruchsklage
○ auch eine Einziehungsermächtigung (§ 185 BGB) für Sicherungsgeber ändert nichts;
○ Sicherungsnehmer wendet sich gegen den Rechtsschein der wirksamen Pfändung
• Ziel:
○ Rechtsschein einer wirksamen Pfändung beseitigen
• Behandlung in der Insolvenz:
○ Insolvenz des Vorbehaltskäufers nach Veräußerung: hinsichtlich der Befriedigung aus der vorausabgetretenen Kaufpreisforderung: Absonderungsrecht nach §§ 50 Abs. 1, 51 Abs. 1 Nr. 1 InsO</td></tr>
<tr><td>… pfänden die Sache</td><td>… „pfänden“ die Forderung (s. dazu allg. § 26 Rn. 1 ff.)</td></tr>
<tr><td rowspan="2">• Betroffen:
○ Käufer als Inhaber des Anwartschaftsrechts
• Möglicher Rechtsbehelf:
○ Drittwiderspruchsklage auf Grundlage des Anwartschaftsrechts
• Ziel:
○ Vollstreckung in den Gegenstand wird für unzulässig erklärt
• In der Insolvenz:
○ Insolvenz des Vorbehaltsverkäufers
○ Kein Wahlrecht des Insolvenzverwalters (§ 107 InsO); bei vertragswidrigem Verhalten des Käufers: Herausgabeanspruch des Insolvenzverwalters; bei Wegfall des Sicherungszwecks: Aussonderung nach § 47 InsO</td><td colspan="2">Gläubiger des Vorbehalts<u>verkäufers</u> (Treunehmers) …</td><td rowspan="2">• Betroffen:
○ Käufer (Treugeber) der zedierten künftigen Forderung
• Möglicher Rechtsbehelf:
○ Drittwiderspruchsklage des vertragstreuen Sicherungsgebers, nicht bei Verwertungsreife (= Sicherungsfall)
• Ziel:
○ Vollstreckung in die Forderung für unzulässig erklären
• In der Insolvenz:
○ Insolvenz des Vorbehaltsverkäufers:
○ nach Veräußerung: keine Besonderheiten; Käufer kann überschießenden Teil verlangen; oder Zahlung der gesicherten Forderung an Verkäufer und Aussonderung der Forderung nach § 47 InsO</td></tr>
<tr><td>… pfänden die Sache (wegen § 808 Abs. 1 ZPO eher selten)</td><td>… pfänden die Forderung</td></tr>
</table>

Übersicht 7: Sicherungsrechte in der Zwangsvollstreckung 2

<table>
<tr><th colspan="2">Sicherungseigentum
(s. Lüke SachenR Rn. 615 ff.)</th><th colspan="2">Sicherungszession
(s. Lüke SachenR Rn. 617)</th></tr>
<tr><td rowspan="2">• Betroffen:
o Sicherungsnehmer als Inhaber des Eigentumsrechts
• Möglicher Rechtsbehelf:
o Drittwiderspruchsklage (str., aA: § 805 ZPO)
• Ziel:
o Vollstreckung in den Gegenstand wird für unzulässig erklärt
• Behandlung in der Insolvenz:
o Insolvenz des Sicherungsgebers
o §§ 50 Abs. 1, 51 Nr. 1 InsO</td><td colspan="2">Gläubiger des Sicherungsgebers (Treugebers) pfänden...</td><td rowspan="2">• Betroffen:
o Sicherungsnehmer (Zessionar) als Inhaber der Forderung
• Möglicher Rechtsbehelf:
o Drittwiderspruchsklage
o auch eine Einziehungsermächtigung (§ 185 BGB) für Sicherungsgeber ändert nichts;
o Sicherungsnehmer wendet sich gegen den Rechtsschein der wirksamen Pfändung
• Ziel:
o Beseitigung des Rechtsscheins
• Behandlung in der Insolvenz:
o Insolvenz des Sicherungsgebers
o §§ 50 Abs. 1, 51 Nr. 1 InsO</td></tr>
<tr><td>... die Sache</td><td>... die Forderung</td></tr>
<tr><td rowspan="2">• Betroffen:
o Sicherungsgeber als Inhaber des Rückverschaffungsanspruchs aus der Sicherungsabrede
• Möglicher Rechtsbehelf:
o Drittwiderspruchsklage des vertragstreuen Sicherungsgebers,
o nur bis Eintritt der Verwertungsreife auf Grundlage des Anwartschaftsrechts
• Ziel:
o Vollstreckung in den Gegenstand wird für unzulässig erklärt
• In der Insolvenz:
o Insolvenz des Sicherungsnehmers:
o nach Erfüllung der gesicherten Forderung: Aussonderung des Sicherungsgegenstands nach § 47 InsO</td><td colspan="2">Gläubiger des Sicherungsnehmers (Treunehmers) pfänden...</td><td rowspan="2">• Betroffen:
• Sicherungsgeber (Zedent) als Inhaber des Rückverschaffungsanspruchs aus der Sicherungsabrede
• Möglicher Rechtsbehelf:
o Drittwiderspruchsklage,
o solange nicht Verwertungsreife eingetreten ist
• Ziel:
o Vollstreckung in die Forderung für unzulässig erklären
• In der Insolvenz:
o Insolvenz des Sicherungsnehmers:
o nach Erfüllung der gesicherten Forderung: Aussonderung der abgetretenen Forderung nach § 47 InsO</td></tr>
<tr><td>... die Sache</td><td>... die Forderung</td></tr>
</table>

III. Das Verfahren

Dritter, dh *aktiv legitimiert* ist jeder, der Inhaber eines die Veräußerung hindernden Rechts iSd § 771 Abs. 1 und nicht Schuldner ist. Testamentsvollstrecker und Insolvenzverwalter als Schuldner können ausnahmsweise die Klage aus § 771 erheben, wenn sie einen Zugriff in nichthaftendes Vermögen abwehren. Die Klage ist *gegen den Gläubiger* zu richten (dieser weigert sich, das Recht des Dritten anzuerkennen). 22

Dritte nach § 771 kann auch eine *Ein-Mann-GmbH* sein, die gegen eine Vollstreckung durch Gläubiger ihres Alleingesellschafters vorgeht. Trotz wirtschaftlicher Identität mit dem Schuldner sind beide Vermögensmassen vollstreckungsrechtlich zu trennen.[16] 23

Gegen den Schuldner kann die Klage aus § 771 nicht gerichtet werden, § 771 Abs. 2 ist missverständlich formuliert. Gemeint ist eine Klage *aus materiellem Recht,* etwa auf Herausgabe, die gegen den Schuldner gerichtet werden kann. Dieser und der Gläubiger sind dann *einfache Streitgenossen.* 24

Die Klage ist erst *statthaft,* wenn die Zwangsvollstreckung *in den betreffenden Gegenstand begonnen* hat. Eine nur *drohende* Zwangsvollstreckung reicht nur bei der auf *Herausgabe* bestimmter Sachen gerichteten Zwangsvollstreckung (§ 883) aus. Hier steht von vornherein fest, auf welche Sache sich die Vollstreckung richten wird. Außerdem erfolgt diese durch bloße Wegnahme, wäre also beendet, bevor die Klage aus § 771 erhoben werden könnte. Die Klage aus § 771 ist *nicht mehr statthaft,* wenn die angegriffene Vollstreckungsmaßnahme *vollständig durchgeführt ist.* Das ist bei der Pfändung beweglicher Sachen die nach der Versteigerung erfolgte Aushändigung des Erlöses durch den Gerichtsvollzieher an den Gläubiger. Mit einem erfolglosen Pfändungsversuch ist die Maßnahme nur beendet, wenn eine Fortsetzung der Vollstreckung in denselben Gegenstand nicht mehr möglich ist.[17] Solange der Gerichtsvollzieher den Erlös noch hat, steht dieser im *Eigentum des Dritten,* dem die Sache gehört hat. *Solange ist auch die Klage aus § 771 noch möglich.* 25

Wenn der Gläubiger den Erlös erhalten hat und die Vollstreckung in die Sache *beendet* ist, können die *materiellen Rechte* wieder im normalen Klagewege geltend gemacht werden. Der Dritte hat sein *Eigentum* an der versteigerten Sache *endgültig verloren* (→ § 25 Rn. 31). Er hat aber *Ansprüche gegen den Gläubiger auf Herausgabe des Er-* 26

---

16 BGH NJW 2004, 217, dazu *Deubner* JuS 2004, 203 (207).
17 BGH NJW-RR 2004, 1220.

löses aus ungerechtfertigter Bereicherung.[18] Wenn der Gläubiger schuldhaft gehandelt hat, weil er trotz ausreichender Beweise die Sache des Dritten nicht freigegeben hat, kann der Dritte auch *Ansprüche aus den §§ 823ff. BGB* geltend machen.[19] Der Gläubiger haftet dabei für ein Verschulden seines Anwalts nach § 278 BGB.[20] Eine *Amtshaftungsklage* kann in Betracht kommen, wenn die gepfändete Sache zwar im Gewahrsam des Schuldners, das Eigentum des Dritten aber nicht zweifelhaft war.[21] Wenn während des Prozesses über die Drittwiderspruchsklage die Vollstreckung beendet wird, kann der Dritte nach § 264 Nr. 3 den Klageantrag auf Zahlung des Erlöses bzw. Schadensersatz umstellen. Ist er mit der Klage aus § 771 rechtskräftig abgewiesen worden, so steht die Rechtskraft dieses Urteils allen Herausgabe- und Schadensersatzansprüchen entgegen.[22]

27 Die sachliche Zuständigkeit richtet sich nach dem Wert des Streitgegenstandes, die örtliche nach § 771 Abs. 1. Zuständig ist das Gericht, in dessen Bezirk die Zwangsvollstreckung erfolgt.

28 Der Klageantrag ist darauf zu richten, dass die Zwangsvollstreckung in einen genau bezeichneten Gegenstand für unzulässig erklärt wird (und nicht etwa auf Leistung an den Gläubiger). Dementsprechend erklärt das stattgebende Urteil die Zwangsvollstreckung in diesen Gegenstand für unzulässig. Es handelt sich dabei um ein Gestaltungsurteil, die Klage aus § 771 ist eine *prozessuale Gestaltungsklage* (hM).[23] Wenn der Klage stattgegeben wird, wird das die Veräußerung hindernde *Recht des Dritten nicht rechtskräftig festgestellt,* weil es nur Entscheidungselement ist. Will der Dritte seine rechtskräftige Feststellung erreichen, so muss er *Zwischenfeststellungsklage* (§ 256 Abs. 2) erheben.

29 Ein der Klage stattgebendes Urteil führt zwar zur Unzulässigkeit der Zwangsvollstreckung in die betreffende Sache, *beseitigt* aber noch *nicht* eine bereits durchgeführte *Zwangsvollstreckungsmaßnahme,* wie etwa die Pfändung. Die Einstellung und Aufhebung muss noch vom zuständigen Vollstreckungsorgan durchgeführt werden (§§ 775 Nr. 1, 776).

---

18 § 812 BGB, Bereicherung in sonstiger Weise, BGH NJW 1987, 1880, nicht § 816 BGB, *G. Lüke* AcP 153, 533.
19 BGHZ 32, 240; 95, 11; BGH NJW 1992, 2014.
20 Nicht nach § 831 BGB, BGHZ 58, 211; vgl. *Henckel* JZ 1973, 32.
21 BGH LM Nr. 2 zu § 808 ZPO.
22 BGH LM Nr. 27 zu § 322 ZPO; *Zeuner* ZZP 74, 190.
23 Zum Verhältnis der Drittwiderspruchsklage zu Beseitigungs- und Abwendungsansprüchen s. *Blomeyer* ErkVerf II § 35 II.

Von großer Bedeutung sind auch bei der Drittwiderspruchsklage *vorläufige Anordnungen,* weil sonst das Urteil meistens zu spät käme. Sie sind nach den §§ 771 Abs. 3, 769 möglich.[24] 30

IV. Das Verhältnis zu anderen Rechtsbehelfen

Die Drittwiderspruchsklage und die Erinnerung (§ 766) können *nebeneinander* möglich sein. Ausgeschlossen sind vom Beginn der Zwangsvollstreckung bis zu ihrem Ende materiell-rechtliche Rechtsbehelfe (etwa die Unterlassungs- oder Feststellungsklage) mit Ausnahme der Zwischenfeststellungsklage hinsichtlich des die Veräußerung hindernden Rechts. So kann der Eigentümer einer rechtswidrig gepfändeten Sache für die Dauer der Zwangsvollstreckung in seinen Gegenstand keine Klage gestützt auf § 985 BGB erheben. Vielmehr muss er seine Rechte gem. § 771 geltend machen. 31

§ 23. Die Klage auf vorzugsweise Befriedigung

Literatur: *Brox/Walker,* Die Klage auf vorzugsweise Befriedigung, JA 1987, 57; *Staufenbiel/Meurer,* Drittwiderspruchsklage und Klage auf vorzugsweise Befriedigung, JA 2005, 796.

Besitzlose Pfandrechte an beweglichen Sachen geben *kein Widerspruchsrecht* nach § 771. Dies sind die Pfandrechte des Vermieters, Verpächters und des Gastwirts, oder auch vertragliche Pfandrechte, wenn der Gläubiger den Gewahrsam verloren hat. Diese Rechte dürfen in der Zwangsvollstreckung *nicht unberücksichtigt* bleiben, wenn sie nicht wertlos sein sollen. Diese Lücke schließt die *Klage auf vorzugsweise Befriedigung* (§ 805). 1

Sie kommt nur in Betracht, wenn *wegen einer Geldforderung* in die Sache vollstreckt wird (dies ergibt sich schon aus der Stellung im Gesetz). Nur bei deren Versteigerung kann eine vorzugsweise Befriedigung aus dem Erlös erfolgen. Bei einer Herausgabevollstreckung (§ 883), die zur Übergabe an den Vollstreckungsgläubiger führen würde, kann das Pfandrecht nach § 771 geltend gemacht werden. 2

Der Gläubiger kann mit der Klage aus § 805 erreichen, dass er aus dem Erlös seinem Rang gemäß befriedigt wird, also vor dem betreibenden Gläubiger, wenn sein Pfandrecht den besseren Rang hat. Zum Verfahren vgl. § 805 Abs. 2–4. 3

24 Zur Haftung des Dritten, wenn die vorläufige Anordnung sich als nachträglich ungerechtfertigt herausstellt, → § 8 Rn. 19.

2. Teil. Die einzelnen Arten der Zwangsvollstreckung

6. Kapitel. Die Zwangsvollstreckung wegen Geldforderungen in das bewegliche Vermögen

§ 24. Allgemeine Vorschriften: Pfändung, Verstrickung und Pfändungspfandrecht

Literatur: *A. Blomeyer,* Zur Lehre vom Pfändungspfandrecht, FS von Lübtow, 1970, 803; *Böhm,* Ungerechtfertigte Zwangsvollstreckung und materiellrechtliche Ausgleichsansprüche, 1971 (dazu *Gaul,* AcP 173, 323); *Gaul,* Rechtsverwirklichung durch Zwangsvollstreckung aus rechtsgrundsätzlicher und rechtsdogmatischer Sicht, ZZP 112, 135; *Geib,* Die Pfandverstrickung, 1969 (dazu *Gaul,* FamRZ 1972, 533); *Günther,* Abermals: Mobiliarzwangsvollstreckung in schuldnerfremde Sachen und Bereicherungsausgleich, AcP 178, 456; *Häde,* Die Behandlung von Geldzeichen in Zwangsvollstreckung und Konkurs, KTS 1991, 365; *Henckel,* Prozeßrecht und materielles Recht, 1970, 309 ff.; *Herberger,* Ansprüche des Eigentümers nach Pfändung und Verwertung einer schuldnerfremden Sache – ein Beitrag zur Klausurpraxis, JA 2018, 256; *Kuchinke,* Pfändungspfandrecht und Verwertungsrecht bei der Mobiliarzwangsvollstreckung, JZ 1958, 198; *Lent,* Öffentlichrechtliche Gestaltung des Zwangsvollstreckungsrechts, ZAkDR 1937, 329; *Lipp,* Das Pfändungspfandrecht, JuS 1988, 119; *G. Lüke,* Der Inhalt des Pfändungspfandrechts, JZ 1955, 484; *ders.,* Die Rechtsnatur des Pfändungspfandrechts, JZ 1957, 239; *Marotzke,* Öffentlichrechtliche Verwertungsmacht und Grundgesetz, NJW 1978, 133; *Martin,* Pfändungspfandrecht und Widerspruchsklage im Verteilungsverfahren, 1963 (dazu *Münzberg,* ZZP 78, 287; *Pieper,* AcP 166, 532); *Schlosser,* Vollstreckungsrechtliches Prioritätsprinzip und verfassungsrechtlicher Gleichheitssatz, ZZP 97, 121; *K. Schmidt,* Pfandrechtsfragen bei erlaubtem und unerlaubtem Eingriff der Mobiliarvollstreckung in fremde Rechte, JuS 1970, 545.

I. Die Pfändung

1 Bei der Vollstreckung von *Geldforderungen* muss man davon ausgehen, dass der Gläubiger nur eine *Geldzahlung* beanspruchen kann. Wenn nicht ausnahmsweise Geld beim Schuldner vorhanden ist, müssen deshalb *andere Vermögensgegenstände* des Schuldners *verwertet,*

dh zu Geld gemacht werden. Diese Verwertung beginnt sowohl bei beweglichen Sachen als auch bei Forderungen und sonstigen Vermögensrechten mit der *Pfändung* (§ 803 Abs. 1 S. 1). Die Pfändung ist ein *staatlicher Hoheitsakt* des Vollstreckungsorgans (des Gerichtsvollziehers oder des Vollstreckungsgerichts), der zur *Beschlagnahme* des gepfändeten Gegenstandes führt. Die Pfändung hat *zwei Wirkungen.* Einmal die sog. *Verstrickung* des beschlagnahmten Gegenstandes. Das bedeutet, dass der Gegenstand der Verfügungsmacht des Schuldners entzogen und für die Befriedigung des Gläubigers sichergestellt wird. Die Verstrickung wird strafrechtlich geschützt (§ 136 StGB). Zivilrechtlich begründet sie ein *relatives Veräußerungsverbot,* der Schuldner kann über den Gegenstand nicht mehr mit Wirkung gegenüber dem Gläubiger verfügen (§§ 136, 135 BGB).

Die *zweite Wirkung* der Pfändung ist die Entstehung des *Pfändungspfandrechts* (§ 804 Abs. 1). Dieses entsteht sowohl bei der Pfändung beweglicher Sachen als auch bei der Pfändung von Forderungen und sonstigen Vermögensrechten. 2

Die Pfändung ist nur bei offenkundiger Verletzung wesentlicher Verfahrensvorschriften nichtig. Hierzu gehören etwa das Fehlen eines Titels, sowie die absolute funktionelle Unzuständigkeit des tätigen Vollstreckungsorgans.[1] Weniger schwere Fehler führen dagegen nur zur Anfechtbarkeit der Pfändung. 3

II. Die Verstrickung

Sie setzt voraus, dass die *Pfändung als Vollstreckungsakt wirksam,* wenn auch möglicherweise anfechtbar ist. Dies ist nicht der Fall, wenn der Titel fehlt, ein funktionell unzuständiges Organ gehandelt hat oder bei der Pfändung die notwendigen Formen nicht eingehalten worden sind (→ § 17 Rn. 1 ff.). *Ohne Einfluss* auf die Wirksamkeit der Pfändung und damit auf die Entstehung der Verstrickung ist es, wenn der *vollstreckbare Anspruch nicht besteht* (vgl. § 767) oder wenn *die gepfändete Sache nicht zum Vermögen des Schuldners gehört.* Deshalb kann der Gläubiger auch wirksam *seine eigene Sache* pfänden lassen, etwa bei einem Verkauf unter Eigentumsvorbehalt. Selbst wenn der *Titel* nicht vorher oder gleichzeitig *zugestellt* wird, die Voraussetzungen für den Beginn der Zwangsvollstreckung also fehlen, ist die Pfändung wirksam und die Verstrickung tritt ein (→ § 24 Rn. 1). Dasselbe 4

1 MüKoZPO/*Gruber* § 803 Rn. 34.

gilt, wenn ein nach den *Schuldnerschutzvorschriften unpfändbarer Gegenstand* gepfändet worden ist.

5 Die Verstrickung setzt sich am Erlös fort und *endet* mit der *Beendigung* der Verwertung, dh mit der Aushändigung des Erlöses an den Gläubiger oder durch die Aufhebung der Pfändung durch das zuständige Vollstreckungsorgan.[2] Eine Aussetzung der Verstrickung, etwa für die Zeit der Insolvenz des Vollstreckungsschuldners, kennt die ZPO nicht und ist schon deshalb abzulehnen.[3]

III. Das Pfändungspfandrecht

Fall 1: Gl. 1 pfändet am 1. März, Gl. 2 am 15. März eine im Gewahrsam des Schuldners befindliche Musikanlage. Diese steht noch im Vorbehaltseigentum des D. Den Gläubigern ist dies unbekannt. Als Gl. 1 davon erfährt, zahlt er die letzten zwei Raten an D. Welchen Rang haben die Pfändungspfandrechte von Gl. 1 und Gl. 2?

Fall 2: Gl. 1 und Gl. 2 haben vollstreckbare Titel gegen den Schuldner S. Mehrere Vollstreckungsversuche sind ohne Ergebnis geblieben. Eines Tages erfahren die Gläubiger, dass S einige wertvolle Möbel geerbt hat und diese in seine Wohnung gebracht worden sind. Beide bemühen sich unabhängig voneinander um eine Pfändung dieser Möbel. Sie wenden sich an den örtlich zuständigen Gerichtsvollzieher, können diesen aber nicht erreichen. Gl. 1 gelingt es, einen örtlich nicht zuständigen Gerichtsvollzieher zu überreden, die Pfändung der Möbel gleichwohl vorzunehmen. Kurze Zeit danach pfändet der örtlich zuständige Gerichtsvollzieher für Gl. 2. Welcher Gläubiger hat das rangbessere Pfändungspfandrecht?

6 Das *Pfändungspfandrecht* (§ 804 Abs. 1) gewährt dem Gläubiger im Verhältnis zu anderen Gläubigern dieselben Rechte wie ein *durch Vertrag erworbenes Pfandrecht* (§ 804 Abs. 2 HS 1). Besonders wichtig ist, dass das durch eine frühere Pfändung begründete Pfandrecht demjenigen vorgeht, das durch eine spätere Pfändung begründet wird (§ 804 Abs. 3), sog. *Prioritäts-* oder *Präventionsprinzip.* Die Reihenfolge der Pfändungen bestimmt also die *Rangfolge*, in der die Gläubiger befriedigt werden, wenn dieselbe Sache gepfändet wurde. Dies ist vor allem von Bedeutung, wenn der Erlös nicht zur Befriedigung aller ausreicht. Gegen diese gesetzliche Regelung werden verfassungsrechtliche Bedenken (Verletzung des Gleichheitssatzes) erhoben.[4]

---

2 Sog. *Entstrickung;* s. MüKoZPO/*Gruber* § 803 Rn. 40 ff.

3 Ausf. zum umstrittenen Fall bei einem Pfändungs- und Überweisungsbeschluss (§§ 829, 835 ZPO) *Cranshaw* EWiR 2020, 181 (182).

4 Vgl. dazu *Schlosser* ZZP 97, 121.

Über die *Rechtsnatur dieses Pfändungspfandrechts* und damit auch über die *Voraussetzungen für seine Entstehung* sind die Auffassungen bis heute geteilt. 7

Eine *rein privatrechtliche Ansicht* ist aufgegeben worden. Sie hatte das Pfändungspfandrecht als privatrechtliches Recht angesehen und an die Entstehungsvoraussetzungen des materiellen Rechts binden wollen. Das hätte zur Folge, dass bei Nichtbestehen des vollstreckbaren Anspruchs kein Pfändungspfandrecht entstehen könnte, weil es nach dem materiellen Recht akzessorisch ist. Außerdem könnte es nicht an Sachen eines Dritten entstehen, weil ein gutgläubiger Erwerb (gem. § 1207 BGB) in der Vollstreckung nicht möglich ist. Die Verwertung war als Verwirklichung des materiell-rechtlichen Pfändungspfandrechts gedacht und deshalb in ihrer Wirksamkeit von dessen Bestand abhängig. 8

Diese privatrechtliche Deutung von Pfändung und Verwertung wurde im Anschluss an *Stein*[5] aufgegeben und durch die sog. *gemischte privat-öffentlich-rechtliche Theorie* ersetzt, die heute noch *herrschend* ist.[6] Danach ist das Pfändungspfandrecht zwar ein *privatrechtliches Recht* und an die Entstehungsvoraussetzungen des *materiellen Rechts* (Bestehen der Forderung und Eigentum des Schuldners) gebunden. Außerdem müssen die *Regeln des Vollstreckungsrechts* mit Ausnahme bloßer Ordnungsvorschriften eingehalten sein. Die *Verwertung* wird aber *nicht als die Verwirklichung dieses Pfandrechts* gesehen. Ihre *Grundlage* soll vielmehr die *Verstrickung* sein. Damit wird die *Verwertung* von einem *staatlichen Hoheitsakt* abhängig gemacht und dem Charakter der Zwangsvollstreckung als *Ausübung staatlicher Zwangsgewalt* Rechnung getragen. Nach dieser Auffassung entsteht beim Fehlen des vollstreckbaren Anspruchs und bei Pfändung schuldnerfremder Sachen ebenfalls *kein Pfändungspfandrecht.* Dies hindert nicht, dass die *Verstrickung wirksam* ist und Grundlage für die Verwertung sein kann. Damit ist sichergestellt, dass die Wirksamkeit der Vollstreckung *nur von den Voraussetzungen des Vollstreckungsrechts abhängig* ist. 9

Die rein *öffentlich-rechtliche Theorie* stimmt insoweit mit der alten privatrechtlichen Theorie überein, als sie das *Pfändungspfandrecht* als die *Grundlage der Verwertung* ansieht. Sie sieht es aber als *öffentlich-rechtliches Recht* an, das in seiner Entstehung *nur von einer wirksa-* 10

5 *Stein*, Grundfragen der Zwangsvollstreckung, 1913, 24 ff.
6 *Gaul* Rpfleger 1971, 4; *Baur/Stürner/Bruns* ZwangsVollstrR Rn. 27.10; *Gaul/Schilken/Becker-Eberhard* ZVR § 50 Rn. 46 ff.; MüKoZPO/*Gruber* § 804 Rn. 11; RGZ 156, 398; BGHZ 20, 101; 56, 351.

men Verstrickung abhängig ist, nicht aber von den materiell-rechtlichen Voraussetzungen eines Pfandrechts. Bei *Fehlen* des vollstreckbaren Anspruchs und bei Pfändung schuldnerfremder Sachen entsteht nach dieser Auffassung ein *Pfändungspfandrecht*, wenn nur die *Verstrickung wirksam* ist.[7]

11 Die beiden Auffassungen können zu *verschiedenen Ergebnissen* führen.

12 Nach der gemischten privat-öffentlich-rechtlichen Theorie entsteht in **Fall 1** zunächst aus keiner Pfändung ein Pfändungspfandrecht, weil im Zeitpunkt der Pfändung die Sache noch nicht dem Schuldner gehört hat. Erst wenn dieser das Eigentum erwirbt, entstehen die Pfändungspfandrechte, und zwar in demselben Zeitpunkt und deshalb mit demselben Rang. Dass Gl. 1 den Eigentumserwerb herbeigeführt hat, kann dabei nicht berücksichtigt werden. Nach der öffentlich-rechtlichen Theorie entstehen die Pfändungspfandrechte im Zeitpunkt der jeweiligen Pfändung, da die Verstrickung jedenfalls wirksam ist. Dasselbe Ergebnis wollen *K. Schmidt*[8] und *Blomeyer*[9] mit Hilfe des § 185 Abs. 2 S. 2 BGB erzielen.

13 In **Fall 2** ist bei dem Verstoß gegen die örtliche Zuständigkeit mehr verletzt worden als eine bloße Ordnungsvorschrift. Nach der hM entsteht also kein Pfändungspfandrecht aus der ersten Pfändung, wohl aber nach der öffentlich-rechtlichen Auffassung, weil trotz des Verstoßes die Verstrickung jedenfalls wirksam ist.

14 Schon die wenigen Beispiele zeigen, dass es schwierig ist, die Entscheidung für eine der beiden heute noch vertretenen Auffassungen von den *Ergebnissen im Einzelfall* abhängig zu machen.

15 In **Fall 1** führt die öffentlich-rechtliche Theorie zu einem überzeugenden Ergebnis, in **Fall 2** die hM, weil auf den ersten Blick schwer einzusehen ist, warum der Gläubiger bevorzugt werden soll, der sich über die Regeln der örtlichen Zuständigkeit hinweggesetzt hat.

16 Die Schwäche der hM ist die *Rechtsunsicherheit*, die sich daraus ergibt, dass trotz wirksamer Pfändung ein Pfändungspfandrecht nicht oder noch nicht entstanden ist. Diese Unsicherheit wird beträchtlich vergrößert durch die Schwierigkeit, *Ordnungsvorschriften*, deren Verletzung die Entstehung eines Pfändungspfandrechts nicht hindert, *von den Vorschriften abzugrenzen, die nicht verletzt sein dürfen.* Deshalb bedarf die hM, wenn man sich ihr anschließen will, der Kor-

---

7 BLAHAG/*Weber* ZPO Grdz. II § 803 Rn. 8, § 804 Rn. 5; *G. Lüke* JZ 1955, 484 und JZ 1957, 239; *Martin*, Pfändungspfandrecht und Widerspruchsklage im Verteilungsverfahren, 1963, 96ff.; Stein/Jonas/*Münzberg* ZPO vor § 704 Rn. 128 und § 804 Rn. 7ff.
8 *K. Schmidt* ZZP 87, 322.
9 *Blomeyer* ErkVerf II § 71 IV 4 c.

rektur, dass diese Unterscheidung zwischen bloßen Ordnungsvorschriften und anderen Vorschriften aufgegeben wird; das Pfändungspfandrecht muss entstehen, wenn die Verstrickung eingetreten ist (→ § 17 Rn. 3 f.).

Als *Unterschied* zur öffentlich-rechtlichen Auffassung bleibt frei- 17
lich, dass die hM auch nach ihrer Korrektur an dem Vorliegen der materiell-rechtlichen Voraussetzungen für das Entstehen des Pfändungspfandrechts festhält. Das wirkt sich bei den *Rangfragen* **(Fall 1)** und außerdem bei dem *Ausgleich nach Beendigung der Zwangsvollstreckung* aus. Ist die Sache eines Dritten gepfändet, versteigert und der Erlös dem Gläubiger ausgehändigt worden, so hat der Dritte einen Bereicherungsanspruch gegen den Gläubiger (§ 812 BGB).[10] Der *rechtliche Grund,* dh das *Pfändungspfandrecht,* hat an der schuldnerfremden Sache nicht bestanden. Die öffentlich-rechtliche Theorie kommt zu *demselben Ergebnis,* wenn auch mit *anderer Begründung.* Sie bejaht zwar das Vorliegen des Pfändungspfandrechts in diesen Fällen, nimmt aber an, dass dieses für die Frage des rechtlichen Grundes *keine Bedeutung* habe. *Rechtsgrund* iSv § 812 BGB sei vielmehr die *materiell-rechtliche Forderung,* die dem Dritten gegenüber nicht besteht.[11] Dass das Pfändungspfandrecht dem Gläubiger nicht das Recht gibt, den Erlös behalten zu dürfen, wird gegen die öffentlich-rechtliche Theorie als einer der Haupteinwände vorgebracht.[12]

Die Annahme eines privatrechtlichen Pfändungspfandrechts ist ein 18
Fremdkörper in der heute zutreffend als *öffentlich-rechtlicher Vorgang* gewerteten Zwangsvollstreckung. Die neueren Vollstreckungsgesetze (ZVG, InsO) kommen ohne ein besonderes Pfandrecht aus. Die öffentlich-rechtliche Theorie zieht die Konsequenz aus dieser gewandelten Sicht der Zwangsvollstreckung. Die Bedeutung des Pfändungspfandrechts beschränkt sich danach auf die *Vollstreckung,* also auf die *Verwertungsbefugnis* und die *Rangfragen,* für die sich *aus dem materiellen Recht keine Lösung* ergibt. Es ist deshalb nur konsequent, wenn für die Zeit danach und damit auch für die Frage des Behaltendürfens wieder das materielle Recht entscheidet, also die Forderung maßgebend für die Anwendung des § 812 BGB ist. Wenn

---

10 BGHZ 100, 95, 99 = JZ 1987, 777 mAnm *Brehm*; ausführlich zu dieser Entscheidung: *Krüger* JuS 1989, 182.

11 Vgl. *G. Lüke* AcP 153, 537; Stein/Jonas/*Würdinger* ZPO § 804 Rn. 22 ff.

12 *Jauernig/Berger* ZwangsVollstrR/InsR § 16 Rn. 19; *Baur/Stürner/Bruns* ZwangsVollstrR Rn. 27.8; *Gaul/Schilken/Becker-Eberhard* ZVR § 50 Rn. 57 ff.

man ein öffentlich-rechtliches Pfandrecht annimmt, kann sich dieses von dem materiell-rechtlichen Pfandrecht dadurch unterscheiden, dass es eben *kein Recht* auf das Behaltendürfen des Erlöses gibt.[13] Diese Überlegungen sprechen für die öffentlich-rechtliche Theorie, die außerdem der Rechtssicherheit am besten Rechnung trägt.

Übersicht 8: Sachpfändung

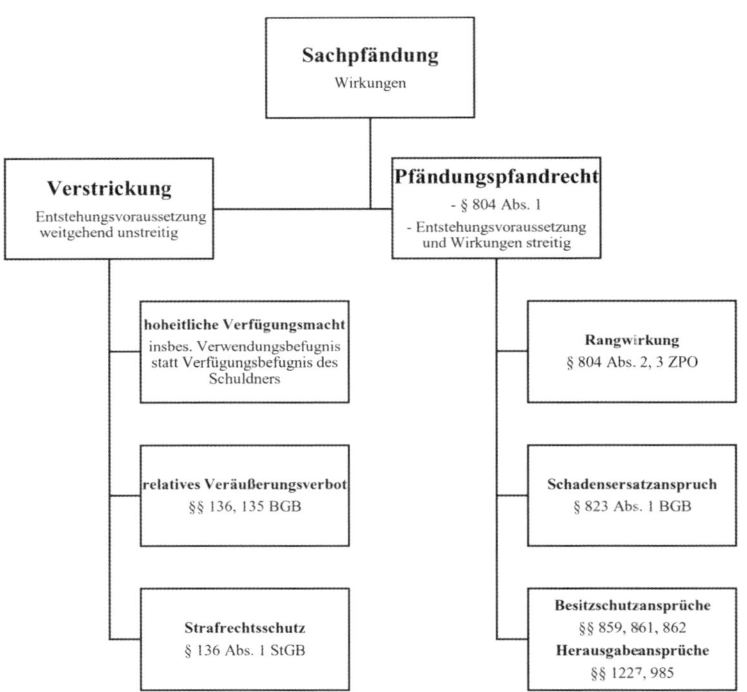

IV. Informationserlangung

Literatur: Für einen Überblick über die Neuregelungen s.: *Dörndorfer* JurBüro 2012, 617; *Harnacke*, Das neue Vollstreckungsrecht – Die Modernisierung der Gerichtsvollzieherzwangsvollstreckung durch das Gesetz zur Reform der Sachaufklärung in der Zwangsvollstreckung, DGVZ 2012, 197;

13 AA *Jauernig/Berger* ZwangsVollstrR/InsR aaO.

Mroß, Grundzüge der Reform der Sachaufklärung, DGVZ 2010, 181; *Sturm* JurBüro 2012, 624; *Gottwald* FS Schilken, 2015, 663 ff; *Brunner*, Die Reform der Sachaufklärung: Praktische Erfahrungen – Reformen –Perspektiven, DGVZ 2014, 181; *Hergenröder*, Verfahrensfragen der Vermögensauskunft, DGVZ 2019, 1.

Die Wirksamkeit des Vollstreckungszugriffs hängt entscheidend 19
von der Kenntnis der Vermögensverhältnisse des Schuldners ab. Nur das stellt sicher, dass der Gläubiger einen erfolgversprechenden Zugriff auf das Vermögen unternimmt. Zudem liegt es nahe, dass Schuldner versuchen, ihre *Vermögenslage zu verschleiern.* Soweit sie Vermögensgegenstände Dritten übertragen, kann der Gläubiger dagegen nach dem Anfechtungsgesetz (AnfG) vorgehen. Dies setzt aber Kenntnis darüber voraus, wo die Gegenstände geblieben sind. Der Gesetzgeber hat mit Wirkung zum 1.1.2013 die Möglichkeit des Gläubigers, Informationen zu erlangen, wesentlich erweitert (→ § 2 Rn. 1). Nach § 802a Abs. 2 S. 2 ZPO kann der Gerichtsvollzieher vom Gläubiger beauftragt (in der Sache ist es ein Antrag) werden, eine Vermögensauskunft des Schuldners einzuholen. Möglich ist darüber hinaus, dass Auskünfte Dritter über das Vermögen des Schuldners erwirkt werden. Schließlich kann der Gläubiger den Gerichtsvollzieher beauftragen, den Aufenthaltsort des Schuldners zu ermitteln (§ 755). Dieser Auftrag muss jedoch im Zusammenhang mit einem Zwangsvollstreckungsauftrag insbesondere nach § 802a Abs. 2 S. 1 Nr. 1 bis 5 ZPO stehen.

Die letztgenannte Möglichkeit spielt vor allem eine Rolle, wenn 20
der Wohnsitz oder gewöhnliche Aufenthaltsort des Schuldners nicht bekannt ist. Einen entsprechenden Auftrag des Gerichtsvollziehers vorausgesetzt wendet diese sich zunächst an die Meldebehörde zur Einholung der gegenwärtigen Anschrift. Weitere Möglichkeiten zur Informationserlangung bieten bei ausländischen Schuldnern etwa das Ausländerzentralregister und auch der Träger der gesetzlichen Rentenversicherung sowie das Kraftfahrt-Bundesamt, wenn durch die Meldebehörde die Adresse nicht ermittelt werden konnte.

Im Gegensatz zum bisherigen Recht ist es dem Gläubiger nunmehr 21
möglich, die Vermögensauskunft schon zu Beginn der Zwangsvollstreckung zu begehren.[14] Einzige Voraussetzung der Vermögensof-

14 Deshalb verneinte OLG Saarbrücken JurBüro 2020, 421 die Aussichtslosigkeit einer Zwangsvollstreckung iSd § 31 Abs. 2 S. 1 GKG, da die Vorinstanz nicht aufgeklärt hatte, ob es sich um eine Vermögensauskunft nach § 802c oder um eine nach § 807 handelte.

fenbarungspflicht (§ 802f Abs. 1) ist es, dass der Schuldner nach Fristsetzung von zwei Wochen durch den Gerichtsvollzieher die Forderung nicht begleicht. Einer solchen Fristsetzung für die Zahlung bedarf es nicht, wenn der Gerichtsvollzieher einen erfolglosen Vollstreckungsversuch unternommen hat und eine entsprechende Fruchtlosigkeitsbescheinigung ausgestellt hat oder der Schuldner die Durchsuchung der Wohnung verweigert hat (§ 807). In diesen Fällen ist eine sofortige Abnahme der Vermögensauskunft möglich. Das setzt allerdings voraus, dass der Gläubiger die Pfändung beim Schuldner beantragt hat. Dem Schuldner steht es in dieser Situation frei, der sofortigen Abnahme zu widersprechen. Er ist dann ohne Einhaltung der Zahlungsfrist zu laden (§ 807 Abs. 2).

22 Der Inhalt der Vermögensauskunft richtet sich nach § 802c und unterscheidet sich nicht wesentlich von der früheren eidesstattlichen Versicherung nach § 807 ZPO aF. Gegenstand der Auskunftsverpflichtung ist das gegenwärtige Vermögen des Schuldners. Die Vermögensgegenstände sind so genau zu bezeichnen, dass sie als Zugriffsobjekt in der Zwangsvollstreckung ohne weiteres zu identifizieren sind. Ist ein Gegenstand offensichtlich unpfändbar, so muss er nicht im Vermögensverzeichnis aufgeführt werden. Die Auskunft ist nur hinsichtlich einiger persönlicher Daten des Schuldners gegenüber dem früheren Recht erweitert, die für Drittabfragen des Gerichtsvollziehers – etwa beim Bundeszentralamt für Steuern, den Rentenversicherungsträger oder dem Kraftfahrt-Bundesamt – von Bedeutung sein können.

23 Das Vermögensverzeichnis ist in elektronischer Form zu erstellen (§ 802f Abs. 5 Satz 1). Es wird bei den zentralen Vollstreckungsgerichten (§ 802k Abs. 1) hinterlegt. Diese sind in jedem Land zu bestimmende Amtsgericht mit landesweiter Zuständigkeit (§ 882h).[15] Die zentralen Vollstreckungsgerichte führen auch das Schuldnerverzeichnis, das Personen aufführt, die entweder die Auskunft verweigert haben oder deren Auskunft kein pfändbares Vermögen erkennen lässt. Schließlich werden auch die Schuldner eingetragen, die zwar eine Vermögensauskunft gegeben haben, den sie beantragenden Gläubiger aber nicht innerhalb eines Monats nach Abgabe der Auskunft vollständig befriedigen konnten.

24 Einzelheiten des Verfahrens regelt § 802f. Der Schuldner hat nach Ausfüllen des Vermögensverzeichnisses zu Protokoll des Gerichts-

15 Für eine Übersicht s. Musielak/Voit/*Voit* ZPO § 802k Rn. 2.

vollziehers an Eides statt zu versichern, die Angaben nach bestem Wissen und Gewissen richtig und vollständig gemacht zu haben. Der Schuldner ist zur Vermögensauskunft verpflichtet. Versäumt er den Termin zur Abgabe der Vermögensauskunft oder verweigert er diese im Termin, so ist auf Antrag des Gläubigers vom Vollstreckungsgericht Haftbefehl zu erlassen. Die Haftdauer darf die Dauer von sechs Monaten nicht übersteigen (§ 802j Abs. 1 S. 1).[16] Der Schuldner ist nach Ablauf von zwei Jahren zur Abgabe einer erneuten Vermögensauskunft verpflichtet (§ 802d Abs. 1). Vor Ablauf der Frist kann das nur begehrt werden, wenn der Gläubiger Tatsachen glaubhaft macht (§ 294 Abs. 1), aus denen sich eine wesentliche Veränderung der Vermögensverhältnisse ergibt (§ 802d Abs. 1).

Eine wesentliche Erweiterung der Informationsmöglichkeiten stellt 25
die Auskunftseinholung gegenüber Dritten dar. Das Auskunftsrecht knüpft an die Pflicht zur Vermögensauskunft an. Kommt der Schuldner dieser nicht nach oder ist bei einer Vollstreckung in die dort aufgeführten Vermögensgegenstände keine vollständige Befriedigung zu erwarten, so darf der Gerichtsvollzieher gegenüber den o. g. Einrichtungen sowie dem Bundeszentralamt für Steuern und den Kreditinstituten um Auskunft über bestimmte Daten ersuchen.

Von der Pflicht aus § 802c Abs. 3 muss die sich aus dem materiellen Recht 26
ergebende Pflicht zur Versicherung an Eides statt unterschieden werden (§§ 259, 260, 2028, 2057 BGB). Diese wird nach den §§ 889, 888 vollstreckt.

§ 25. Die Zwangsvollstreckung in bewegliche Sachen

Literatur: *Eichelberger*, Versteigerungen nach BGB, ZPO und ZVG, Jura 2013, 82, 83; *Geißler*, Das Anwartschaftsrecht des Vorbehaltskäufers mit seinen Berührungspunkten zur Mobiliarvollstreckung, DGVZ 1990, 81; *ders.*, Probleme der Leistungsgefahr in der Mobiliarvollstreckung, DGVZ 1991, 166; *Helwich*, Ratenzahlungsvereinbarung bei Gläubigermehrheit, DGVZ 2000, 105; *Fretschner*, Werkvertragsrecht und Zwangsvollstreckungsrecht – My home is my castle!, JuS 2019, 609; *Kleffner*, Zur Zulässigkeit des Verzichts auf den Pfändungsschutz des § 811 ZPO, DGVZ 1991, 108; *Knoche*, Materieller Drittschutz im Mobiliarzwangsvollstreckungsrecht, ZZP 114, 399; *Lissner*, Verfassungsrechtliche Anforderungen an den Vollstreckungsschutz – § 765a ZPO im Falle von Suiziddrohungen, DGVZ 2020, 90; *Lormfeld*, Sachenrecht und Zwangsvollstreckungsrecht – Wem gehören intelligente Roboter?, JuS 2019, 372; *G. Lüke/Beck*, Grundgesetz und Unpfändbarkeit eines Farbfern-

16 Meist ist eine Dauer bis zu 6 Monaten verhältnismäßig, BVerfG DGVZ 2018, 34.

sehgerätes, JuS 1994, 22; *Münzberg,* Die Pfändung unter Eigentumsvorbehalt verkaufter Sachen durch den Verkäufer nach § 811 Abs. 2 ZPO, DGVZ 1998, 81; *Pauly,* Prozessuale und materielle Probleme bei der Grabsteinpfändung, JuS 1996, 682; *Pawlowski,* Die rechtlichen Grundlagen der ratenweisen Vollstreckung, DGVZ 1991, 177; *Schmid*, Selbstmordgefahr und Verhinderung der Zwangsvollstreckung, WM 2010, 2108; *Viertelhausen,* Pfändung von Früchten und Tieren durch den Gerichtsvollzieher, DGVZ 2016, 247 *Wiesner,* Zur Pfändung von Gartenzwergen, NJW 1990, 1971; *Zetzsche/Nast*, Gerichtsvollzieher mit Damenschmuck, JA 2016, 582; *Zwecker,* Rangverhältnisse der Pfändungspfandrechte bei Anschlußpfändung in eine schuldnerfremde Sache, JA 2000, 933.

I. Die Pfändung

1 **1. Die körperlichen Sachen.** Die ZPO hat die Pfändung *körperlicher Sachen* anders geregelt als die von *Forderungen und Rechten.* Was als körperliche Sache in Betracht kommt, ergibt sich aus dem BGB. Die ZPO enthält eine *Sonderregelung* in § 810 zur Pfändung beweglicher und unbeweglicher Sachen. Wegen der wirtschaftlichen Bedeutung der Ernte können auf der einen Seite *Früchte auf dem Halm* wie bewegliche Sachen gepfändet werden, obwohl sie noch wesentliche Bestandteile des Grundstücks sind.[1] Auf der anderen Seite kann das *Zubehör bei Grundstücken* nicht gepfändet werden, sondern unterliegt der Immobiliarvollstreckung (§ 865 Abs. 2 S. 1; damit soll die wirtschaftliche Einheit des Grundstücks gewahrt bleiben).

2 *Wertpapiere im engeren Sinne* (das Recht aus dem Papier folgt dem Recht am Papier) werden als bewegliche Sachen gepfändet (§§ 821, 831).[2] Bei *Legitimationspapieren,* die für den Bestand des Rechts selbst ohne Bedeutung sind (etwa ein Sparkassenbuch), erfolgt eine sog. *Hilfsvollstreckung,* dh gepfändet wird die Forderung (§§ 828 ff.), und daneben erfolgt die Wegnahme der Papiere durch den Gerichtsvollzieher (§ 836 Abs. 3).[3]

3 **2. Die Erweiterung und Beschränkung des Kreises der Vollstreckungsobjekte bei beweglichen Sachen; der Schuldner- und Gläubigerschutz. a) Der Schuldnerschutz.** Auf das Problem einer *gerechten Abwägung* von Gläubiger- und Schuldnerinteressen wurde bereits hingewiesen (→ § 1 Rn. 8 f.). Der Kreis der Vollstreckungsob-

1 Zur fehlerhaften [Mobiliar-]Vollstreckung in wesentliche Bestandteile des Grundstücks: BGH NJW 1988, 2789; hierzu krit. *Gaul* NJW 1989, 2509.

2 Hierzu *Viertelhausen* DGVZ 2000, 129.

3 Vgl. *Gaul* JZ 1973, 480; AG Bremen JurBüro 1998, 605; AG Frankfurt a. M. DGVZ 1991, 191; *Röder* DGVZ 1998, 86.

jekte muss, um den Schuldner zu schützen und ihm das Lebensnotwendige zu sichern, einerseits beschränkt werden. Andererseits muss um des Gläubigers willen der Kreis der Vollstreckungsobjekte in bestimmten Fällen erweitert werden: wenn der Schuldner versucht hat, bestimmte Vermögensgegenstände der Vollstreckung zu entziehen.

Der Schuldner wird geschützt durch die *Verbote der Überpfändung* (§ 803 Abs. 1 S. 2) und der *zwecklosen Pfändung* (§ 803 Abs. 2). Sinnlose Pfändungen soll auch § 812 verhindern. Die *wichtigste Schuldnerschutzvorschrift* bei beweglichen Sachen ist jedoch § 811. Danach soll dem Schuldner die Erhaltung seiner *wirtschaftlichen Existenz* und einer *bescheidenen Lebensführung* gesichert werden. Damit handelt es sich auch um einen Ausfluss des Sozialstaatsprinzips.[4] 4

Der Schuldnerschutz wird durch das PKoFoG mit weit überwiegender Wirkung zum 1.12.2021 erweitert. Der religiöse Aspekt aus § 811 Abs. 1 Nr. 10 wird in einer eigenen Bestimmung – Nr. 10a nF – getrennt geregelt, um die ohnehin umstrittene Beschränkung auf Bücher aufzuheben,[5] die in der Literatur[6] teilweise zur Bejahung einer analogen Anwendung führte. Kritisch zu sehen ist die erwogene Wertgrenze dieser Religionsgüter in Höhe von EUR 500. Gerechtfertigt wird das mit dem Hinweis, der Gerichtsvollzieher müsse bereits im Rahmen von § 811 Abs. 1 Nr. 1 Schätzungen vornehmen.[7] Dort muss er aber lediglich eine Ermessensentscheidung treffen, ob die vorgefundenen Sachen einer bescheidenen Lebens- und Haushaltsführung dienen. Eine feste Wertgrenze stellt den Gerichtsvollzieher vor ernsthafte Probleme, die mit dem auf eine schnelle und effektive Zwangsvollstreckung ausgerichteten Grundsatz des Formalismus der Zwangsvollstreckung nicht vereinbar sind. Bei Gegenständen mit religiöser Bedeutung handelt es sich – anders als bei den Sachen in Nr. 1 – um einen Markt, der Spezialkenntnisse erfordert, die einem Gerichtsvollzieher mit Blick auf die Religionsvielfalt gerade nicht abverlangt werden können. Die erforderliche Wertbestimmung verzögert die Vollstreckung, zumal nicht ersichtlich ist, warum nicht sogleich die §§ 811a, 811b angepasst werden, die eine Austauschpfändung vorsehen, Nr. 10 aF aber nicht erwähnen. 5

Die *Unpfändbarkeit* nach § 811 gilt nur, wenn die Zwangsvollstreckung *wegen einer Geldforderung* erfolgt. Bei einer *Herausgabevollstreckung* ist § 811 *unanwendbar*. Unerheblich für die Anwendung 6

4 LG Siegen NJW-RR 2018, 896.
5 RegE PKoFoG vom 23.3.2020, 27.
6 Stein/Jonas/*Würdinger* ZPO § 811 Rn. 66; HK-Zwangsvollstreckung/*Kindl*, 3. Aufl. 2015, ZPO § 811 Rn. 28 mwN; aA MüKo-ZPO/*Gruber*, 5. Aufl. 2016, § 811 Rn. 46.
7 RegE PKoFoG vom 23.3.2020, 27.

des § 811 ist, ob der Schuldner *Eigentümer* der Sache ist; entscheidend ist der *Gebrauchswert* der Sachen für den Schuldner. Der Bundesgerichtshof wendet teilweise den Schutz auch auf den Ehepartner des Schuldners an, indem auch solche Gegenstände des Schuldners als nach § 811 Abs. 1 Nr. 5 unpfändbar angesehen werden, die sein Ehegatte zur Fortsetzung einer Erwerbstätigkeit benötigt.[8]

7 Der Gerichtsvollzieher hat die Schuldnerschutzvorschriften *von Amts wegen* zu beachten. Der Schutz des Schuldners kann nicht von seinen eigenen Rechtskenntnissen abhängen. Außerdem liegt die Einhaltung dieser Vorschriften auch im *öffentlichen Interesse.* Wenn der Gerichtsvollzieher gegen die Schuldnerschutzvorschriften verstößt, ist die *Pfändung aber wirksam.* Der Schuldner kann sie mit der *Erinnerung* angreifen (§ 766). Wenn er dies unterlässt, ist auch die *Verwertung wirksam.* Vor der Pfändung kann der Schuldner nicht auf den Schutz des § 811 verzichten (→ § 18 Rn. 3 f.), wohl aber *bei* oder *nach der Pfändung:* Der Schuldner wird durch § 811 auch nicht an einer rechtsgeschäftlichen Verfügung gehindert. Voraussetzung ist aber die Kenntnis der Rechtslage.[9]

8 Zweifelhaft ist die Rechtslage, wenn der Gläubiger eine *eigene Sache* pfändet. Praktisch wird das Problem in den Fällen des *Vorbehalts-* und des *Sicherungseigentums,* wenn sich der Gläubiger von einer Versteigerung durch den Gerichtsvollzieher mehr verspricht als von einer Rücknahme der Sache und ihrer anschließenden Verwertung. Grundsätzlich ist die Pfändung eigener Sachen des Gläubigers *möglich. Die Pfändung ist wirksam, die Verstrickung eingetreten.* Nach hM kann zwar *kein Pfändungspfandrecht* entstehen (anders nach der öffentlich-rechtlichen Theorie), dies hindert aber nicht die Wirksamkeit der Verwertung, weil diese aufgrund der Verstrickung erfolgt. Grundsätzlich sind bei der Anwendung des § 811 die *Eigentumsverhältnisse einerseits unbeachtlich.* Danach könnte der Gläubiger eine eigene Sache nicht pfänden, wenn die Voraussetzungen des § 811 vorliegen. Andererseits gilt der Schuldnerschutz des § 811 *nicht bei der Herausgabevollstreckung* (§ 883). Wenn also der Gläubiger seinen Herausgabeanspruch (aus Eigentum oder aus Vertrag) vollstrecken würde, wäre § 811 unanwendbar. Es wird deshalb die Auffassung vertreten, dass der Schuldner durch die *Berufung auf § 811* jedenfalls dann *arglistig* handele, wenn das Eigentum des Gläubigers *unbestritten* oder *offenkundig sei.*[10] Diese Auffassung bedeutet im Ergebnis, dass der Schuldner durch die Vereinbarung von Vorbehalts- oder Sicherungseigentum doch von vornherein auf den Schutz des § 811 verzichten kann, wodurch dieser nicht

8 BGH NJW-RR 2010, 642.
9 BLAHAG/*Weber* ZPO § 811 Rn. 5.
10 OLG München MDR 1971, 580; BLAHAG/*Weber* ZPO § 811 Rn. 6.

unwesentlich beeinträchtigt werden kann.[11] Hinzu kommt, dass der Gerichtsvollzieher über das Eigentum des Gläubigers entscheiden müsste, eine Prüfung, mit der er überfordert ist. Wenn die Frage durch eine Erinnerung an das Vollstreckungsgericht kommt, müsste dieses, falls das Eigentum bestritten wird, darüber entscheiden; die Abgrenzung zu den Fällen der Offenkundigkeit dürfte schwierig sein. All dies spricht dafür, dem Gläubiger *die Berufung auf sein Eigentum zu versagen,* wenn er die Geldvollstreckung betreibt.[12] Wenn er die Anwendung des § 811 vermeiden will, ist die Herausgabevollstreckung der dafür geeignete Weg.

§ 811 Abs. 2 lässt diesen Streitpunkt teilweise entfallen. Die Vorschrift er- 9
laubt es dem *Vorbehaltsverkäufer,* auch wegen seiner Geldforderung in an sich unpfändbare Gegenstände zu vollstrecken, wenn er nachweist, dass der zu pfändende Gegenstand von ihm an den Vollstreckungsschuldner unter Eigentumsvorbehalt geleistet wurde. Der Verkäufer wird insoweit nicht auf den Herausgabetitel verwiesen werden können, für den die Beschränkungen des § 811 nicht gelten. Die Vorschrift, die eine Durchbrechung des Grundsatzes darstellt, dass es für den Vollstreckungsschutz auf die Eigentumslage nicht ankommt, bleibt jedoch auf die Unpfändbarkeit nach § 811 Abs. 1 Nr. 1, 4, 5 bis 7 beschränkt. Mittelbar bestätigt sie den hier zu dem Problem eingenommenen Standpunkt.

§ 811 stellt nicht auf den *Geldwert* der pfändbaren Sachen ab, son- 10
dern auf ihren *Gebrauchswert.* Das kann dazu führen, dass eine sehr wertvolle Sache unpfändbar ist (eine hochwertige Musikanlage mit Radio, eine goldene Uhr etc.). Das Gesetz ermöglicht dem Gläubiger in den Fällen des § 811 Abs. 1 Nr. 1, 5 u. 6 die sog. *Austauschpfändung* (§ 811a). Das Vollstreckungsgericht kann dem Gläubiger auf Antrag gestatten, dem Schuldner für eine wertvolle, an sich unpfändbare Sache ein *Ersatzstück* oder den dafür erforderlichen *Geldbetrag* zur Verfügung zu stellen (daran erwirbt der Schuldner dann Eigentum nach den §§ 929 ff. BGB).

Voraussetzung ist, dass die Austauschpfändung angemessen ist. Dies ist vor 11
allem dann der Fall, wenn zu erwarten ist, dass der Vollstreckungserlös den Wert des Ersatzstückes erheblich übersteigen wird (§ 811a Abs. 2). Diese Überlegung wird zweckmäßigerweise auch der Gläubiger anstellen, bevor er den Antrag nach § 811a stellt. Die Ersatzsache oder der Geldbetrag wird unpfändbar, die vorher unpfändbare Sache kann dann auf normale Weise gepfändet und verwertet werden.[13].

Tiere, die im häuslichen Bereich und nicht zu Erwerbszwecken gehalten 12
werden, sind grundsätzlich unpfändbar (§ 811c). Damit schränkt § 811c

---

11 *Jauernig/Berger* ZwangsVollstrR/InsR § 32 Rn. 8 ff.; Stein/Jonas/*Würdinger* ZPO § 811 Rn. 13 ff.
12 S. auch *Gaul/Schilken/Becker-Eberhard* ZVR § 52 Rn. 18.
13 Zur vorläufigen Austauschpfändung vgl. § 811b, zur Vorwegpfändung § 811d.

Abs. 1 die Wirkungen des § 90a S. 3 BGB ein. Ausnahmsweise kann die Vollstreckung bei Tieren von hohem Wert unter bestimmten Voraussetzungen zugelassen werden. Dabei spielen auch tierschützerische Belange eine Rolle.[14] Diese können ebenfalls einen Vollstreckungsschutz gem. § 765a Abs. 1 S. 2 begründen. Daneben ist das Affektionsinteresse des Schuldners an dem Tier zu berücksichtigen, sodass es sich im Ergebnis um eine subsidiäre Vollstreckungsmöglichkeit handelt.[15] Schwierigkeiten ergeben sich überdies bei der Vollstreckung von Räumungsansprüchen, wenn Tiere vorhanden sind.[16]

13 Die Verwertung gepfändeter Sachen bringt vielfach unbefriedigende Ergebnisse, sie führt zu Verlusten beim Schuldner und hilft dem Gläubiger entsprechend wenig. Deshalb sieht das Gesetz die Möglichkeit zu einem *Verwertungsaufschub* durch den Gerichtsvollzieher unter Verpflichtung des Schuldners zur Zahlung des für die Befriedigung des Gläubigers und die Begleichung der Zwangsvollstreckungskosten geschuldeten Betrages möglichst („*soll*") innerhalb eines Jahres vor. Der Gerichtsvollzieher kann Raten nach Höhe und Zeitpunkt festsetzen (802b Abs. 2 S. 1).[17] Dies erfordert, dass der Gläubiger gegen eine Leistung in Teilbeträgen keine Einwände hat (§ 802b Abs. 3 S. 2). Für den Fall, dass der Schuldner nicht zahlen sollte, kann der Gerichtsvollzieher einen Verwertungstermin bestimmen, der nach dem nächsten Zahlungstermin liegt bzw. einen bereits bestimmten Termin auf diesen Zeitpunkt verlegen. Die Folge eines solchen Zahlungsplans regelt § 802b Abs. 2 S. 2. Danach ist die Vollstreckung aufgeschoben. Weitere Vollstreckungsmaßnahmen sind also unzulässig.[18] Es handelt sich um ein allgemeines Vollstreckungshindernis.[19] Umstritten ist, ob nur Vollstreckungsmaßnahmen durch den Gerichtsvollzieher betroffen sind.[20] Dem ist zu widersprechen. Systematisch befindet sich die Regelung in den allgemeinen Vorschriften zur Zwangsvollstreckung wegen Geldforderung, betrifft also den gesamten Abschnitt (§§ 802a – 882h). Die Pfändung und damit der Rang des Pfändungspfandrechts des Gläubigers bleiben dabei gewahrt. Vorausgesetzt wird, dass der Gläubiger eine solche Vereinbarung nicht ausgeschlossen hat und dass der Schuldner glaubhaft

14 Ausf. *Schmid* JR 2013, 245 f.; *Meller-Hannich* MDR 2019, 713 (714 ff.); s. auch *Deuring* DGVZ 2020, 1 ff. mit Fallbesprechung und Bezügen zur Verwaltungsvollstreckung.
15 MüKoZPO/*Gruber*, § 811c Rn. 7 f.
16 Ausf. *Schmid* JR 2013, 245 (246 f.); *Meller-Hannich* MDR 2019, 713 (716 f.).
17 Allgemein dazu *Schwörer* DGVZ 2011, 77.
18 Vgl. MüKoZPO/*Wagner* § 802b Rn. 24.
19 Ausf. BeckOK ZPO/*Fleck* ZPO § 802b Rn. 11.
20 So Zöller/*Seibel* ZPO § 802b Rn. 12; BeckOK ZPO/*Fleck* ZPO § 802b Rn. 11.

macht (§ 294 Abs. 1), die Raten bei Fälligkeit in voller Höhe leisten zu können (§ 802b Abs. 2 S. 1). Die Interessen des Gläubigers werden durch sein Widerspruchsrecht (§ 802b Abs. 3 S. 2) gewahrt. Das Vollstreckungshindernis entfällt ohne Zutun des Gläubigers nach § 802b Abs. 3 S. 3, wenn der Schuldner mit einer Rate länger als zwei Wochen in Rückstand gerät.

Eine *allgemeine Härteklausel* zum Schutz des Schuldners, die auch 14
im Insolvenz-[21] oder Zwangsversteigerungsverfahren[22] Anwendung finden kann, enthält § 765a (zum Schutz der Tiere gem. § 765a Abs. 1 S. 3 → § 25 Rn. 12). Ihre Anwendung ist an besonders strenge Voraussetzungen gebunden: Die Vollstreckung muss unter Würdigung des Schutzbedürfnisses des Gläubigers wegen ganz besonderer Umstände für den Schuldner eine Härte bedeuten, die mit den guten Sitten nicht vereinbar ist. Eine Einstellung auf unbestimmte Zeit kommt dabei nur in „absoluten" Ausnahmefällen in Betracht.[23] Bei Suizidgefahr verlangt die Rechtsprechung[24] eine besonders sorgfältige Ermittlung sowie Berücksichtigung der Schuldnerinteressen.[25] In die Beurteilung sind dabei auch schwerwiegende gesundheitliche Risiken einzubeziehen, die aus dem Wechsel der gewohnten Umgebung resultieren.[26] Im Übrigen muss die drohende Selbsttötung nicht auf einem von Krankheit beeinflussten Willen beruhen.[27] Die Anwendung dieser Grundsätze darf aber nicht dazu führen, dass Schuldner missbräuchlich die Vollstreckung verzögern oder verhindern.[28] Jedoch soll eine vorläufige Einstellung der Zwangsvollstreckung auch dann zu erfolgen haben, wenn der Verdacht einer nur vorgespiegelten Suizid-

21 BGH JuS 2009, 766 (*K. Schmidt*); BGH NJW-RR 2019, 1383 (1385); LG Berlin NZI 2020, 81 Rn. 8 zur Abgrenzung von § 765a zum P-Konto nach § 850k.

22 BGH NJW-RR 2011, 421.

23 BVerfG Rpfleger 2005, 614; s. auch BGH NJW 2008, 1000; BGH NZM 2017, 820 (822); eingehend *Zschieschak* NZM 2017, 15.

24 BVerfGE 52, 214 (219 ff.); BVerfG Rpfleger 2005, 614; BGH JZ 2005, 1111 mAnm *Walker*; Überblick bei *Lissner* DGVZ 2020, 90.

25 Zur Umsetzung, ggf. mittels Anordnung konkreter Betreuungs- oder Unterbringungsmaßnahmen BGH NJW 2008, 586; NJW-RR 2011, 300; ergänzend BGH NZM 2017, 820; BVerfG NJW-RR 2007, 228; zuletzt LG Frankfurt a. M. NZM 2018, 904 zu konkreten Maßnahmen, um den Räumungsgläubiger nicht schutzlos zu stellen.

26 BGH NJW 2009, 3440: hochbetagter Schuldner; ähnl. BGH NZM 2017, 26 (28) Rn. 25; *Böttcher* ZfIR 2012, 153 (158): vorübergehende Einstellung wegen ansonsten ernsthafter Gefährdung einer Chemotherapie des an Krebs erkrankten Schuldners.

27 BGH NJW-RR 2011, 423.

28 S. aber BVerfG NJW 2007, 2910 zur erstmaligen Geltendmachung der Suizidgefahr in der sofortigen Beschwerde gegen den Zuschlag in der Zwangsversteigerung.

absicht besteht.[29] In Zweifelsfällen darf nicht ohne medizinische Sachkunde entschieden werden.[30]

15 Das Vollstreckungsgericht hat also nur das Mittel der einstweiligen (in Ausnahmefällen dauerhaften) Einstellung zur Verfügung. Den Konflikt zwischen dem Interesse des Gläubigers zur Erlangung des Eigentums- und effektiven Rechtsschutzes auf der einen und dem besonders gewichtigen Interesse des Schuldners an Lebensschutz auf der anderen Seite, kann es nicht auflösen, wenn eine Therapie die psychische Lage des Schuldners nicht verbessert und damit die Suizidgefahr fortbesteht, da die Interessenabwägung nie zulasten des Lebensschutzes ausfallen darf.[31]

16 **b) Der Gläubigerschutz; die Anfechtbarkeit nach dem Anfechtungsgesetz.** Wenn der Gläubiger erfahren hat (gegebenenfalls mit Hilfe der Vermögensauskunft), dass der Schuldner *Vermögensgegenstände* beiseite geschafft hat, kann er den *Herausgabeanspruch* gegen denjenigen *pfänden,* der den Besitz an der Sache hat. Hat der Schuldner *rechtsgeschäftliche Übertragungen* vorgenommen, so kann der Gläubiger nach dem Anfechtungsgesetz (AnfG) vorgehen.[32] Mit „Anfechtung“ ist nach diesem Gesetz *nicht die Anfechtung des BGB* gemeint. Vielmehr kann der Gläubiger verlangen, dass das, was aus dem Vermögen des Schuldners weggegeben worden ist, dem Vollstreckungszugriff des Gläubigers zur Verfügung steht (§ 11 Abs. 1 S. 1 AnfG). Ist die Sache noch unterscheidbar vorhanden, so muss der Dritte dulden, dass der Gläubiger in die Sache vollstreckt. Andernfalls haftet er nach § 11 Abs. 1 S. 2 wie der bösgläubige Bereicherungsschuldner (wegen der Gegenleistung vgl. § 12 AnfG).

17 Anfechtungsberechtigt ist der Gläubiger, der einen Titel über eine fällige Geldforderung hat und der keine Befriedigung aus dem Vermögen des Schuldners erlangt hat oder vermutlich erlangen wird (§ 2 AnfG). Anfechtungsgegner ist der Empfänger der Leistung oder sein Erbe (§ 15 AnfG). Voraussetzung für die Anfechtung ist, dass der Gläubiger durch eine Rechtshandlung des Schuldners benachteiligt wird. Rechtshandlungen sind in erster Linie Rechtsgeschäfte, darüber hinaus können aber alle Handlungen mit rechtlicher Wirkung in Betracht kommen. Erforderlich ist weiter, dass einer der Anfechtungstatbestände vorliegt. Das Gesetz unterscheidet zwischen der sog. Absichtsanfechtung (§ 3 AnfG) und der Schenkungsanfechtung (§ 4 AnfG). Bei

29 BGH NZM 2011, 166.
30 BGH NJW-RR 2011, 419.
31 BGH NZM 2020, 476 mAnm *Zschieschack* (479).
32 Dieses Gesetz gilt für Anfechtungen außerhalb der Insolvenz; die Insolvenzordnung hat eigene Anfechtungsvorschriften, §§ 129 ff. InsO.

der *Schenkungsanfechtung* hat der Empfänger keine Gegenleistung erbracht und ist deshalb weniger schutzbedürftig als der Gläubiger. Die *Absichtsanfechtung* stützt sich auf den Gedanken, dass gegenüber dem Gläubiger eine Unredlichkeit begangen worden ist.

Die Geltendmachung der Anfechtung erfolgt idR durch Klage (vgl. § 13 AnfG). Sie kann aber auch einredeweise erfolgen (§ 9 AnfG, etwa im Rahmen einer Klage des Dritten aus § 771). **18**

Ebenfalls dem Schutz des Gläubigers dient § 806a. Er regelt die Umstände, unter denen der Gerichtsvollzieher verpflichtet ist, die aus Anlass der Zwangsvollstreckung erhaltene Kenntnis von schuldnerischen Geldforderungen gegen Dritte an den Vollstreckungsgläubiger weiterzugeben. Darüber hinaus wird ein Fragerecht des Gerichtsvollziehers nach dem Arbeitgeber des Schuldners gegenüber Dritten, die zum Hausstand gehören, begründet (§ 806a Abs. 2). **19**

3. Die Voraussetzungen der Pfändung. Der Gerichtsvollzieher prüft nicht die Eigentumsverhältnisse, ausreichend ist der *Gewahrsam des Schuldners* (§ 808 Abs. 1, dh der unmittelbare Besitz, der mit tatsächlicher Gewalt verbunden ist, § 854 BGB; gilt nicht für den Besitzdiener gem. § 855 BGB, solange er nicht erkennbar den Besitz selbst ausüben will).[33] Der Gerichtsvollzieher darf nur dann nicht pfänden, wenn das *Eigentum eines Dritten unzweifelhaft* ist, zB bei Kraftwagen in einer Reparaturwerkstatt.[34] Bei *Ehegatten* und *Lebenspartnern* gilt die unwiderlegbare Vermutung, dass nur der Schuldner Eigentum und Besitz hat (§ 739). Der Gerichtsvollzieher kann also die in der gemeinsamen Wohnung befindlichen Sachen pfänden. Sachen, die sich im *Gewahrsam des Gläubigers* selbst befinden, können gepfändet werden. Ebenso zulässig ist die Pfändung bei *Gewahrsam eines Dritten,* wenn dieser die Wegnahme nicht bloß duldet, sondern zur Herausgabe zum Zwecke der Pfändung *und* Verwertung bereit ist (§ 809).[35] Andernfalls muss der Herausgabeanspruch des Schuldners gegen den Dritten gepfändet werden. **20**

Wenn gegen die §§ 808, 809 verstoßen wird, entsteht zwar die *Verstrickung,* nach hM aber *kein Pfändungspfandrecht* (→ § 24 Rn. 7 ff.). **21**

4. Die Durchführung der Pfändung. Sie erfolgt durch *Inbesitznahme* durch den Gerichtsvollzieher (§ 808 Abs. 1). Geld, Kostbar- **22**

---

33 MüKoZPO/*Gruber* § 808 Rn. 7.
34 S. BLAHAG/*Weber* ZPO § 808 Rn. 6.
35 Vgl. BGH DGVZ 2004, 23 m. krit. Anm. *Paulus*; dazu auch *Deubner* JuS 2004, 484 (488).

keiten und Wertpapiere hat er wegzunehmen, weil bei diesen Sachen die Gefahr besonders groß ist, dass der Schuldner sie beiseiteschafft. Andere Sachen sind nur *ausnahmsweise wegzuschaffen* (§ 808 Abs. 2 S. 1). IdR bleiben sie also beim Schuldner (etwa gepfändete Möbel, Maschinen etc.). Die *Wirksamkeit der Pfändung* setzt dann ihre Kenntlichmachung durch Anbringung von *Siegeln* voraus (§ 808 Abs. 2 S. 2). Das Pfandsiegel muss also sichtbar sein. Wird dieser Form nicht genügt, ist die Pfändung *unwirksam.* Ist aber wirksam gepfändet worden, so bleibt diese Wirkung auch bestehen, wenn der Schuldner oder ein anderer das Pfandsiegel entfernt (Straftat nach § 136 Abs. 2 StGB).

23 *Veräußert* der Schuldner eine gepfändete Sache, so hängt der gutgläubige Erwerb des Dritten davon ab, ob die Sache *abhandengekommen ist* oder nicht. Dies ergibt sich aus den *Besitzverhältnissen.* Im Normalfall, wenn die Sache beim Schuldner bleibt, ist dieser *unmittelbarer Besitzer,* der Gerichtsvollzieher *erststufiger,* der Gläubiger *zweitstufiger mittelbarer Besitzer*[36]. Ein gutgläubiger lastenfreier Erwerb durch einen Dritten ist also möglich (§§ 936, 136, 135 BGB).

24 **5. Die Anschlusspfändung.** Dieselbe Sache kann *mehrfach* für denselben oder andere Gläubiger gepfändet werden. Dafür ist ein *vereinfachtes Verfahren* vorgesehen. Es genügt hier die in das Protokoll aufzunehmende Erklärung des Gerichtsvollziehers, dass er die Sache auch für seinen (weiteren) Auftraggeber pfände (§ 826, sog. *Anschlusspfändung).* Der Anschlusspfandgläubiger geht im Range dem Gläubiger nach, der zuerst gepfändet hatte. Es besteht aber die Möglichkeit, dass er aufrückt, etwa wenn der Schuldner an den ersten Gläubiger bezahlt.

II. Die Verwertung

25 Mit der Pfändung erlangt der Gläubiger eine *Sicherung,* aber noch nicht das, worauf sich sein Anspruch richtet: *das geschuldete Geld.* Die gepfändeten Sachen müssen also noch *verwertet* werden. Am einfachsten ist das, wenn *Geld* gepfändet worden ist: Es ist dem Gläubiger *abzuliefern* (§ 815 Abs. 1; zur Hinterlegung, wenn ein die Veräußerung hinderndes Recht glaubhaft gemacht wird, vgl. § 815 Abs. 2). Wichtig ist die Regelung des § 815 Abs. 3, wonach die Wegnahme durch den Gerichtsvollzieher *als Zahlung seitens des Schuld-*

36 Für eine Übersicht s. *Lüke* SachenR Rn. 61

ners gilt. Damit wird *nicht der Eigentumsübergang* geregelt (der Gerichtsvollzieher ist nicht Stellvertreter des Gläubigers), sondern die *Gefahrtragung* (hM). Der Gläubiger erwirbt also das Eigentum am Geld erst mit der Aushändigung, woran die hM bei Geldforderungen auch die Erfüllung (§ 362 BGB) knüpft.[37] Der Gläubiger trägt aber schon vorher die Gefahr. Der Schuldner muss nicht noch einmal zahlen, wenn der Gerichtsvollzieher das Geld verliert oder unterschlägt. Die Zahlungsfiktion des § 815 Abs. 3 soll entsprechend für freiwillige Zahlungen des Schuldners an den Gerichtsvollzieher gelten.[38]

Die Verwertung *anderer beweglicher Sachen als Geld* erfolgte bis- **26**
her im Normalfall durch *öffentliche Versteigerung,* die der Gerichtsvollzieher durchführte (§ 814). Mittlerweile gibt das Gesetz außerdem die Möglichkeit einer Versteigerung im Internet (§§ 814 Abs. 2 Nr. 2, Abs. 3, 816 Abs. 5., 817 Abs. 1 S. 2), die regelmäßig schon aufgrund des größeren potentiellen Bieterkreises einen höheren Versteigerungserlös erwarten lässt. Die Einzelheiten hierzu müssen die Landesgesetzgeber durch Rechtsverordnung regeln (§ 814 Abs. 3).[39] Eine entsprechende Versteigerungsplattform existiert unter www.justiz-auktion.de, auf der Pfandsachen aus nahezu allen Bundesländern zur Versteigerung stehen. Die Wahl zwischen diesen beiden Versteigerungsformen wird der Gerichtsvollzieher von dem vorhersehbaren Erfolg abhängig machen, und die Möglichkeit ergreifen, die die größeren Aussichten auf einen guten Erlös bietet.[40] Durch die Versteigerung wird eine *neue Rechtsbeziehung zu den Erwerbern* hergestellt, die mit der Zwangsvollstreckung als solcher nichts zu tun haben. Diese Rechtsbeziehung muss so gestaltet sein, dass die Versteigerung *nicht ihre Anziehungskraft verliert.* Wenn etwa die Sache eines Dritten gepfändet und versteigert wird und der Erwerber damit rechnen muss, dass ihm der Dritte seinen Rechtserwerb streitig machen kann, werden sich kaum Interessenten für die öffentliche Versteigerung finden lassen.

Die Versteigerung erfolgt in der Weise, dass dem *Meistbietenden* zugeschla- **27**
gen wird; jedes Gebot erlischt durch ein höheres Gebot (§ 817 Abs. 1; § 156 S. 2 BGB). Die Ablieferung erfolgt nur, wenn das Kaufgeld gezahlt worden

---

37 BGH NJW 2011, 2149; BGH NJW 2009, 1085 (1086) LG Memmingen NJW-RR 2018, 320; Zöller/*Seibel* ZPO § 754 Rn. 7; aA AG Gotha DGVZ 2020, 32 zur Verzugsbeendigung mit Zahlung an Gerichtsvollzieher.

38 BGH NJW 2009, 1085 = JuS 2009, 575 (*K. Schmidt*).

39 Zu den geltenden Verordnungen einzelner Bundesländer BLAHAG/*Weber* ZPO § 814 Rn. 4.

40 HK-Zwangsvollstreckung/*Kindl* ZPO § 814 Rn. 4.

ist oder bei Ablieferung gezahlt wird (§ 817 Abs. 2). Wenn der Gläubiger den Zuschlag erhalten hat (er kann mitsteigern), gelten die besonderen Bestimmungen des § 817 Abs. 4. Ein Zuschlag darf nur bei einem Gebot erteilt werden, das wenigstens die Hälfte des gewöhnlichen Verkaufswertes erreicht (§ 817a). Damit soll die Verschleuderung von Werten verhindert werden. Zeit und Ort der Versteigerung regelt § 816. Außerdem ist die Versteigerung öffentlich bekannt zu machen (§ 816 Abs. 3). Wie weit im Voraus die Bekanntmachung zu erfolgen hat, ist gesetzlich nicht bestimmt. Die Vorgabe von mindestens einer, höchstens zwei Wochen[41] erscheint aber eine sinnvolle Vorgabe, um den Zweck der Bekanntmachung – die hinreichende Information der Öffentlichkeit – zu erreichen. Bei einer Versteigerung im Internet ist eine Bekanntmachung nicht erforderlich (§ 816 Abs. 5). Insoweit treffen die Landesverordnungen aber entsprechende Regelungen (s. § 814 Abs. 3).

28 *Internet-Versteigerungen* mittels privater Online-Auktionsplattformen schließt das Gesetz zwar nicht aus,[42] sie entsprechen aber regelmäßig nicht den Erfordernissen der §§ 814 Abs. 2 Nr. 2, Abs. 3.[43] Das hängt vor allem damit zusammen, dass der Vertragsschluss dort durch Angebot und Annahme und nicht – wie § 817 Abs. 1 S. 3 ausdrücklich auch für Versteigerungen nach § 814 Abs. 2 Nr. 2 bestimmt – gemäß § 156 BGB durch Zuschlag zustande kommt, es sich also nicht um Versteigerungen im Rechtssinne handelt.[44] Auch gilt der Gewährleistungsausschluss des § 806 nicht zwingend.

29 Bei der *rechtlichen Würdigung des Versteigerungsvorgangs* muss man unterscheiden zwischen der *Erteilung des Zuschlags* an den Erwerber (§ 817 Abs. 1), der *Ablieferung der Sache* an den Erwerber (§ 817 Abs. 2), der *Zahlung des Erlöses durch den Erwerber* an den Gerichtsvollzieher und der *Aushändigung des Erlöses* an den Gläubiger. Ebenfalls von erheblicher Bedeutung ist die *Gefahrübertragung* auf den Vollstreckungsgläubiger.

30 Mit der *Erteilung des Zuschlags* geht das Eigentum *noch nicht* auf den Erwerber über (anders bei der Zwangsversteigerung von Grundstücken, § 90 ZVG[45]). Nach einhelliger Auffassung kommt auch kein privatrechtlicher Kaufvertrag zustande, sondern ein *öffentlich-rechtliches Rechtsverhältnis*.[46] Der Erwerber kann daraus nicht auf Erfül-

41 So OLG Frankfurt a. M. NJW-RR 2018, 699.
42 Sie kann eine „andere Verwertungsart“ iSv § 825 sein, *Meller-Hannich* DGVZ 2009, 21 (24).
43 *Remmert* NJW 2009, 2572 (2574).
44 S. dazu auch BGH NJW 2005, 53: keine Geltung von § 156 BGB bei ebay-“Ersteigerungen“; Überblick bei *Eichelberger* Jura 2013, 82 (83).
45 Vgl. hierzu *Eichelberger* Jura 2013, 82 (86).
46 *Baur/Stürner/Bruns* ZwangsVollstrR Rn. 29.6: ein kaufähnlicher öffentlich-rechtlicher Vertrag; *G. Lüke* ZZP 68, 341 ff.: der Zuschlag ist eine hoheitliche Maßnahme des Gerichtsvollziehers zugunsten des Meistbietenden.

lung klagen, er hat aber die *Erinnerung* nach § 766. Sachmängelansprüche sind ausgeschlossen (§ 806).

31 Auch die *Eigentumsübertragung* erfolgt aufgrund eines *staatlichen Hoheitsakts* und nicht nach den §§ 929ff. BGB.[47] Dies gilt allerdings nicht bei Versteigerung durch einen privaten öffentlich bestellten Auktionator, der aufgrund Anordnung der Vollstreckungsbehörde tätig wird.[48] Umstritten ist, wie der öffentlich-rechtliche Zuschlag zu deuten ist. Teilweise wird von einem öffentlich-rechtlichen Vertrag ausgegangen,[49] während die Gegenauffassung eine hoheitliche Maßnahme annimmt,[50] die eben nicht zu einer klagbaren Forderung führt, sondern nach § 766 durchgesetzt werden kann. Sie verlangt die Übertragung des unmittelbaren Besitzes durch den Gerichtsvollzieher und dessen Willen, das Eigentum zu übertragen. Da der Eigentumsübergang mit Ablieferung an den Ersteigerer und Zahlung (§ 817 Abs. 2) durch staatlichen Hoheitsakt erfolgt, ist er nur dann *wirksam, wenn die Vorschriften des Vollstreckungsrechts eingehalten sind.* Es müssen also die Pfändung wirksam, und die wesentlichen Versteigerungsvorschriften beachtet worden sein. Wenn die *Pfändung unwirksam* ist, erwirbt der Ersteher nach hM kein Eigentum. Unschädlich ist es dagegen, wenn die versteigerte Sache nicht im Eigentum des Schuldners stand oder unpfändbar (§ 811) war oder der vollstreckbare Anspruch nicht bestand.[51] Auf den *guten Glauben des Erstehers kommt es dabei nicht an,* er erwirbt unbelastetes Eigentum.[52] Er erwirbt auch *mit Rechtsgrund (aufgrund des Zuschlags),* so dass ein ehemaliger Eigentümer *keinen Rückübereignungsanspruch* aus den §§ 812ff. BGB hat. Damit ist die Versteigerung *hinreichend unangreifbar, um mögliche Interessenten nicht abzustoßen.*

32 Als weitere Frage bleibt die nach den *Eigentumsverhältnissen am Erlös.* Nach § 819 gilt dessen Empfangnahme durch den Gerichtsvollzieher als Zahlung durch den Schuldner. Damit geht die *Gefahr auf den Gläubiger über.* Das bedeutet aber *nicht,* dass damit der Gläubiger *schon Eigentümer* wird, der Gerichtsvollzieher ist auch hier

47 HM; RGZ 156, 395; *Baur/Stürner/Bruns* ZwangsVollstrR Rn. 29.7; Überblick bei *Eichelberger* Jura 2013, 82 (86).
48 BGHZ 119, 75 = JuS 1993, 76 (*K. Schmidt*).
49 *Gaul/Schilken/Becker-Eberhard* ZVR § 53 Rn. 17ff.; *Baur/Stürner/Bruns* ZwangsVollstrR Rn. 29.6.
50 S. dazu *G. Lüke/ Hau* Nr. 101; Stein/Jonas/*Würdinger* ZPO § 817 Rn. 20.
51 BGH NJW 1987, 1880.
52 AA *Marotzke* NJW 1978, 133; zu den Fällen besonderer Arglist vgl. *Jauernig/Berger* ZwangsVollstrR/InsR § 18 Rn. 19 mwN.

ebenso wenig wie bei § 815 Stellvertreter des Gläubigers.[53] Vielmehr setzen sich das Eigentum an der Sache und ebenso Verstrickung und Pfändungspfandrecht am Erlös fort (*Dingliche Surrogation*).[54] Wenn also die Sache einem *Dritten* gehört hat, gehört *diesem auch der Erlös.* Er kann noch die *Klage aus § 771* erheben.

33 Als letztes erfolgt die *Auszahlung des Erlöses* durch den Gerichtsvollzieher *an den Gläubiger.* Erst damit erwirbt dieser das *Eigentum.* Die Auszahlung ist wieder ein *staatlicher Hoheitsakt,* so dass der Gläubiger auch dann Eigentum erwirbt, wenn die Sache und damit der Erlös *im Eigentum eines Dritten* standen. Auch hier spielt der *gute Glaube keine Rolle.* Damit ist die *Zwangsvollstreckungsmaßnahme* beendet. Nunmehr greifen die materiell-rechtlichen Rechtsbehelfe wieder ein. Ein Dritter, dessen Sache verwertet wurde, kann jetzt von dem Gläubiger nach § 812 BGB Herausgabe des Erlöses und bei Verschulden des Gläubigers Schadensersatz nach den §§ 823 ff. BGB verlangen.[55]

34 In bestimmten Fällen sieht das Gesetz eine *andere Art der Verwertung als die öffentliche Versteigerung vor. Wertpapiere sind zum Tageskurs* zu verkaufen (§ 821). Praktisch besonders wichtig ist die *Verwertung* in anderer Weise (§ 825), die nach Antrag des Gläubigers oder Schuldners grundsätzlich auf Anordnung des Gerichtsvollziehers erfolgt. Eine Ausnahme gilt, wenn die Versteigerung einer gepfändeten Sache durch eine andere Person als den Gerichtsvollzieher angeordnet werden soll. Hierfür ist das Vollstreckungsgericht zuständig (§ 825 Abs. 2). Die Entscheidung kann ohne mündliche Verhandlung ergehen (§ 764 Abs. 3 iVm § 128 Abs. 4).[56] Der Antragsgegner ist über die beabsichtigte Verwertung vom Gerichtsvollzieher zu unterrichten (§ 825 Abs. 1 S. 2). Gegen die Entscheidung des Gerichtsvollziehers ist die Vollstreckungserinnerung statthaft, während der Rechtsbehelf im Fall von Abs. 2 davon abhängt, ob die Anordnung des Vollstreckungsgerichts (durch den Rechtspfleger) als Beschluss (hiergegen Beschwerde nach § 11 Abs. 1 RPflG) oder als Zwangsvollstreckungsmaßnahme (hiergegen Erinnerung nach § 766) erfolgte.

35 So kann beispielsweise ein freihändiger Verkauf durch den Gerichtsvollzieher oder eine andere Person angeordnet werden (etwa bei Kunstwerken durch einen Kunsthändler, oder bei anderen Sachen durch entsprechende Spezialge-

53 HM, *Gaul/Schilken/Becker-Eberhard* ZVR § 53 Rn. 28 ff.
54 RGZ 156, 395.
55 *G. Lüke* AcP 153, 539.
56 *Brox/Walker* ZwangsVollstrR Rn. 444.

schäfte). Wenn Privatpersonen in dieser Weise tätig werden, sind der Verkauf und die Übereignung nach den Vorschriften des materiellen Rechts (§§ 433 ff., 929 ff. BGB) zu beurteilen (→ § 22 Rn. 26).[57] Ebenfalls besteht die Möglichkeit, die gepfändete Sache dem Gläubiger selbst zu einem bestimmten Betrag zu überweisen. In der Höhe dieses Betrages gilt der Gläubiger dann als befriedigt. Das Eigentum geht auch hier kraft Hoheitsakt über.

Wenn dieselbe Sache *mehrfach gepfändet* worden ist, ist der Gerichtsvollzieher für die Verwertung zuständig, der *als erster gepfändet* hat, soweit nicht das Vollstreckungsgericht etwas anderes anordnet (§ 827 Abs. 1). Die Versteigerung erfolgt *für alle Gläubiger* (§ 827 Abs. 1 S. 2). Der Gerichtsvollzieher *verteilt* dann den Erlös *entsprechend der Rangfolge.* Wenn der Erlös nicht ausreicht und ein Gläubiger eine andere Verteilung als nach der Reihenfolge der Pfändung verlangt, kann der Gerichtsvollzieher die erforderlichen Entscheidungen nicht treffen. Er hat den Erlös zu *hinterlegen* und dem Gericht Anzeige zu machen (§ 827 Abs. 2 S. 1), damit ein *Verteilungsverfahren* stattfinden kann (§§ 872 ff., → § 29 Rn. 1–3). Bei einem möglichen Übererlös soll der Schuldner entsprechend dem Rechtsgedanken des § 818 den mit der Versteigerung mehrerer gepfändeter Gegenstände beauftragten privaten Auktionator (s. § 825) anweisen können, die Versteigerung einzustellen, sobald der Erlös zur Befriedigung der Gläubiger und zur Deckung der Kosten der Zwangsvollstreckung ausreicht.[58] **36**

§ 26. Die Zwangsvollstreckung in Forderungen

I. Grundlagen

Literatur: *Geiselmann,* Überweisung der gepfändeten Forderung – zur Einziehung oder an Zahlungs statt zum Nennwert?, JurBüro 2019, 619; *G. Lüke,* Die Rechtsprechung des Bundesgerichtshofes zur Forderungspfändung, FS BGH, Bd. III, 2000, 441; *Stöber,* Forderungspfändung, 15. Aufl. 2010; *Tiedtke,* Zur Pfändung sicherungshalber oder anfechtbar abgetretener Forderungen, ZIP 1993, 1452; *ders.,* Zwangsvollstreckung in die vom Schuldner vor der Pfändung anfechtbar abgetretene Forderung, JZ 1993, 73.

Geldforderungen können Gegenstand eines materiell-rechtlichen Pfandrechts sein (§§ 1273 ff. BGB). Die Pfändbarkeit von Forderungen ist also *keine Besonderheit des Vollstreckungsrechts. Forderungen sind Vermögensobjekte,* die der Befriedigung des Gläubigers ebenso **1**

57 *G. Lüke* NJW 1954, 254.
58 BGH NJW 2007, 1276 (1277) mAnm *Vollkommer.*

dienen können wie Sachen. Die ZPO hat andere Bezeichnungen für die beteiligten Personen als das BGB. In der Zwangsvollstreckung spricht man vom *Gläubiger, vom Schuldner und vom Drittschuldner* (im BGB vom Pfandgläubiger, Gläubiger und Schuldner, § 1281 BGB). Außerdem ergeben sich Unterschiede zur materiell-rechtlichen Verpfändung daraus, dass es sich bei der Pfändung und Verwertung um *hoheitliche Staatsakte* handelt (→ § 24 Rn. 1).

II. Die Zuständigkeit

2 *Funktionell zuständig* für die Forderungspfändung ist das *Vollstreckungsgericht* (§ 828 Abs. 1).

3 Die örtliche Zuständigkeit richtet sich nach dem allgemeinen Gerichtsstand des Schuldners (§§ 828 Abs. 2, 802). Das Gericht wird durch den Rechtspfleger tätig (§ 20 Nr. 17 RPflG).

III. Der Gegenstand der Pfändung

Literatur: *Behr,* Pfändbare Nebenforderungen und Einzelfragen bei der Kontenpfändung, JurBüro 1999, 458; *Bitter,* Kontenpfändung, in: Schimansky/Bunte/Lwowski Bankrechtshandbuch, 5. Aufl. 2017, § 33; Pfändung des Dispositionskredits? WM 2001, 889; *Fest*, Zivilprozessuale Zwangsvollstreckung in Steuererstattungsansprüche, WM 2012, 565; *Frank*, Der Verzicht auf erbrechtlichen Erwerb zum Nachteil der Gläubiger, FS Leipold, 2009, 983; *Gottgetreu,* Pfändbarkeit von Ansprüchen aus einem Bankkredit, JR 2002, 155; *Honsell,* Zur Frage, ob Ansprüche aus einem Dispositionskredit gepfändet werden können, WM 2001, 1143; *Körner*, Zwangsvollstreckung in ein Oderkonto, JuS 2008, 64; *Lwowski/Bitter,* Grenzen der Pfändbarkeit von Girokonten, WM-Festgabe für Hellner, 1994, 57; *K. Schmidt,* Die Übertragung, Pfändung und Verwertung von Einlageforderungen, ZHR 1993, 291; *Schultheiß*, Die Zwangsvollstreckung in das Kontokorrent am Beispiel des Girokontos, JuS 2014, 516; *Weidner/Walter,* Pfändbarkeit von Ansprüchen aus einem Dispositionskredit, JurBüro 2005, 177.

4 Gegenstand der Zwangsvollstreckung sind nur Forderungen, die *dem Schuldner zustehen.* Anders als bei beweglichen Sachen gibt es bei Forderungen keinen äußeren Tatbestand wie den Gewahrsam, an dem sich die Pfändung orientieren könnte. Das Gericht kann deshalb die Pfändung nicht davon abhängig machen, ob die Forderung tatsächlich besteht und ob sie gerade dem Schuldner zusteht. Es prüft nur, ob die Voraussetzungen der Zwangsvollstreckung, also Titel, Klausel und Zustellung, vorliegen und *ob der Gläubiger das Bestehen einer Forderung des Schuldners schlüssig behauptet hat.* Der Gläubiger braucht diese Forderung nur in allgemeinen Umrissen anzugeben.

Mindestens aber muss sie aufgrund seines Antrages von anderen Forderungen unterschieden werden können.[1] Vom Bestehen der Forderung braucht der Gläubiger nicht überzeugt zu sein. Er darf trotz der Wahrheitspflicht nach § 138 Abs. 1 auch Tatsachen behaupten, von denen er keine genaue Kenntnis hat, die er aber für wahrscheinlich hält (zulässige *Verdachtspfändung*). Erst willkürliche Darlegungen „ins Blaue hinein“ sind für das Vollstreckungsgericht unbeachtlich, da sie zu einer rechtsmissbräuchlichen *Ausforschungspfändung* führen können.[2] Die Pfändung einer angeblichen Forderung wegen fehlender Passivlegitimation des Drittschuldners darf das Gericht nur ablehnen, wenn die Forderung dem Schuldner gegenüber diesem Drittschuldner unter keiner vertretbaren Rechtsansicht zustehen kann.[3]

Der Bundesgerichtshof[4] hält es nach diesen Grundsätzen für zulässig, dass der Gläubiger beantragt, näher bezeichnete Ansprüche des Schuldners gegen drei an dessen Wohnort ansässige Banken zu pfänden. Es sei zwar unwahrscheinlich, dass einem nicht gewerblich tätigen Schuldner all diese Ansprüche zustünden. Solange deren Nichtbestehen aber nicht offenkundig sei, stehe der Pfändung nichts entgegen. Mit drei Geldinstituten sei freilich eine Obergrenze erreicht. Das Gericht entspricht damit dem praktischen Bedürfnis nach Effizienz der Vollstreckung.[5] In einem kleineren Wohnort des Schuldners mit nur drei ansässigen Instituten besteht dann aber praktisch kein Unterschied mehr zu einer Ausforschungspfändung. 5

Fehlt eine der genannten Voraussetzungen, kann nicht gepfändet werden. Andernfalls erfolgt die Pfändung, *ohne dass das Gericht nachprüft, ob die Behauptungen des Gläubigers über die Forderung zutreffen.* Es wird also immer nur *die angebliche Forderung des Schuldners* gepfändet.[6] Stellt sich später heraus, dass die Forderung nicht besteht oder einem anderen als dem Schuldner zusteht, so ist *die Pfändung wirkungslos.*[7] Der Dritte kann aber den entstandenen Rechtsschein zerstören, indem er sich mit der Klage aus § 771 gegen die Pfändung wehrt, (→ § 22 Rn. 1 ff.). Gehen Pfändung und Überweisung ins Leere, weil die Forderung bereits abgetreten ist, so kann eine spätere Anfechtung der Abtretung die Vollstreckungshandlung 6

1 BGH NJW-RR 2005, 1362.
2 BGH NJW 2004, 2096 (2097); dazu *Hess* NJW 2004, 2350.
3 BGH JA 2008, 647 (*Wolf*).
4 BGH NJW 2004, 2096.
5 Zustimmend *Hess* NJW 2004, 2350.
6 Vgl. *OLG Köln* OLGZ 94, 477.
7 BGH Rpfleger 2014, 92 Rn. 12; Schuschke/Walker//Kessen/Thole/*Schuschke/Plücker* ZPO § 829 Rn. 34.

nicht nachträglich wirksam machen.[8] In dem umgekehrten Fall, in dem der Gläubiger trotz Abtretung seiner Forderung noch einen Pfändungs- und Überweisungsbeschluss gegen den Drittschuldner erwirkt, tritt zunächst lediglich Verstrickung ein; eine anschließende Abtretung der Rechte aus dem Pfändungs- und Überweisungsbeschluss an den wahren Gläubiger soll dann aber das Pfändungspfandrecht entstehen lassen.[9]

7 Eine Forderung kann grundsätzlich nur dann gepfändet werden, wenn sie *übertragbar* ist (§ 851 Abs. 1, also nicht ohne Weiteres Ansprüche der Gesellschafter untereinander, § 717 S. 1 BGB). § 851 Abs. 2 erweitert aber die Pfändbarkeit, weil sonst Schuldner und Drittschuldner durch eine materiellrechtliche Vereinbarung eine Forderung der Zwangsvollstreckung entziehen könnten. Inwieweit eine Forderung mit *Zweckbindung* (Bsp. Kaufpreiszahlung auf debitorisches Konto des Verkäufers) gepfändet werden kann ist str., aber von der Rechtsprechung allgemein anerkannt.[10] Die Zweckbindung muss sich dabei nicht zwingend aus dem Gesetz ergeben. Vielmehr genügen auch bloße Verwaltungsvorschriften.[11]

8 In Bezug auf immaterielle Schäden ist zu differenzieren. Eine generelle Unpfändbarkeit besteht nicht. Insbesondere kann die Entscheidung des BGH[12] zum kirchlichen Missbrauchsskandal hierfür nicht generalisiert werden. Diese Ausgleichszahlungen beruhten auf einer freiwilligen Leistung, die keine materiell-rechtlichen Grundlage hatte und deshalb nicht mit bestehenden gesetzlichen Ansprüchen zu vergleichen ist. Das hat der BGH für den Entschädigungsanspruch in § 15 Abs. 2 AGG wegen Verstoßes gegen das Benachteiligungsverbot klargestellt.[13]

9 Nicht selbstständig pfändbar sind sämtliche *Nebenrechte* einer Forderung. Auf sie erstreckt sich die Beschlagnahme des Hauptrechts, so wie sie nach §§ 412, 401 BGB bei einer Abtretung auf den neuen Gläubiger übergehen würden.[14]

10 Eine *bedingte oder betagte Forderung* kann gepfändet werden (arg. § 844). Pfändbar sind ebenso *künftige* Forderungen, wenn sie individualisierbar sind.[15] Das Pfändungspfandrecht wird bei der Pfändung künftiger Forderun-

---

8 Str., BGHZ 100, 36; vgl. zu dieser Problematik auch BAG NJW 1993, 2701; NJW 1993, 2699; *Tiedtke* JZ 1993, 73 sowie *ders.* ZIP 1993, 1452.

9 OLG Koblenz WM 2010, 476.

10 BGH NJW-RR 2005, 720 f.; aktuell stellt sich diese Frage auch bei den sog. Corona-Soforthilfen, die Unpfändbarkeit wegen Zweckbindung bejahend: BFH NJW 2020, 2749 (mAnm *Ahrens*); LG Köln NZI 2020, 494; ausf. *Ahrens* NJW-Spezial 2020, 341 f.

11 So bereits BGH MDR 1970, 210; BGH NJW-RR 2005, 720 (721).

12 BGH NJW-RR 2014, 1009.

13 BGH NJW-RR 2020, 995 (996 f.) Rn. 13 ff.

14 BGH NJW-RR 2003, 1555, am Beispiel von Ansprüchen auf Auskunft und Rechnungslegung aus einem Girovertrag.

15 BGHZ 53, 32; praktisch bedeutsam bei laufenden Unterhaltsansprüchen, dazu BGH NJW 2004, 370; vgl. auch BFH ZIP 2005, 1182.

gen aber erst mit deren späterer Entstehung begründet.[16] Für den pfändenden Gläubiger ist dabei nicht ersichtlich, ob es neben ihm weitere Gläubiger gibt. Auch hier gilt aber das Prioritätsprinzip. Für den Rang ist nicht maßgeblich, wann das Pfändungspfandrecht entsteht, sondern gemäß § 804 Abs. 3, wann es *begründet* wird. Im Einzelfall kann es sich also lohnen, frühzeitig eine künftige Forderung zu pfänden.[17] Entsteht diese nicht, so trägt der Gläubiger das Risiko, dass ihm die Kosten für den Vollstreckungsversuch nicht erstattet werden.

Die Pfändbarkeit von Ansprüchen aus einem vereinbarten *Dispositionskredit* wird von *BGH* NJW 2001, 1937 grundsätzlich bejaht.[18] Erfolg hat sie aber nur, wenn und soweit der Schuldner den ihm zur Verfügung stehenden Kreditbetrag abruft.[19] 11

Der Gläubiger kann auch eine gegen sich selbst gerichtete Forderung des Schuldners pfänden lassen (Selbstpfändung). Er kann dadurch etwa die Wirkungen eines Aufrechnungsverbot überwinden (zB § 393 BGB), da der vollstreckende Gläubiger mit der Überweisung zur Einziehung die Möglichkeit zur Verrechnung erlangt.[20] 12

IV. Der Schuldnerschutz

Literatur: *Ahrens,* Wandlungen bei § 850i ZPO, NJW-Spezial 2020, 85; *Becker,* Pfändungsschutz bei Arbeitseinkommen und anderen Forderungen – Wegweisende Beschlüsse des BGH, JuS 2004, 780; *Denck,* Einwendungen des Arbeitgebers gegen die titulierte Forderung bei Lohnpfändung, ZZP 92, 71; *Paulus,* Umfang der Beschlagnahme bei der Vorpfändung und Pfändung von Geldforderungen, DGVZ 1993, 129.

Bei der Forderungspfändung spielt der Schuldnerschutz eine große Rolle. Die wichtigsten Forderungen, die bei Privatleuten als Vollstreckungsobjekte in Betracht kommen, sind Arbeitslohnansprüche.[21] Darauf sind die meisten Schuldner angewiesen, um leben zu können, vor allem, wenn kein anderes Vermögen vorhanden ist. Dem Schuldner darf *nicht der gesamte Anspruch auf Arbeitslohn weggepfändet werden.* Sonst würde er der Allgemeinheit zur Last fallen und außerdem kaum ein Interesse haben, weiter zu arbeiten. Eine unbegrenzte Pfändbarkeit läge also noch nicht einmal im Interesse des Gläubigers. 13

16 BGHZ 157, 350 (354); zur Pfändung von Ansprüchen aus einem Kontokorrent BGHZ 80, 172; dazu *Baur/Stürner/Bruns* ZwangsVollstrR Rn. 30.8; zur Pfändung von Ansprüchen aus einem Girovertrag BGHZ 84, 325 u. 371; Beispielsfall s. *Lippross/Bittmann* ZwangsVollstrR Rn. 406.
17 Stein/Jonas/*Würdinger* ZPO § 829 Rn. 4 f.
18 Krit. dazu *Honsell* WM 2001, 1143.
19 Vgl. BGHZ 157, 350 (355); BGH ZIP 2004, 669.
20 Hierzu BGH NJW 2011, 2649 = JuS 2011, 1032 (*K. Schmidt*).
21 Aber auch Ansprüche auf Altersrenten etc., s. §§ 851c und d; dazu *Stöber* NJW 2007, 1242 und *Tavakoli* NJW 2008, 3259.

14 Die Durchführung des Schuldnerschutzes bietet *im Einzelnen viele Schwierigkeiten.* Notwendig ist eine flexible Lösung. Man kann nicht ein für allemal einen festen Betrag bestimmen, der unpfändbar ist (Ausnahme § 850c Abs. 2 S. 2). Es müssen vielmehr die *Unterhaltsberechtigten des Schuldners,* die *Höhe seines Einkommens* und die *Rechtsnatur der zu vollstreckenden Forderung* berücksichtigt werden.

15 *Unpfändbar* sind zB bestimmte Arten von Bezügen, wie sie etwa in § 850a aufgeführt sind. Hierzu gehören Stipendien (Nr. 6) und die Hälfte des für Überstunden gezahlten Entgelts (Nr. 1). Unter Erschwerniszulagen (Nr. 3) fallen nach mittlerweile bereits gefestigter Rechtsprechung Zulagen für besondere Arbeitszeiten wie Nacht- Sonn- und Feiertagszuschläge.[22] Für die Bestimmung des Üblichen, das die Vorschrift als Grenze hierfür vorgibt, knüpft die Rechtsprechung an das Steuerrecht an, indem sie die Üblichkeit vermutet, soweit die Zulage steuerfrei ist.[23] *Bedingt pfändbar* sind die in § 850b genannten Bezüge[24] wie etwa Unterhaltsrenten einschließlich Taschengeld.[25] Sie können nur unter bestimmten Voraussetzungen gepfändet werden (§ 850b Abs. 2).

16 *Arbeitseinkommen* iSd § 850, dh *wiederkehrend zahlbares Entgelt für unselbständige Arbeit,*[26] ist nur pfändbar unter Berücksichtigung der sog. *Pfändungsfreigrenzen* (§§ 850 a–i).

17 Seine Berechnung regelt § 850e; auszugehen ist vom Nettoeinkommen (§ 850e Nr. 1). Die Freigrenzen ergeben sich für den Regelfall aus § 850c.[27] Danach sind unpfändbar EUR 1.178,59 bei monatlichem, EUR 271,24 bei wöchentlichem und EUR 54,25 bei täglichem Einkommen. Zum 1.7. eines jeden zweiten Jahres, das nächste Mal zum 1.7.2021, ändern sich diese Beträge entsprechend der Entwicklung des Grundfreibetrages nach § 32a Abs. 1 Nr. 1 EStG (§ 850c Abs. 2a).[28] Auf diese Weise soll eine Anpassung an die Lohnentwicklung gewährleistet werden. Die Freibeträge erhöhen sich, wenn der Schuldner unterhaltsverpflichtet ist, je nach der Anzahl der Unterhaltsberechtigten.

18 *Die Beschränkungen des § 850c entfallen, wenn wegen Unterhaltsansprüchen vollstreckt wird* (§ 850d Abs. 1 S. 1). Auch hier ist aber dem Schuldner so viel zu belassen, als er für seinen notwendigen Unterhalt und zur Befriedigung der dem Vollstreckungsgläubiger vorgehenden Berechtigten oder zur

22 Musielak/Voit/*Flockenhaus* ZPO § 850a Rn. 5a; HK-Zwangsvollstreckung/*Meller-Hannich* ZPO § 850a Rn. 21.

23 Zusammenfassend BGH NJW 2018, 3461 (3462); dem vorausgehend BGH NJW 2016, 2812 (zu Nachtarbeit) sowie BAG NJW 2017, 3675 (Sonn- und Feiertagszuschläge); zur Steuerfreiheit s. § 3b EStG.

24 Krit. zu § 850b Abs. 1 Nr. 2: *Foerste* NJW 2006, 2945.

25 Dazu BGH NJW 2000, 149.

26 Dazu gehören auch Sozialplanabfindungen, BAG NZA 1992, 384.

27 Jeweils iVm der aktuellen Pfändungsfreigrenzenbekanntmachung, aktuell vom 4.4. 2019, BGBl 2019 I 443.

28 Zur Berechnung BGH NJW 2006, 777.

gleichmäßigen Befriedigung der ihm gleichstehenden Berechtigten bedarf (§ 850d Abs. 1 S. 2).

Ohne Rücksicht auf die Beschränkungen des § 850c kann das pfändbare Arbeitseinkommen auch dann bestimmt werden, wenn wegen einer Forderung aus einer *vorsätzlich begangenen unerlaubten Handlung* vollstreckt wird (§ 850f Abs. 2).[29] Umstritten ist dabei, auf welche Weise der Gläubiger gegenüber dem Vollstreckungsgericht den Nachweis eines vorsätzlichen Delikts des Schuldners führen darf. Nach Ansicht des Bundesgerichtshofs[30] ist wegen der Aufgabenverteilung zwischen Prozessgericht und Vollstreckungsgericht allein der Titelinhalt maßgeblich. Das Vollstreckungsgericht sei auf dessen Prüfung und ggf. Auslegung beschränkt. Durch einen *Vollstreckungsbescheid* könne der Nachweis nicht geführt werden, selbst dann nicht, wenn dieser ausdrücklich eine Forderung aus einer vorsätzlich begangenen unerlaubten Handlung nenne und diese damit in Rechtskraft erwachse.[31] Eine materiell-rechtliche Befassung des Prozessgerichts sei stets erforderlich.[32] Demgegenüber genüge zum Nachweis einer vorsätzlich begangenen unerlaubten Handlung ein entsprechender Auszug aus der Insolvenztabelle, sofern sich hieraus kein Widerspruch des Schuldners ergibt (vgl. §§ 178 I 2, II 2, 201 II InsO).[33] Die unterschiedliche Behandlung rechtfertige sich durch verschiedene Zwecke, da das Mahnverfahren und dem folgend der Vollstreckungsbescheid nur der Titulierung eines Zahlungsanspruchs diene, während der Auszug aus der Insolvenztabelle auch den Rechtsgrund erfasse.[34] 19

Das Gericht kann gem. § 850f I lit. b auf Antrag den unpfändbaren Betrag erhöhen, wenn der Schuldner ein besonderes Bedürfnis aus persönlichen oder beruflichen Gründen hat. Besondere Bedürfnisse aus persönlichen Gründen sind typischerweise gesundheitlich bedingte Mehraufwendungen. Die Entstehung einer Steuerschuld außerhalb der laufenden Lohnsteuer, die der Schuldner begleichen möchte, ist hingegen regelmäßig kein ausreichender Grund für die Anwendung des § 850f lit. b.[35] 20

Wenn der Schuldner *nicht wiederkehrende Bezüge erhält,* sondern eine *einmalige Vergütung* für persönlich geleistete Arbeiten oder Dienste (Ärzte, Rechtsanwälte, Architekten), sieht das Gesetz *keine festen Pfändungsgrenzen* vor. Hier hat das Gericht auf Antrag des Schuldners diesem so viel zu belassen, als ihm bei laufendem Arbeits- oder Dienstlohn verbleiben würde (§ 850i Abs. 1 S. 1). Bei der Entscheidung sind die wirtschaftlichen Verhältnisse des Schuldners frei zu würdigen (§ 850i Abs. 1 S. 2). Stehen dem Antrag überwie- 21

---

29 Zum genauen Umfang BGH NJW-RR 2011, 791; zu belassen sind notwendige Unterhaltsmittel, jedenfalls die Regelsätze nach § 28 SGB XII, BGH NJW-RR 2011, 706.
30 NJW 2003, 515; dazu *Behr* Rpfleger 2003, 389.
31 S. dazu *Lüke* ZivilProzR I § 48 Rn. 3.
32 BGH NJW 2005, 1663; dazu *Deubner* JuS 2005, 797 (800); bestätigt durch BGH NJW 2019, 3237 (3238) Rn. 8, 10.
33 BGH NJW 2019, 3237 (3238) Rn. 9, 11 ff.; bestätigt durch BGH BeckRS 2020, 5128.
34 Vgl. BGH NJW 2019, 3237 (3238) Rn. 10, 14 und 17.
35 BGH NJW-RR 2019, 1383 (1384).

gende Interessen des Gläubigers entgegen, ist der Antrag abzulehnen (§ 850i Abs. 1 S. 3). Auf die Zwangsverwaltung findet § 850i keine Anwendung.[36]

22 Das System dieses Pfändungsschutzes wurde durch das Gesetz zur Reform des Kontopfändungsschutzes[37] sowie durch viele Einzelfallentscheidungen modifiziert.[38] Zusammengefasst werden die sonstigen Einkünfte iSd § 850i Abs. 1 S. 1 Alt. 2 ZPO von der Rechtsprechung sehr weit ausgelegt, um einen Gleichlauf beim Pfändungsschutz von Selbstständigen und Arbeitnehmern herzustellen.[39]

23 Die *Pfändungsfreigrenzen* sind *von Amts wegen* zu beachten (Ausnahme § 850i); sie dienen *auch dem öffentlichen Interesse.* Eine über die Freigrenzen hinausgehende Pfändung hat das Vollstreckungsgericht abzulehnen. Werden die Unpfändbarkeitsvorschriften verletzt, ist der Pfändungsbeschluss *nicht nichtig,* aber mit der *Erinnerung nach § 766 anfechtbar.* Ein Verzicht auf die Geltendmachung der Unpfändbarkeit ist *nicht möglich.* Auch der Drittschuldner kann die Unpfändbarkeit geltend machen, nach hM nur mit der Erinnerung, nicht aber in dem Prozess mit dem Gläubiger.[40]

24 Der Pfändungsschutz für Kontoguthaben kann gemäß § 850k über ein Pfändungsschutzkonto (sog. P-Konto) gewährt werden.[41] Die Regelungen über die Wirkung der P-Kontos werden durch das PKoFoG neu strukturiert und zu einzelnen Punkten weit überwiegend mit Wirkung zum 1.12.2021 geändert. Darauf ist dem Kontoinhaber der jeweilige Pfändungsfreibetrag verfügbar (§§ 850k Abs. 1 S. 1, 850c Abs. 1 S. 1, Abs. 2a; § 899 Abs. 1 S. 1 nF). Das kann zu Problemen in der praktischen Umsetzung führen.[42] Eine Pfändung erfasst also nicht das gesamte Kontoguthaben (§ 850k Abs. 1 S. 1 aE). Hintergrund der Regelung ist der heute weithin übliche bargeldlose Zahlungsverkehr und der damit einhergehende Bedarf an einem Girokonto.[43] Kunden haben gegenüber ihrer Bank Anspruch auf Führung ihres Girokontos als Pfändungsschutzkonto (§ 850k Abs. 7 S. 2).

25 Dieser Anspruch begünstigte den Verbraucher zunächst nicht, wie erhofft. Das lag an den höheren Entgelten, die anfänglich von den Banken hierfür ver-

36 BGH NZM 2020, 65.
37 Gesetz vom 7.7.2009, BGBl. 2009 I 1707.
38 Vgl. *Ahrens* NJW-Spezial 2020, 85.
39 *Ahrens* NJW-Spezial 2020, 85 f. mwN
40 Vgl. *Jauernig/Berger* ZwangsVollstrR/InsR § 32 Rn. 47.
41 Dazu *Ahrens* NJW 2010, 2001.
42 Vgl. BGH NJW 2018, 555 (556 f.) Rn. 9 ff. zu unbezifferten pfandfreien Beträgen (monatlich Betrag X zuzüglich Quote des diesen Betrag übersteigenden monatlichen Guthabens).
43 *Graf-Schlicker/Linder* ZIP 2009, 989.

langt wurden. Diese Vorgehensweise wurde vom BGH zwischenzeitlich untersagt. Zugleich wurde den Banken aber die Möglichkeit bestätigt, P-Konten-Verträge jederzeit zu kündigen.[44] Dieses Problemfeld des P-Kontos hat sich in der Hinsicht erledigt, als dass seit Juni 2016 grundsätzlich jedermann gemäß § 31 Abs. 1 ZKG einen Anspruch auf ein Basiskonto hat, das auf Antrag auch als P-Konto geführt werden kann (§ 33 Abs. 1 S. 3 ZKG).

Der Pfändungsschutz gilt unabhängig von der Art der Zahlungseingänge.[45] Jede Person darf nur ein Pfändungsschutzkonto führen (§ 850 k Abs. 8 S. 1). Nach den neuen Bestimmungen des PKoFoG regelt § 850k nur noch die Errichtung des P-Kontos, während § 850l die Besonderheiten bei Gemeinschaftskonten betrifft. Gegenüber dem noch geltenden Recht werden die Ansparmöglichkeiten durch Verlängerung des Ansparzeitraums von einem Monat (§ 850k Abs. 1 S. 3) auf bis zu drei Monate (§ 899 Abs. 2 nF) erweitert. Der neue Abschnitt regelt Fragen wie ein Aufrechnungsverbot für Konten mit negativem Saldo (§ 901 nF) oder die Erhöhung des ohne Weiteres gesicherten Grundfreibetrages (§ 902 nF). 26

V. Die Pfändung verschleierten Arbeitseinkommens

Es kommt immer wieder vor, dass Schuldner versuchen, sich der Pfändung ihrer Lohnansprüche zu entziehen. Ein Weg sind die sog. *Lohnschiebungsverträge.* Die Pfändung des sog. *verschleierten Arbeitseinkommens* regelt § 850h.[46] 27

Der Schuldner vereinbart mit seinem Arbeitgeber, dass der pfändbare Teil des Arbeitslohnes nicht an ihn, sondern einem Dritten (meistens an Ehegatten oder Lebenspartner) gezahlt werden soll (§§ 328 ff. BGB). Nach § 850h Abs. 1 kann dieser dem Dritten zustehende Anspruch aufgrund des Titels gegen den Schuldner gepfändet werden, als stünde er diesem zu. Die Pfändung des Vergütungsanspruchs des Schuldners umfasst ohne Weiteres den Vergütungsanspruch des Drittberechtigten (§ 850h Abs. 1). Wenn die Vereinbarung nicht mit dem Arbeitgeber getroffen worden, sondern die Abtretung unmittelbar an den Drittberechtigten erfolgt ist, kann § 850h Abs. 1 nicht angewendet werden. Der Gläubiger muss dann nach dem Anfechtungsgesetz (AnfG) vorgehen. 28

Eine andere häufige Form der Vereinbarung ist, dass der Schuldner Dienste ohne oder gegen unverhältnismäßig geringe Vergütung leistet (der Ehemann führt das Geschäft der Ehefrau gegen Kost und Logis). In diesem Fall fingiert 29

44 Ausf. *Bitter* ZIP 2015, 1807 mwN.
45 *Bitter* ZIP 2011, 149 (152); BGH NJW 2018, 555 (556) Rn. 18.
46 Dazu BAG NJW 2008, 2606.

§ 850h Abs. 2 eine angemessene Arbeitslohnforderung, die der Gläubiger pfänden kann.

VI. Pfändung und Verstrickung

Fall 1: Gläubigerin G ist eine Rechtsanwaltsgesellschaft. Schuldnerin S war Mandantin der G und hat das Anwaltshonorar nicht bezahlt. G hat einen Vollstreckungsbescheid über die Honorarforderung erwirkt. Diese Forderung will die G nun durchsetzen.

Fall 2: Die minderjährige Gläubigerin hat Unterhaltsansprüche gegen ihren Vater S, der in einer neuen Beziehung lebt und ein weiteres Kind hat. S ist mit den Unterhaltsleistungen bereits einige Zeit im Rückstand.

30 Auch bei der Vollstreckung in Forderungen sind wieder *zwei Akte zu unterscheiden, die Pfändung und die Verwertung.* Die Pfändung führt zur *Beschlagnahme der Forderung,* der Gläubiger erlangt ein *Pfändungspfandrecht.* Sein Geld bekommt er aber erst durch die Verwertung. Diese vollzieht sich hier auf andere Weise als bei beweglichen Sachen: Die gepfändeten Sachen werden zu Geld gemacht, *die gepfändete Forderung muss eingetrieben werden.*

31 Die Pfändung erfolgt auch hier nur auf Antrag an das Vollstreckungsgericht. Hierfür *muss* der Gläubiger bei Geldforderungen (nicht bei Pfändungen nach § 857) ein vorgegebenes Formular (s. Anhang) verwenden, das das Bundesministerium der Justiz und für Verbraucherschutz gem. § 829 Abs. 4 im Rahmen der Zwangsvollstreckungsformular-Verordnung (ZVFV) vom 23.8.2012 verordnet hat.[47] Es sieht etwa vor, dass die Person des Drittschuldners und die Forderung genau bezeichnet werden (S. 3 f.). Für die Forderungspfändung wegen eines gesetzlichen Unterhaltsanspruchs nach § 850d sieht die Verordnung ein besonderes Formular vor. Der ausgefüllte und unterschriebene Antrag nebst Anlagen kann entweder als papiergebundenes Dokument oder elektronisch (§ 4 ZVFV) eingereicht werden.[48]

32 Bei Fall 1 wird G zunächst einen Vollstreckungsauftrag an den Gerichtsvollzieher erteilen. Gemeint ist damit ein Antrag (→ § 3 Rn. 4). Das dazugehörige Formular (s. Anhang 1) verlangt im Teil A die Angaben zum genau bezeichneten Gläubiger und Schuldner. Bei C ist der der Vollstreckung zugrundeliegende Titel zu benennen. Hier handelt es sich um einen Vollstre-

---

47 BGBl. 2012 I 1822; ausf. BeckOK ZPO/*Riedel* ZPO § 829 Rn. 18 ff.

48 G. v. 10.10.2013 (BGBl. 2013 I 3786) iVm § 1 ERVV v. 24.11.2017 (BGBl. 2017 I 3803).

ckungsbescheid (§§ 699 f.).[49] Ferner fügt G eine Forderungsaufstellung bei. Das erledigt bei G eine spezielle Software, die im anwaltlichen, aber auch allgemeinen, Geschäftsbereich üblich ist. Ohne diese muss die Anlage 1 des Musters ausgefüllt werden. Bei E und F hat G bereits klargestellt, weder eine gütliche Erledigung noch eine Zahlungsvereinbarung, also Ratenzahlung, zu wünschen. Das vermeidet Verzögerungen. Bei G1 entscheidet sich G für eine vorlaufende Vermögensauskunft, um sich einen Überblick über das Vermögen der S zu verschaffen. Dadurch vermeidet G, kostenintensive Vollstreckungsversuche zu unternehmen, deren Kosten sie unter Umständen nicht ersetzt bekommt (→ § 26 Rn. 10). G4 betrifft den Fall einer bereits vorhandenen Vermögensauskunft. Zu einer erneuten Vermögensauskunft ist der Schuldner nur unter den Voraussetzungen des § 802d verpflichtet. Da G vermutet, S habe keine wertvollen Gegenstände (Teil K), beantragt sie im Teil M die Einholung von Auskünften Dritter. Derartige Drittschuldner sind insbesondere Arbeitgeber wegen des pfändbaren Lohnanteils (→ § 26 Rn. 13 ff.).

G wird nach entsprechender Auskunft einen Pfändungs- Überweisungsbeschluss beantragen (s. Anhang 2). Dabei sind auf den ersten drei Seiten genaue Angaben zu den Beteiligten und der Forderungshöhe zu machen. Auf S. 4 ist anzugeben, welche Forderungen gepfändet werden sollen. Anschließend können verschiedene Anordnungen ausgewählt werden. Vorliegend entscheidet sich G vor allem dazu, dass S die Lohn- und Gehaltsabrechnungen der *letzten drei Monate vor Zustellung* des Pfändungs- und Überweisungsbeschlusses herauszugeben hat (S. 8). Wichtig ist die Auswahl, ob die Überweisung zur Einziehung oder an Zahlungs statt erfolgen soll (→ § 26 Rn. 43 f.). 33

Bei Fall 2 ist die Gläubigerin im Zeitpunkt der Antragsstellung minderjährig. Sie wird deshalb von ihrer Mutter gesetzlich vertreten (Anhang 3, S. 2). Die beauftragte Rechtsanwaltskanzlei gibt ihr eigenes Konto an, um den Zahlungseingang selbst überwachen zu können und unabhängig von der Mandantin zu sein. Ansonsten könnte hier eine Quelle für Fehler liegen, zB eine fehlerhaft bezifferte Restforderung oder nur verzögert mitgeteilte Informationen. S wird so genau wie möglich bezeichnet, was aufgrund der familiären Beziehung erleichtert wird. Vor allem bei häufigen Namen empfiehlt sich die Angabe aller verfügbaren Daten wie hier dem Geburtsdatum. S. 3 betrifft sodann den Vollstreckungstitel und die Forderungshöhe. Dabei ist der Zeitraum für den Rückstand anzugeben. Das hat seinen Grund in dem vorliegenden Titel, wie sich aus S. 4 ergibt. Es handelt sich um einen sogenannten dynamischen Unterhaltstitel. Der Kindesunterhalt bestimmt sich nach der Düsseldorfer Tabelle. Diese stuft den Unterhalt nach Alter und Anzahl der Unterhaltsberechtigten. Die Dynamik hat den Vorteil, sich anzupassen, wenn das Kind älter wird. Ansonsten müsste bei jeder Altersstufe ein neuer Titel erwirkt werden. Das Kindergeld ist hier allerdings zu berücksichtigen (S. 4 unten).[50] Auf S. 8 sind ferner Angaben zu weiteren unterhaltsberechtigten Kindern des Schuldners erforderlich. Auch in diesem Formular kann G verschiedene Anordnun- 34

49 Dazu s. *Lüke* ZivilProzR I § 48.
50 OLG Dresden NJW-RR 2011, 1305.

gen auswählen oder – wie hier die Herausgabe laufender Kontoauszüge – eine eigene hinzufügen (S. 9). Im Übrigen ähnelt dieses Formular demjenigen für gewöhnliche Geldforderungen (Anhang 2).

35 Das zwingende Erfordernis, vorgegebene Formulare zu verwenden, führt zu einer Reihe von Folgefragen: Auf andere Weise gestellte Anträge sind nicht formgültig gestellt und daher als unzulässig abzuweisen.[51]. Zuvor ist der Antragsteller allerdings erfolglos zur Nachbesserung aufzufordern.[52] Grundsätzlich gilt, dass das Formular nicht verändert werden darf. Allerdings ist dieser Grundsatz durch den verfolgten Regelungszweck begrenzt. Der besteht vor allem in einer Entlastung der Gerichte bei Bearbeitung der Anträge. Da es nicht gelungen ist, ein fehlerfreies Formular zu entwickeln, können Streichungen und Änderungen vorgenommen werden, wenn das Formular unzutreffend, fehlerhaft oder missverständlich ist. Soweit das Formular keine Möglichkeit zu einer zweckgerechten Eintragung, bietet können Freifelder verwendet und Anlagen beigefügt werden.[53] Das gebietet schon die Garantie effektiven Rechtsschutzes als Bestandteil des Rechtsstaatsgebots.[54]

36 Das Gericht entscheidet dann nicht nur ohne mündliche Verhandlung, sondern sogar ohne vorherige Anhörung des Schuldners (§ 834). Dies ist in vielen Fällen erforderlich, um den Schuldner zu hindern, die Forderung vor der Pfändung noch einzuziehen. Das Recht auf rechtliches Gehör wird dadurch nicht verletzt, weil der Schuldner die Erinnerung einlegen und damit die Überprüfung des Pfändungsbeschlusses erreichen kann, eine vorherige Anhörung aber den Vollstreckungserfolg in Frage stellen würde.[55]

37 Wenn das Gericht durch den Rechtspfleger den Antrag *zurückweist,* hat der Gläubiger gegen diese Entscheidung *die sofortige Beschwerde* (§ 793, § 11 Abs. 1 RPflG).

38 Wird dem Antrag stattgegeben, so erlässt das Gericht den *Pfändungsbeschluss,* in dem die gepfändete Forderung aus Gründen der Rechts- und Verkehrssicherheit möglichst bestimmt zu bezeichnen

51 *Vollkommer* NJW 2012, 3681 (3683).

52 S. schon zur parallelen Problematik bei der Prozesskostenhilfe BVerfG NJW 2000, 275 (zur alten PKHVV, seit 2014 ersetzt durch die PKHFV).

53 BGH NJW 2019, 441 Rn. 11; 2016, 2668 Rn. 12; 2016, 81 Rn. 12; BGHZ 200, 145 = NJW 2014, 3160 Rn. 36 = LMK 2014, 357260 mAnm *Stamm* = JZ 2014, 958 mAnm *Becker-Eberhard.*

54 BGH NJW 2014, 3160.

55 BVerfGE 9, 89 (98); BVerfGE 7, 95 (99); Maunz/Dürig/*Remmert* GG Art. 103 Abs. 1 Rn. 21 zur grds Erforderlichkeit; Rn. 28 zur Ausnahme von der Vorherigkeit des rechtlichen Gehörs jeweils mwN.

ist.[56] Dagegen kann der Schuldner mit der *Erinnerung* nach § 766 vorgehen. Der Pfändungsbeschluss hat den *Ausspruch der Pfändung zum Inhalt,* außerdem enthält er *zwei Anordnungen des Gerichts* (§ 829 Abs. 1): das Verbot an den Drittschuldner, an den Schuldner zu zahlen, das sog. *arrestatorium,* und außerdem das Gebot an den Schuldner, sich jeder Verfügung über die Forderung zu enthalten, insbesondere sie nicht einzuziehen, das sog. *inhibitorium.* Sollen mehrere Geldforderungen gegen verschiedene Drittschuldner gepfändet werden, so kann das auf Antrag des Gläubigers in einem einheitlichen Beschluss erfolgen, sofern den schutzwürdigen Interessen der Drittschuldner nicht entgegenstehen (vgl. § 829 Abs. 1 S. 3). Der Beschluss wird dem bzw. den Drittschuldnern und dem Schuldner *zugestellt* (§ 829 Abs. 2). Die Pfändung wird erst *wirksam* mit der Zustellung des Beschlusses an den bzw. die *Drittschuldner* (§ 829 Abs. 3). Daraus wird gefolgert, dass das Fehlen des sog. arrestatoriums zur Unwirksamkeit des Pfändungsbeschlusses führt, nicht aber das Fehlen des inhibitoriums.

Ist die Drittschuldnerin eine Gesamthandsgemeinschaft (zB Erbengemeinschaft oder [Innen-]Gesellschaft bürgerlichen Rechts), so muss der Pfändungsbeschluss jedem Gesamthandschuldner zugestellt werden. Erst mit der letzten Zustellung wird die Pfändung wirksam.[57] Bei einer rechts- und prozessfähigen (Außen-)Gesellschaft bürgerlichen Rechts[58] genügt die Zustellung des Pfändungsbeschlusses an die Gesellschaft selbst.[59] 39

Eine *Ersatzzustellung* der für den Drittschuldner bestimmten Ausfertigung des Pfändungsbeschlusses an den in den Geschäftsräumen des Drittschuldners beschäftigen Schuldner (§ 178 Abs. 1 Nr. 2) ist wegen der möglichen Interessenkollision zwischen Schuldner und Drittschuldner nach § 178 Abs. 2 unwirksam.[60] 40

Die *Wirkung* des Pfändungsbeschlusses ist die *Verstrickung.* Außerdem entsteht ein *Pfändungspfandrecht* (→ § 24 Rn. 6). Der Schuldner kann nach der Pfändung nicht mehr mit Wirkung gegen den Gläubiger verfügen (§§ 135, 136 BGB). Im Übrigen ist der Schuldner dem Gläubiger gegenüber verpflichtet, die zur Geltendmachung der Forderung nötigen Auskünfte zu erteilen und Urkunden über die Forderung herauszugeben (§ 836 Abs. 3).[61] 41

56 Zu Auslegungsschwierigkeiten vgl. BGH NJW 2000, 1268 (1269).
57 BGH NJW 1998, 2904.
58 BGHZ 146, 341 (347f.).
59 S. schon BGH NJW 1998, 2904 – Zustellung an den geschäftsführenden Gesellschafter.
60 BAG NJW 1981, 1399; OLG Celle MDR 2003, 8.
61 S. auch BGH NJW 2006, 217f.; 2007, 606.

VII. Die Verwertung

Literatur: *Foerste,* Die Pflicht zur Begründung der Drittschuldnererklärung, NJW 1999, 904; *Schur,* Das Einziehungsrecht des Gläubigers bei Pfändung und Überweisung einer Geldforderung zur Einziehung, KTS 2001, 73; *Wolf/Müller,* Nebenpflichtenkanon bei der Forderungspfändung, NJW 2004, 1775.

42 Mit der Pfändung allein erlangt der Gläubiger noch nicht das Recht, die Forderung für sich einzuziehen. Dafür ist der *zweite Vollstreckungsakt* erforderlich, die *Verwertung.* Dies geschieht durch die Überweisung der Forderung (§ 835 Abs. 1). Auch diese erfolgt durch einen Beschluss des Gerichts, der in der Praxis fast immer *mit dem* Pfändungsbeschluss verbunden *wird.* Es ergeht der sog. Pfändungs- und Überweisungsbeschluss.[62] Wird der Überweisungsbeschluss erst nach Pfändung beantragt, so ist die Verwendung des Formulars nach der ZVFV möglich, aber nicht erforderlich (§ 2 S. 2 ZFVF). Auch der Überweisungsbeschluss ist dem Drittschuldner und Schuldner zuzustellen (§§ 835 Abs. 3, 829 Abs. 2 u. 3).

43 Der Gläubiger hat *die Wahl* zwischen *zwei Formen* der Überweisung, die in ihren Wirkungen *verschieden* sind: der *Überweisung zur Einziehung oder an Zahlungs statt zum Nennwert* (§ 835 Abs. 1). Stattdessen kann bei bedingten oder betagten Forderungen oder solchen, die von einer Gegenleistung abhängen, eine andere Verwertungsart angeordnet werden (§ 844).[63] Die Überweisung an Zahlungs statt hat die Wirkung, dass die Forderung in Höhe der Vollstreckungsforderung auf den Gläubiger übergeht, dieser wird ihr Inhaber. Er kann deshalb die Forderung einziehen, sie erlassen, Stundung gewähren, also unbeschränkt darüber verfügen. Diese Art der Überweisung ist aber für den Gläubiger *mit Gefahren* verbunden. Soweit die Forderung besteht, ist er wegen seiner Forderung an den Schuldner als befriedigt anzusehen. DieVollstreckungsforderung *erlischt* also, und zwar unabhängig davon, ob der Drittschuldner tatsächlich zahlen kann. Der Gläubiger trägt demnach zwar nicht das Risiko des Bestehens der Forderung, wohl aber das der Zahlungsfähigkeit des

62 Nach hM unterbleibt dann auch für den Übeweisungsbeschluss die vorherige Gewährung rechtlichen Gehörs, krit. hierzu Wieczorek/Schütze/*Lüke* ZPO § 835 Rn. 7ff.; jedenfalls für die Überweisung an Zahlungs statt allerdings wird überwiegend eine vorherige Anhörung des Schuldners verlangt, da mit Überweisung die Vollstreckung beendet ist und damit auch keine vollstreckungsrechtlichen Rechtsbehelfe mehr offen stehen, zB *Baur/Stürner/Bruns* ZwangsVollstrR Rn. 30.31.

63 Für Details s. *Brox/Walker* ZwangsVollstrR Rn. 666.

Drittschuldners. Deshalb wird diese Form der Überweisung jedenfalls bei unbesicherten Forderungen kaum gewählt.

Der Gläubiger kann das Risiko vermeiden, wenn er sich für die andere Form der Verwertung entscheidet, die Überweisung zur Einziehung. Hier wird die Forderung nicht übertragen, sondern sie verbleibt im Vermögen des Schuldners.[64] Der Gläubiger erlangt durch den Hoheitsakt der Überweisung aber die Befugnis, die Forderung samt Nebenrechten (§ 401 BGB) im eigenen Namen und auf eigene Rechnung einzuziehen, also auch einzuklagen und anschließend im Wege der Zwangsvollstreckung gegen den Drittschuldner beizutreiben (§ 836 Abs. 1). Das Einziehungsrecht des Vollstreckungsgläubigers ist in der Höhe durch den Betrag der Vollstreckungsforderung begrenzt. Dieser kann die noch nicht fällige Forderung kündigen, Leistung an Erfüllungs statt vereinbaren, mit der gepfändeten Forderung aufrechnen, nicht aber Rechtsgeschäfte vornehmen, die die Einziehung der Forderung erschweren oder gar vereiteln, wie etwa sich zum Nachteil des Schuldners vergleichen. Wenn der Gläubiger die Forderung einklagt, macht er ein fremdes Recht im eigenen Namen geltend, er handelt also als *Prozessstandschafter.*[65] Auch der Schuldner, der unverändert Forderungsinhaber ist, bleibt zu allen Rechtshandlungen befugt, die weder den Bestand der Sicherheiten noch der Forderung beeinträchtigen. Er kann, wie der Gläubiger, gegen den Drittschuldner auf Leistung (an den Gläubiger, für überschießende Beträge an sich selbst) klagen.[66] Die Überweisung bewirkt lediglich, dass er die Forderung nicht mehr für sich einziehen, also nicht Leistung an sich verlangen kann.[67] Durch das Inhibitorium (§ 829 Abs. 1 S. 2) sind dem Schuldner allein Verfügungen zum Nachteil des pfändenden Gläubigers (i. S. eines relativen Veräußerungsverbotes) verboten. Rechtshandlungen, die weder den Bestand der Pfandrechte noch den der gepfändeten Forderung beeinträchtigen, sind dem Vollstreckungsschuldner dagegen infolge der ihm verbliebenen Berechtigung gestattet. Der vollstreckbare Anspruch erlischt erst, wenn der Gläubiger das geschuldete Geld vom Drittschuldner tatsächlich erhalten hat; die Überweisung erfolgt nur *erfüllungshalber.* 44

---

64 BGH JZ 2002, 44 mAnm *Berger.*

65 Str., so auch *Gaul/Schilken/Becker-Eberhard* ZVR § 55 Rn. 37ff.; MüKoZPO/*Smid* § 835 Rn. 12; s. auch *BGH* NJW 2001, 2178f.; aA *Jauernig/Berger* ZwangsVollstrR/InsR § 19 Rn. 33f.: Klage aus eigenem Recht.

66 BGH aaO; JZ 2002, 44 mAnm *Berger.*

67 BGHZ 82, 28 = NJW 1982, 173; BGHZ 114, 138 = NJW 1991, 3148.

Deshalb wird diese Form der Überweisung in der Praxis im Allgemeinen gewählt.

45 Der *Gläubiger* ist zur Einziehung der Forderung nicht nur *berechtigt,* sondern dem Schuldner gegenüber auch *verpflichtet.* Wenn er die Beitreibung verzögert und dem Schuldner daraus ein Schaden entsteht, ist er ihm zum *Schadensersatz* verpflichtet (§ 842). Wenn er den Drittschuldner verklagt, ist er verpflichtet, dem Schuldner den Streit zu verkünden (§ 841). Der Schuldner hat an dem Ausgang des Einziehungsprozesses ein offensichtliches Interesse. Nimmt er im Falle eines Beitritts als Streithelfer am Verfahren teil, so kann er im Prozess den Vollstreckungsgläubiger unterstützen, um dessen Obsiegen zu erreichen. Die Wirkung der Streitverkündung im Verhältnis zwischen Gläubiger und Schuldner (sog. Interventionswirkung[68], §§ 74, 68) tritt aber unabhängig vom Beitritt ein.

46 Wenn der Gläubiger zu der Überzeugung gelangt, dass die Einziehung der Forderung wenig Erfolg verspricht, kann er auf die aus der Pfändung und der Überweisung zur Einziehung erworbenen Rechte *verzichten* (§ 843). Er kann dann versuchen, in andere Vermögensobjekte zu vollstrecken.

47 Der *Schuldner* behält zwar den gepfändeten Anspruch, zugleich entsteh für ihn aber bestimmte Pflichten. So hat er dem Gläubiger die zur Geltendmachung der Forderung nötigen *Auskünfte* zu erteilen und ihm möglicherweise vorhandene *Urkunden zu Beweiszwecken* zur Verfügung zu stellen (§ 836 Abs. 3 S. 1). Hierzu gehören etwa Legitimationspapiere wie Sparbücher,[69] aber auch Unterlagen, die Aufschluss über die Höhe der einzuziehenden Forderungen gibt, wie Lohnabrechnungen[70] oder Kontoauszüge.[71] Der Anspruch auf Herausgabe der Urkunden kann nach § 836 Abs. 3 S. 5 im Wege der Zwangsvollstreckung durchgesetzt werden. Die Geltendmachung des Auskunftsanspruchs verlangt ebenfalls keine Klage; vielmehr kann Gläubiger den Schuldner vom Gerichtsvollzieher laden lassen, damit der Schuldner die Auskunft zu Protokoll gibt und seine Angaben an Eides statt versichert (§ 836 Abs. 3 S. 2). Bei Weigerung des Schuldners, die Auskunft zu erteilen, kann der Gläubiger die Verhaftung des Schuldners beantragen. Das Gesetz verweist hier auf die Vor-

68 *Lüke* ZivilProzR I § 42 Rn. 5.
69 EC- oder Maestro-Karten gehören nicht dazu, BGH DGVZ 2003, 120; ausführlich *Wolf/Müller* NJW 2004, 1775.
70 BGH NJW 2007, 606.
71 BGH NJW 2012, 1081.

schriften zur Vermögensauskunft (§§ 836 Abs. 3 S. 4, 802f Abs. 4, 802g – 802i, 802j Abs. 1 und 2; → § 24 Rn. 19 ff.). Da der Gläubiger an die Stelle des Schuldners tritt, kann er gegenüber dem Drittschuldner keine weitergehenden Rechte erwerben. Neben der gepfändeten Forderung bestehende Rechte bleiben unberührt. Dies gilt bei einer Kontenpfändung bspw. für den Anspruch des Kontoinhabers auf Erteilung von Kontoauszügen, der nicht mitgepfändet werden kann.[72]

Für die Stellung des *Drittschuldners* gilt derselbe Grundsatz wie 48
bei der materiell-rechtlichen Abtretung der Forderung: seine Rechtsstellung *darf nicht verschlechtert* werden. In beiden Fällen hat er an dem rechtlichen Vorgang nicht mitgewirkt, und konnte ihn auch nicht verhindern. Ihn gehen die rechtlichen Beziehungen zwischen Gläubiger und Schuldner nichts an, und er hat keinen Einfluss darauf. Der Drittschuldner muss daher vor allem davor geschützt werden, dass er infolge der Pfändung und Überweisung *ein zweites Mal zahlen muss.* Zugleich muss er gegenüber dem Gläubiger alle Einreden behalten, die er gegenüber dem Schuldner geltend machen konnte (s. § 404 BGB). Weitergehend darf der Drittschuldner mit einer ihm *gegen den Vollstreckungsschuldner* zustehenden Gegenforderung aufrechnen. Dabei sind allerdings die Beschränkungen des § 392 BGB zu beachten. Dem Drittschuldner stehen auch alle Einwendungen und Einreden zu, die er gegen den Vollstreckungsgläubiger geltend machen kann. Bei Bestehen einer Gegenforderung gegen *den Vollstreckungsgläubiger* kommt durch die Überweisung ein Gegenseitigkeitsverhältnis mit der Vollstreckungsforderung zustande. Der Drittschuldner kann unter den weiteren Voraussetzungen der §§ 387 ff. BGB auch gegen die Vollstreckungsforderung aufrechnen.

Im Übrigen kann der Drittschuldner auch geltend machen, dass der 49
Pfändungs- und Überweisungsbeschluss aus prozessualen Gründen nichtig ist. Umstritten ist, ob auch die Anfechtbarkeit von Pfändung und Überweisung dem Kläger im Einziehungsprozess entgegenhalten werden kann. Der Bundesgerichtshof sieht das Prozessgericht als an den Pfändungs- und Überweisungsbeschluss gebunden an, bis das Vollstreckungsgericht diesen wieder aufgehoben hat.[73] Die Gegenauffassung verweist darauf, dass nach der hM von der gemischten Theorie das Pfändungspfandrecht nicht entstehe, wenn gegen zwingende Verfahrensvorschriften verstoßen werde. Ohne ein solches Pfandrecht

---

72 BGH NJW 2006, 217.
73 BGHZ 66, 79 (80 f.); *Gaul/Schilken/Becker-Eberhard* ZVR § 55 Rn. 55 ff.

könne es aber auch kein Einziehungsrecht geben. Das aber müsse im Einziehungsprozess vorgebracht werden können.[74] Für die erstgenannte Auffassung spricht schon der Umstand, dass sie unterschiedliche Entscheidungen von Prozessgericht und Vollstreckungsgericht in dieser Frage vermeidet, indem sie die Entscheidungszuständigkeit allein dem Vollstreckungsgericht überlässt.

50 Der Drittschuldner wird in seinem Vertrauen auf den Überweisungsbeschluss geschützt. Er braucht diesen nicht nachzuprüfen, sondern *kann sich auf dessen Wirksamkeit verlassen,* bis der Beschluss aufgehoben ist und dies zu seiner Kenntnis gelangt (§ 836 Abs. 2; vgl. § 409 BGB). Dieser Schutz gilt aber *nur gegenüber dem Schuldner* oder einem *Vollstreckungsgläubiger.*[75] Streitig ist, inwieweit dieser Schutz auch bei nichtigen Überweisungsbeschlüssen gilt. Der Bundesgerichtshof lehnt das in Fällen schwerer offenkundiger, zur Nichtigkeit führender Verfahrensfehler ab. Der Drittschuldner müsse sich ihm aufdrängenden Zweifeln an der Wirksamkeit des Beschlusses nachgehen und dürfe ihm nicht blind vertrauen. Das Gericht begründet das u. a. unter Hinweis auf die Entstehungsgeschichte der Vorschrift, der von einem Gleichlauf des § 836 Abs. 2 mit Vorschrift des § 409 BGB ausgegangen sei.[76] Auch eine nichtige Anzeige begründe nach dieser Vorschrift keinen Schutz. Demgegenüber überzeugt es mehr, dem Drittschuldnerschutz Vorrang vor den Interessen des Schuldners zu geben, schon weil ersterer die Situation nicht herbeigeführt hat.[77]

51 In analoger Anwendung zu § 836 Abs. 2 wird dem Drittschuldner der Vertrauensschutz von der hM auch gegenüber den nachpfändenden Gläubigern eingeräumt;[78] das gilt etwa, wenn der Drittschuldner bei mehrfacher Pfändung an den erstpfändenden Gläubiger zahlt, obwohl der Pfändungs- und Überweisungsbeschluss gerichtlich aufgehoben ist, der Drittschuldner hiervon aber nicht wusste.

52 Dass der Drittschuldner in *Unkenntnis der Pfändung und Überweisung* an den Schuldner zahlt, wird nur selten vorkommen, weil ihm der Pfändungs- und Überweisungsbeschluss zugestellt wird

74 *Baur/Stürner/Bruns* ZwangsVollstrR Rn. 24.36.
75 BGHZ 66, 394 (396).
76 BGHZ 121, 98 = ZZP 107, 98 mAnm *Walker*; anders bei nicht offensichtlicher Nichtigkeit des Überweisungsbeschlusses, BGH NJW 1999, 953; 1994, 3225; hierzu *G. Lüke* JuS 1995, 202 ff.
77 *Walker* aaO 109.
78 Schusche/Walker/Kessen/Thole/*Schuschke/Plücker* ZPO § 836 Rn. 3; *Gaul/Schilken/Becker-Eberhard* ZVR § 55 Rn. 45 f.; aA MüKoZPO/*Smid* § 836 Rn. 8.

(§§ 829 Abs. 3, 835 Abs. 3). Wenn es dennoch geschieht, etwa weil der Pfändungsbeschluss oder das Zahlungsverbot (s. § 845) den Drittschuldner zu spät erreicht, ist dieser analog § 407 BGB vor einer weiteren Inanspruchnahme geschützt.[79] Für die Kenntnis ist der Zeitpunkt entscheidend, in dem die Leistungshandlung vorgenommen wird.[80] Eine aktive Verpflichtung des Drittschuldners zur Abwendung des Leistungserfolgs (etwa durch Widerruf des Giroauftrags) soll nach Auffassung des Bundesgerichtshofs nicht bestehen.[81]

Hat der Schuldner die Forderung vor der Pfändung an einen Dritten *abgetreten* und zahlt der Drittschuldner aufgrund des Überweisungsbeschlusses an den Gläubiger, so findet § 836 Abs. 2 *gegenüber dem Dritten* keine Anwendung. Die Zahlung hat, da die Pfändung ins Leere ging, keine befreiende Wirkung für den Drittschuldner. Allerdings kann der Forderungsinhaber die Leistung genehmigen und gegen den Empfänger der Leistung im Wege der Bereicherungsklage vorgehen.[82] Bei fehlender Kenntnis des Drittschuldners von der Abtretung wird dieser gegenüber dem Dritten nach den §§ 407ff. BGB geschützt. 53

Zahlt der Drittschuldner an den Gläubiger, obwohl die gepfändete und überwiesene Forderung *nicht besteht*, so kann er die rechtsgrundlose Leistung nach § 812 Abs. 1 BGB vom Gläubiger herausverlangen.[83] Auch eine bestätigende Drittschuldnererklärung nach § 840 schafft keinen Rechtsgrund. 54

Der Drittschuldner kann *gegen den Gläubiger dieselben Einwendungen* geltend machen wie *gegen den Schuldner*,[84] also behaupten, die Forderung sei nicht entstanden, Erfüllung, Rücktritt, Widerruf, Aufrechnung, Erlass geltend machen oder die Einrede des nichterfüllten Vertrages erheben. Wenn er das Bestehen seiner Verpflichtung bestreitet, muss *der Gläubiger gegen ihn Klage erheben*. Das ist nicht anders, als wenn der Vollstreckungsschuldner die Forderung durchsetzen wollte. Der Gläubiger kann die gepfändete und überwiesene Forderung gegen den Drittschuldner nur vollstrecken, wenn er einen *besonderen Titel für diese Forderung* hat. Eine Vollstreckung aus dem gegen den Schuldner gerichteten Titel ist gegen den Drittschuldner nicht möglich. Die Rechtskraft eines Urteils über den kontradiktorischen Gegenanspruch, das in einem Rechtsstreit zwischen dem Schuldner und dem Drittschuldner zu dessen Gunsten ergangen ist, 55

79 BGHZ 105, 358 (359f.) = JZ 1989, 299 mAnm *Brehm*.
80 BGH aaO.
81 BGH aaO; hierzu *Brehm* aaO 301.
82 BGH NJW 1988, 495.
83 BGH NJW 2002, 2871, dazu *Deubner* JuS 2003, 66 (70).
84 Aber nicht dessen Einwendungen gegen den Vollstreckungsgläubiger, BAG NJW 1989, 1053.

wirkt nicht auch im Verhältnis zwischen Vollstreckungsgläubiger und Drittschuldner.[85]

56 Wenn eine Geldforderung *für mehrere Gläubiger* gepfändet worden ist, kann dies für den Drittschuldner ein *Risiko* mit sich bringen, weil er nicht sicher sein kann, an den Gläubiger zu leisten, dessen Pfändungspfandrecht den besten Rang hat. Er ist deshalb berechtigt, den Betrag *zu hinterlegen* (§ 853). Auf Verlangen eines Gläubigers ist er dazu verpflichtet.

57 Eine *besondere Pflicht* bringt die Pfändung aber doch für den Drittschuldner mit sich. Er muss binnen zwei Wochen die in § 840 Abs. 1 vorgesehenen *Erklärungen* abgeben. Einen Anspruch auf Erstattung der dadurch entstehenden Kosten hat er weder gegen den betreibenden Gläubiger, noch gegen den Schuldner.[86] Bei Verletzung der Erklärungspflicht kann sich der Drittschuldner schadensersatzpflichtig machen (§ 840 Abs. 2 S. 2), wenn ihn ein Verschulden trifft.[87] Ein einklagbarer Erklärungsanspruch ergibt sich aus § 840 nicht.[88]

58 Von praktischer Bedeutung ist die sog. *Vorpfändung* (§ 845),[89] durch die der Gläubiger schon vor der Pfändung eine Sperrwirkung herbeiführen kann. Der Gerichtsvollzieher kann sie ohne vollstreckbare Ausfertigung und Zustellung vornehmen (§§ 802a Abs. 2 Nr. 5, 845).

VIII. Die Pfändung und Überweisung von Hypothekenforderungen

59 Für die Pfändung von *hypothekarisch gesicherten Forderungen* bestehen einige Besonderheiten. Ebenso wie im materiellen Recht eine getrennte Übertragung von Forderung und Hypothek *unmöglich* ist (§§ 1153 Abs. 2, 1274 BGB), gibt es auch *keine getrennte Pfändung* in der Zwangsvollstreckung. Für die Durchführung der Pfändung ist zwischen *Buch- und Briefhypothek* zu unterscheiden. Bei der Buchhypothek muss neben dem Pfändungsbeschluss die Eintragung der Pfändung im Grundbuch erfolgen; sie wird aufgrund des Pfändungsbeschlusses vorgenommen (§ 830 Abs. 1 S. 3). Bei der Briefhypothek ist außer dem Pfändungsbeschluss die Übergabe des Hypotheken-

85 BGH NJW 1996, 395.
86 BGH NJW 2010, 1674 (1675); Stein/Jonas/*Würdinger* ZPO § 840 Rn. 34; aA noch MüKoZPO/*Smid* § 840 Rn. 9.
87 BGH NJW 1981, 990; zum Umfang des Schadensersatzanspruchs BGHZ 98, 291; BAG NJW 1990, 2643.
88 BGHZ 91, 126.
89 Hierzu *Hascher/Lammers* DGVZ 2009, 92 und *Schöler* MDR 2009, 184.

briefes erforderlich; dessen Wegnahme kann im Wege der Zwangsvollstreckung (§§ 883 ff.) durch den Gerichtsvollzieher erfolgen (§ 830 Abs. 1 S. 1 u. 2, sog. Hilfsvollstreckung). Ohne Briefübergabe oder Grundbucheintragung ist die Pfändung unvollständig und wirkungslos.[90] Die Zustellung des Pfändungsbeschlusses an den Drittschuldner ist zur Wirksamkeit der Pfändung nicht erforderlich; sie kann aber den Zeitpunkt der Pfändung vorverlegen (§ 830 Abs. 2).

Die *Verwertung* erfolgt auch bei Hypothekenforderungen durch Überweisung an Zahlungs statt oder zur Einziehung, wobei die Überweisung an Zahlungs statt bei einer Hypothek mit sicherer Rangstelle für den Gläubiger durchaus vorteilhaft sein kann. Erforderlich ist wieder ein *Überweisungsbeschluss.* Bei der Briefhypothek genügt dessen Aushändigung an den Gläubiger (der den Brief bereits hat, § 830 Abs. 1 S. 1), die Zustellung an den Drittschuldner ist nicht erforderlich (§ 837 Abs. 1 S. 1). Bei einer Buchhypothek ist die Eintragung im Grundbuch im Falle der Überweisung an Zahlungs statt erforderlich (weil der Gläubiger neuer Inhaber der Hypothek wird), sonst nicht (§ 837 Abs. 1 S. 2). Der Überweisungsbeschluss setzt eine wirksame Pfändung voraus[91] und darf deshalb erst nach Eintragung der Pfändung bzw. Briefübergabe, nicht jedoch schon gemeinsam mit dem Pfändungsbeschluss erlassen werden.[92] 60

§ 27. Die Zwangsvollstreckung in Herausgabe- und Leistungsansprüche

Auch dingliche oder schuldrechtliche Ansprüche auf Herausgabe oder Leistung (Übereignung) können Gegenstand der Zwangsvollstreckung sein. Die Zwangsvollstreckung findet nach den Vorschriften über die Zwangsvollstreckung in Geldforderungen (§ 846) statt. Die §§ 847 bis 849 enthalten aber Sonderregelungen. 1

I. Ansprüche auf Herausgabe oder Leistung beweglicher Sachen

Die Vollstreckung in diese Ansprüche erfordert einen *Pfändungs- und Überweisungsbeschluss.* Für die Verwertung kann jedoch nicht *dasselbe* gelten wie für Geldforderungen. Der Gläubiger hat einen 2

90 BGH NJW 1994, 3225 mwN.
91 BGH aaO; Stein/Jonas/*Würdinger* ZPO § 835 Rn. 3.
92 BGH aaO.

Anspruch auf eine bestimmte Geldleistung. Eine Geldforderung des Schuldners kann er einziehen, und er bekommt das, worauf er einen Anspruch hat. Wenn sich aber der Anspruch des Schuldners gegen den Drittschuldner auf Herausgabe oder Leistung bestimmter Sachen richtet, ist *die Einziehung durch den Gläubiger nicht möglich,* weil der Gläubiger etwas bekäme, worauf er *keinen Anspruch* hat. Deshalb ist bei den Herausgabe- und Leistungsansprüchen eine *Überweisung an Zahlungs statt ausgeschlossen* (§ 849).

3 Auch bei der *Überweisung zur Einziehung* erfolgt eine *Modifizierung.* Im Pfändungs- und Überweisungsbeschluss wird angeordnet, dass die Sache an einen vom Gläubiger zu beauftragenden (dabei handelt es sich nicht um einen Auftrag iSd BGB, → § 3 Rn. 4) *Gerichtsvollzieher* herauszugeben sei (§ 847 Abs. 1).

4 Wenn der Schuldner noch nicht Eigentümer der Sache ist (bei Leistungsansprüchen), erwirbt er damit das *Eigentum.* Der Gerichtsvollzieher wird dabei als sein *Vertreter* angesehen (§§ 1287 S. 1 BGB, 847a Abs. 2, 848 Abs. 2). Der Gläubiger hat aufgrund der Pfändung nur ein *Pfändungspfandrecht* an dem Herausgabe- oder Leistungsanspruch des Schuldners erlangt. Er bekommt *mit der Herausgabe der Sache ohne Weiteres an dieser ein Pfändungspfandrecht.* Die Sache wird dann von dem Gerichtsvollzieher wie eine gepfändete Sache *verwertet,* also idR *versteigert* (§ 847 Abs. 2).

5 Wenn der Drittschuldner die Sache *nicht freiwillig herausgibt oder leistet,* muss der Gläubiger gegen ihn aufgrund der Pfändung und Überweisung auf Herausgabe an den Gerichtsvollzieher oder auf Herausgabe an den Gerichtsvollzieher und Übereignung an den Schuldner, vertreten durch den Gerichtsvollzieher, *klagen.* Ist der Anspruch des Schuldners noch von einer *Gegenleistungspflicht* (Zahlung des Kaufpreises) abhängig, wird dieses Verfahren für den Gläubiger idR wenig sinnvoll sein. Bei mehrfacher Pfändung eines Anspruchs auf Herausgabe oder Leistung beweglicher Sachen hat der Drittschuldner das Recht bzw. die Pflicht zur *Hinterlegung* (§ 854).

II. Ansprüche auf Herausgabe oder Leistung unbeweglicher Sachen

6 Die Zwangsvollstreckung in Ansprüche auf *Herausgabe* oder *Leistung* von *Grundstücken* ist entsprechend der Vollstreckung bei beweglichen Sachen geregelt. Auch hier wird der Anspruch *gepfändet* und *überwiesen,* verbunden mit der Anordnung, dass das Grund-

stück an einen auf Antrag des Gläubigers vom Amtsgericht der belegenen Sache zu bestellenden *Sequester (Treuhänder)* herauszugeben sei (§ 848 Abs. 1). Wenn der Anspruch auf Übertragung des Eigentums gerichtet ist, hat die *Auflassung an den Sequester als Vertreter des Schuldners* zu erfolgen. Mit dem Übergang des Eigentums erlangt dann der Gläubiger eine *Sicherungshypothek für seine Forderung*, deren Eintragung der Sequester zu bewilligen hat (§ 848 Abs. 2).

Für die Geltendmachung der überwiesenen Ansprüche gilt dasselbe wie bei 7
den Ansprüchen auf bewegliche Sachen. Bei mehrfacher Pfändung kann bzw. muss der Drittschuldner das Grundstück an einen Sequester herausgeben (§ 855).

Die Zwangsvollstreckung in das herausgegebene oder übereignete 8
Grundstück erfolgt nach den *Vorschriften über die Zwangsvollstreckung in unbewegliche Sachen*, also in erster Linie nach dem ZVG (§ 848 Abs. 3).

§ 28. Die Zwangsvollstreckung in andere Vermögensrechte

Literatur: *Ahrens*, Personengesellschaft und -gesellschafter als Drittschuldner des Pfändungs- und Überweisungsbeschlusses, ZZP 103, 34; *Berger*, Das Vollwertigkeitsprinzip als Voraussetzung der Pfändung von Einlageforderungen bei Kapitalgesellschaften, ZZP 107, 43; *ders.*, Zwangsvollstreckung in „Internet-Domains“, Rpfleger 2002, 181; *Geißler*, Die Verwertung der Sicherungsgrundschuld in der Zwangsversteigerung, JuS 1990, 284; *Heuer*, Der GmbH-Anteil in der Zwangsvollstreckung, ZIP 1998, 405; *Lwowski*, Auf dem Weg zur europäischen Informationsgesellschaft – Zur Übertragbarkeit und Pfändbarkeit von de- und eu-Domains, WM 2001, 1135; *Marotzke*, Wie pfändet man Miteigentumsanteile an beweglichen Sachen?, Erlanger FS Schwab, 1990, 277; *Paulus*, Software in Vollstreckung und Insolvenz, ZIP 1996, 2; *Repenn*, Pfändung und Verwertung von Warenzeichen, NJW 1994, 175; *Schmittmann*, Rechtsfragen bei der Pfändung einer Domain und Aufnahme der Domain in das Vermögensverzeichnis, DGVZ 2001, 177; *Schuschke*, Die Zwangsvollstreckung in Sondernutzungsrechte, NZM 1999, 830; *Skauradzun*, Das Urheberrecht in der Zwangsvollstreckung, 2009; *Smid*, Probleme der Pfändung von Anteilen an Personengesellschaften, JuS 1988, 613; *Sosnitza*, Die Zwangsvollstreckung in Persönlichkeitsrechte – Plädoyer für eine Neuorientierung, JZ 2004, 992; *Tempel*, Zwangsvollstreckung in Grundpfandrechte, JuS 1967, 75, 117, 167, 215, 268; *Volkmer*, Das Markenrecht im Zwangsvollstreckungsverfahren, 1999; *Welzel*, Zwangsvollstreckung in Internet-Domains, MMR 2001, 131; *Zimmermann*, Das Erfinderrecht in der Zwangsvollstreckung, GRUR 1999, 121; *Zimmermann*, Immaterialgüterrechte und ihre Zwangsvollstreckung, 1998.

I. Die in Frage kommenden Rechte

1 Auch *andere Vermögensrechte* als die bisher behandelten können Gegenstand der Zwangsvollstreckung wegen Geldforderungen sein. Voraussetzung ist, dass sie *übertragbar* sind (§ 857 Abs. 1 verweist auf § 851).

2 Der vertragliche Ausschluss der Übertragbarkeit hindert die Vollstreckung nicht (§ 851 Abs. 2). § 857 Abs. 3 *erweitert* die Pfändbarkeit darüber hinaus: Ein unveräußerliches Recht ist der Pfändung insoweit unterworfen, als die Ausübung einem anderen überlassen werden kann. Dies ist der Fall, wenn die *Rechtsausübung nicht notwendigerweise an die Person des Rechtsinhabers gebunden ist;* so etwa beim *Nießbrauch* (§ 1059 BGB). Nicht pfändbar sind Rechte, die keine Vermögensrechte sind, also Namensrechte und unselbständige Gestaltungsrechte. Auch das allgemeine Persönlichkeitsrecht wird hinsichtlich seiner vermögensrechtlichen Seite grundsätzlich für pfändbar gehalten.[1]

3 Pfändbar sind danach *Immaterialgüterrechte* wie *gewerbliche Schutzrechte* (Patentrecht, Gebrauchsmusterrecht, Designrecht, Lizenzen und Markenrecht) - und *Urheber und Verlagsrechte.* Ebenso können *Grund- und Rentenschulden* (§ 857 Abs. 6), auch die *Eigentümergrundschuld,* sowie *selbständige Gestaltungsrechte,*[2] Ansprüche auf Abtretung einer Forderung, Sondernutzungsrechte beim Wohnungseigentum, kraft ausdrücklicher gesetzlicher Anordnung auch der *Gesellschafts- und der Nachlassanteil* (§ 859 Abs. 1 u. 2), Ansprüche auf Aufhebung einer Gemeinschaft[3] und sogar *Anwartschaften* gepfändet werden. Deren Pfändung hat große Schwierigkeiten verursacht, weil sie nicht gesetzlich geregelt ist (für Einzelheiten → § 28 Rn. 9). Schließlich erfolgt die Vollstreckung in *Internet-Domains* nach § 857.[4] Gegenstand der Pfändung ist, da die Internet-Domain kein absolutes Recht gewährt, die Gesamtheit der schuldrechtlichen Ansprüche aus dem Vertragsverhältnis mit der Vergabestelle (DENIC eG). Diese Ansprüche sind auf die Eintragung der Domain und deren Aufrechterhaltung gerichtet.[5]

---

1 *Sosnitza* JZ 2004, 992 mit Bezug auf BGHZ 143, 214.
2 zB *Vor- und Wiederkaufsrechte* (§§ 463 ff., 456 ff. BGB); differenzierend BGH MDR 2003, 776.
3 BGH NJW 2006, 849 = JuS 2006, 465 (*K. Schmidt*).
4 Dazu *Boecker* MDR 2007, 1234.
5 BGH NJW 2005, 3353 = JuS 2006, 86 (*K. Schmidt*); zur Verwertung gem. § 844 LG Mönchengladbach MDR 2005, 118; s. Literaturhinweise zu § 80.

II. Die Durchführung der Pfändung

§ 857 Abs. 1 verweist auf die Vorschriften über die Pfändung von Forderungen und anderen Ansprüchen. Die *Pfändung* erfolgt also durch *Beschluss des Vollstreckungsgerichts*, der dem *Drittschuldner zuzustellen* ist (§ 829 Abs. 3). Häufig gibt es bei den sonstigen Vermögensrechten keinen Drittschuldner im strengen Sinne. Die Zustellung erfolgt dann an die an dem *Recht Beteiligten,* zB an die Miterben, wenn ein Miterbenanteil gepfändet wird. In anderen Fällen, in denen weder Drittschuldner noch Beteiligte vorhanden sind (etwa bei Urheber- und Patentrechten), besteht keine Notwendigkeit, Dritte an der Pfändung zu beteiligen. Die Pfändung erfolgt dann durch *Zustellung des Beschlusses an den Schuldner selbst* (§ 857 Abs. 2). 4

III. Die Verwertung

Die *Verwertung* kann nur dann durch *Überweisung* des Rechts stattfinden, wenn der Gläubiger an die Stelle des Schuldners treten kann. Das Gericht kann aber *eine andere Art der Verwertung* anordnen, so die Veräußerung eines Rechts, wenn dieses veräußerlich ist (§ 857 Abs. 5). Das Vollstreckungsgericht kann bei der Vollstreckung in unveräußerliche Nutzungsrechte, deren *Ausübung* einem anderen überlassen werden kann, eine *Verwaltung* anordnen, deren Erträge dem Gläubiger zugutekommen (§ 857 Abs. 4).[6] Ist ein Anspruch auf Forderungsabtretung gepfändet, so kann der Gläubiger nur Abtretung an den Schuldner verlangen. Selbst erwirbt er damit ein Pfandrecht an der Forderung, das er verwerten kann.[7] 5

Wenn der Anteil an der BGB-Gesellschaft, der OHG oder KG[8] gepfändet worden ist, kann der Gläubiger *nicht alle* aus dem Gesellschaftsverhältnis sich ergebenden Rechte wie etwa das Stimmrecht geltend machen (§ 725 Abs. 2 BGB). Er erhält nur das *Recht auf den Gewinnanteil.* Außerdem kann er nach § 725 Abs. 1 BGB die Gesellschaft kündigen, um die Auseinandersetzung herbeizuführen (§ 725 Abs. 1 BGB). Die Pfändung des Anteils erstreckt sich dann auf das *Auseinandersetzungsguthaben.*[9] Bei der OHG und der KG sind die Kündigungsrechte eingeschränkt (§§ 135, 161 Abs. 2 HGB). 6

---

6 BGHZ 62, 136 zum Nießbrauch.
7 Analog §§ 847, 848, § 1287 BGB; BGH MDR 1998, 1303.
8 Nicht an den einzelnen zum Gesellschaftsvermögen gehörenden Gegenständen, § 859 Abs. 1 S. 2.
9 Vgl. hierzu BGHZ 116, 222; *Gerhardt* JZ 1992, 724; → § 13 Rn. 2.

7 Die *Verwertung eines Miterbenanteils* kann durch *Überweisung* an den Gläubiger erfolgen, der dann die Auseinandersetzung betreiben kann. Möglich ist auch die *Anordnung der Versteigerung* durch das Gericht.

IV. Die Pfändung und Verwertung der Eigentümergrundschuld

8 Über die Frage, wie die Pfändung *einer Eigentümergrundschuld* durchzuführen ist, besteht Streit. Zwei Wege sind denkbar: die Pfändung nach § 857 Abs. 2, weil kein Drittschuldner vorhanden ist, oder die Pfändung nach § 857 Abs. 6. Die hM geht nach § 857 Abs. 6 vor, weil es sich um eine Grundschuld handele.[10] Es muss also nach den §§ 830, 857 gepfändet werden. Dabei ergeben sich Schwierigkeiten für den Gläubiger, wenn das Grundbuch nach Tilgung der Hypothek nicht berichtigt, sondern noch der Hypothekar eingetragen und im Besitz des Briefes ist. Der Gläubiger muss dann erst die Berichtigung des Grundbuchs und die Herausgabe des Briefes erreichen, was besonders dann nicht einfach ist, wenn die Hypothek nur zum Teil getilgt ist. Wenn man nach § 857 Abs. 2 vorgeht, ergeben sich diese Probleme nicht.[11]

V. Die Pfändung und Verwertung der Anwartschaft

Fall: K hat unter Eigentumsvorbehalt eine wertvolle Musikanlage gekauft und 80 Prozent der Raten bezahlt. Anderes der Zwangsvollstreckung unterliegendes Vermögen hat er nicht. Der Gläubiger G möchte in die Anlage vollstrecken. Der Vorbehaltsverkäufer, der von dieser Absicht erfahren hat, kündigt an, er werde dies nicht hinnehmen.

9–10 Mit der aufschiebend bedingten Übereignung (s. § 449 BGB) erlangt der Vorbehaltskäufer eine *Anwartschaft.* Diese kann, je nachdem, in welcher Höhe die Raten bezahlt sind, einen erheblichen *wirtschaftlichen Wert* verkörpern und deshalb als *Objekt der Zwangsvollstreckung* in Frage kommen. Ihre Pfändung und Verwertung *allein* wird kaum sinnvoll sein, weil Dritte am bloßen Erwerb der Anwartschaft nicht interessiert sein dürften. Die Pfändung der Sache kann der Vorbehaltseigentümer nach § 771 verhindern (**Fall 2,** → § 22 Rn. 11). Die hM nimmt deshalb an, dass *sowohl die Anwartschaft*

10 Vgl. *Tempel* JuS 1967, 215 mwN.
11 Vgl. Stein/Jonas/*Würdinger* ZPO § 857 Rn. 60ff. mwN.

(§ 857) *als auch die Sache gepfändet* (§ 808) *werden müssen.*[12] Durch die Pfändung der Anwartschaft wird verhindert, dass der Käufer noch darüber verfügt und der Zahlung der restlichen Raten nach § 267 Abs. 2 BGB widerspricht. Der Gläubiger kann dann die noch ausstehenden Raten bezahlen, die er als Kosten der Zwangsvollstreckung beitreiben kann. Damit geht das Eigentum auf den Schuldner über, und für den Vorbehaltsverkäufer entfällt die Möglichkeit, nach § 771 vorzugehen. Aufgrund der Pfändung der Sache kann dann deren Verwertung erfolgen. Für den Gläubiger ist dieses Verfahren freilich nur sinnvoll, wenn er von der Verwertung der Sache einen Überschuss erwarten kann. Andernfalls verliert er die gezahlten Raten, ohne das ihm geschuldete Geld zu bekommen.

Neben der heute herrschenden Auffassung von der Doppelpfändung wird die Ansicht vertreten, es genüge die *Pfändung der Sache.*[13] Der Vorbehaltsverkäufer wird auf die Klage aus § 805 verwiesen. Dieser Auffassung liegt die Annahme zugrunde, dass das Vorbehaltseigentum nicht zur Drittwiderspruchsklage berechtige (anders die hM, → § 22 Rn. 13). Nach der sog. *Theorie der reinen Rechtspfändung* soll nur die Anwartschaft gem. § 857 Abs. 1 gepfändet werden. Das damit an der Anwartschaft entstehende Pfändungspfandrecht soll sich nach dem Bedingungseintritt analog § 1287 BGB, § 847 ohne Weiteres an der Sache selbst fortsetzen.[14] Gegen diese Auffassung spricht, dass für die Pfändung von Rechten und beweglichen Sachen andere Formvorschriften gelten, deren Einhaltung Voraussetzung für die Wirksamkeit der Verstrickung ist. Die Sache ist aber nicht gepfändet und damit auch nicht verstrickt worden. 11

Auch eine Auflassungsanwartschaft kann gepfändet werden.[15] Bei Eigentumsübergang erwirbt der Pfändungsgläubiger dann eine Sicherungshypothek (§ 857 Abs. 1 iVm § 848 Abs. 2).[16] 12

12 *Sog. Theorie der Doppelpfändung;* dazu *Gaul/Schilken/Becker-Eberhard* ZVR § 58 Rn. 37 ff.
13 *Raiser,* Dingliche Anwartschaften, 1961, 91.
14 *Baur/Stürner/Bruns* ZwangsVollstrR Rn. 32.17.
15 BGHZ 106, 108.
16 BGHZ 49, 197.

§ 29. Das Verteilungsverfahren

1 Wenn dieselbe Sache oder dasselbe Recht *für mehrere Gläubiger* gepfändet worden ist, erfolgt die Verteilung des Erlöses nach dem *Rang der Pfändungspfandrechte* (§ 804 Abs. 3). Dabei werden sich keine Probleme ergeben, wenn der Erlös für alle Gläubiger ausreicht. Ist dies nicht der Fall und streiten die Gläubiger über die Verteilung, so kann der Gerichtsvollzieher (§§ 827 Abs. 2 u. 3; 854 Abs. 2 u. 3) oder der Drittschuldner das Geld *hinterlegen* (§ 853). Es muss dann ein *besonderes Verteilungsverfahren* durchgeführt werden (§§ 872 ff.).

2 Das Verfahren wird vom Amtsgericht (durch den Rechtspfleger, § 20 Nr. 17 RPflG) *von Amts wegen* durchgeführt (§ 873). Die Gläubiger haben ihre Forderungen innerhalb von zwei Wochen *anzumelden.* Dann fertigt das Gericht einen *Teilungsplan* an (§ 874 Abs. 1), in den alle Gläubiger aufzunehmen sind (vgl. § 874 Abs. 3). Das Gericht muss dabei den *Rang* der einzelnen Forderungen *feststellen.* Dies kann vor allem aufgrund der hM von den Voraussetzungen für das Entstehen der Pfändungspfandrechte Schwierigkeiten bereiten (→ § 24 Rn. 11). In einem besonderen *Verteilungstermin* haben sich die Gläubiger über den Teilungsplan zu erklären (§ 875 Abs. 1). Wird kein Widerspruch erhoben, so wird der Plan *ausgeführt,* dh der *Erlös verteilt* (§ 876 Abs. 1 S. 1). Dasselbe gilt, wenn ein Gläubiger in dem Termin nicht erschienen ist (§ 877 Abs. 1).

3 Ein widersprechender Gläubiger muss innerhalb eines Monats gegen die beteiligten Gläubiger Widerspruchsklage erheben (§ 878 Abs. 1; zur Zuständigkeit s. § 879). Er macht damit geltend, dass er ein besonderes Recht auf den Erlös habe, da sein Pfändungspfandrecht im Rang vorgehe, und muss dies beweisen. Misslingt der Beweis, so wird die Klage *abgewiesen* und der Teilungsplan *ausgeführt.* Wenn die Klage begründet ist, kann das Gericht entweder selbst die *Änderung* des Planes vornehmen oder die Anfertigung eines *anderen Planes* anordnen (§ 880). Hat der Gläubiger die Erhebung der Widerspruchsklage versäumt, kann er gegen den unberechtigterweise bevorzugten Gläubiger eine Bereicherungsklage erheben (§ 878 Abs. 2). Eine Erinnerung gem. § 766 gegen vorangegangene, fehlerhafte Pfändungen konkurrierender Gläubiger ist im Verteilungsverfahren ausgeschlossen.[1]

---

1 *Lippross/Bittmann* ZwangsVollstrR Rn. 279.

7. Kapitel. Die Zwangsvollstreckung wegen Geldforderungen in das unbewegliche Vermögen

§ 30. Einführung

I. Die Gegenstände der Zwangsvollstreckung in das unbewegliche Vermögen

Literatur: *Böttcher*, ZVG, 5. Aufl. 2010; *Gerhardt*, Grundzüge und Probleme der Zwangsversteigerung, JA 1981, 12; *Hintzen*, Die Entwicklung im Zwangsversteigerungs- und Zwangsverwaltungsrecht seit 2016, Rpfleger 2017, 496; *Hintzen/Wolf*, Zwangsvollstreckung, Zwangsversteigerung und Zwangsverwaltung, 2006; *Hock/Bohnert/Hilbert/Deimann*, Immobiliarvollstreckung, 6. Aufl. 2017; *Knees*, Zwangsversteigerung und Zwangsverwaltung, 8. Aufl. 2017; *Meier*, Die Zwangsvollstreckung in Immobilien, JuS 1992, 650; *Schreiber*, Zwangsvollstreckung in das unbewegliche Vermögen, Jura 2013, 792; *Storz/Kiderlen*, Praxis des Zwangsversteigerngsverfahrens, 12. Aufl. 2014; *Stöber*, ZVG, 19. Aufl. 2009.

Dies sind in erster Linie *Grundstücke* mit wesentlichen und unwesentlichen *Bestandteilen* sowie *Miteigentumsanteile* (§ 864 Abs. 1). In Betracht kommen außerdem *grundstücksgleiche Rechte*, vor allem das *Erbbaurecht* und das *Wohnungseigentum* (§ 864 Abs. 1), und die Gegenstände, auf die sich die Hypothek erstreckt (§ 865, §§ 1120 ff. BGB). Zur Konkurrenz von Mobiliar- und Immobiliarvollstreckung vgl. §§ 810, 865 Abs. 2. 1

II. Die Arten der Zwangsvollstreckung

Die Zwangsvollstreckung kann durch Eintragung einer *Sicherungshypothek* für die Forderung *(Zwangshypothek)*, durch *Zwangsversteigerung* und durch *Zwangsverwaltung* (§ 866 Abs. 1) erfolgen. Der Gläubiger hat unter diesen Maßnahmen die *freie Wahl*; er kann auch verlangen, dass mehrere nebeneinander ausgeführt werden (§ 866 Abs. 2). Voraussetzung für die Vollstreckung ist das *Vorliegen eines Titels.* Dieser muss *nicht* auf Duldung der Zwangsvollstreckung (aus einer Hypothek oder Grundschuld) gerichtet sein. Er kann auch auf *Zahlung eines bestimmten Geldbetrages* lauten. Mit der Immobiliarvollstreckung können also auch normale Forderungen durchgesetzt werden.[1] 2

1 Zur Frage des Ranges → § 32 Rn. 4.

III. Das Verfahren

3 *Vollstreckungsorgan* für die Zwangsversteigerung und die Zwangsverwaltung ist das *Amtsgericht* der belegenen Sache (§ 1 Abs. 1 ZVG), das durch den Rechtspfleger tätig wird (§ 3 Nr. 1 lit. i RPflG), für die *Zwangshypothek* das *Grundbuchamt* (§ 867 Abs. 1, § 3 Nr. 1 lit. h RPflG).

4 Alle Vollstreckungsmaßnahmen werden nur *auf Antrag* (§ 867 Abs. 1, §§ 15, 16, 146 ZVG) vorgenommen, die Zustellungen erfolgen aber von Amts wegen (§ 3 ZVG, was sich auch aus § 166 Abs. 2 ergäbe). Gegen die Ablehnung des Antrags ist die sofortige Beschwerde zulässig (§ 793, § 11 Abs. 1 RPflG).

IV. Die Beteiligten

5 Anders als bei der Mobiliarvollstreckung sind von der Zwangsversteigerung und der Zwangsverwaltung *nicht nur Gläubiger und Schuldner betroffen.* Auch die Interessen der Mieter und Pächter sowie die der sog. Realgläubiger werden berührt. Das Gesetz erkennt sie deshalb als *Beteiligte* des Verfahrens neben Gläubiger und Schuldner an, außerdem auch denjenigen, der behauptet, der wirkliche Eigentümer zu sein (§ 9 ZVG).

6 Die Beteiligten haben das Recht, von allen gerichtlichen Maßnahmen *benachrichtigt* zu werden (zB §§ 41, 103, 105 ZVG) und *bestimmte Anträge* zu stellen (zB §§ 59, 72, 97 ZVG).

§ 31. Die Zwangshypothek

Literatur: *Bestelmeyer,* Eintragung einer Zwangshypothek am Grundbesitz oder zugunsten einer GbR, RPfleger 2011, 420; *Deimann,* Gesamtzwangssicherungshypothek und die „vergessene" Regelung des § 868 ZPO, RPfleger 2000, 193; *Habermeier,* Die Zwangshypothek der Zivilprozeßordnung, 1989; *Hintzen,* Antragsprobleme bei der Zwangshypothek, Rpfleger 1991, 286; *G. Lüke,* Die Auswirkungen der öffentlich-rechtlichen Theorie der Zwangsvollstreckung auf die Zwangshypothek, NJW 1954, 1669; *Mylich,* Die Einordnung der gepfändeten Eigentümergrundschuld als Zwangshypothek, ZZP 126, 203; *Schreiber,* Die Zwangsvollstreckung in das unbewegliche Vermögen, Jura 2013, 792; *Wacke,* Die Nachteile des Grundbuchzwangs in der Liegenschaftsvollstreckung und bei der Gläubigeranfechtung, ZZP 82, 377; *Zeisig,* Zwangshypothek, Arresthypothek und Bauhandwerkersicherungshypothek – Vom Bauunternehmer zum Grundpfandgläubiger, Jura 2008, 763.

1 Durch die *Zwangshypothek* erreicht der Gläubiger eine *Sicherung seiner Forderung:* Er erhält ein dingliches Recht und damit eine Rangstelle bei der Zwangsversteigerung (§ 10 Abs. 1 Nr. 4 ZVG). Be-

friedigt wird er dadurch noch nicht. Für den Fall einer späteren Insolvenz des Schuldners wird deshalb eine im letzten Monat vor dem Eröffnungsantrag oder danach eingetragene Zwangshypothek mit Verfahrenseröffnung unwirksam, weil sie eine Sicherung durch Zwangsvollstreckung (§ 88 InsO) darstellt. Um eine Befriedigung zu erreichen, muss der Gläubiger in jedem Fall aus der Zwangshypothek die *Zwangsversteigerung* oder *-verwaltung* betreiben. Dazu genügt gem. § 867 Abs. 3 der vollstreckbare Titel, aufgrund dessen die Hypothek eingetragen worden ist. Die Zwangshypothek ist eine Sicherungshypothek (§ 867 Abs. 1).

Es gibt also keinen Schutz des guten Glaubens hinsichtlich der durch die 2
Zwangshypothek gesicherten Forderung (§§ 1184ff. BGB). Die Eintragung kann nur für einen Betrag über mehr als EUR 750 erfolgen (§ 866 Abs. 3).[1] Mit der Befürwortung der Rechtsfähigkeit einer Außen-GbR entstand Streit darüber, ob zugunsten einer solchen BGB-Außengesellschaft,[2] die im Titel als Gläubigerin genannt ist, unter ihrem Namen eine Zwangshypothek eingetragen werden kann.[3] Der Gesetzgeber hat darauf mit Einführung von § 47 Abs. 2 GBO reagiert.[4] Nach dieser Bestimmung sind stets auch die Gesellschafter in das Grundbuch einzutragen, wenngleich Rechtsinhaberin die GbR als solche bleibt.[5] Der Titel muss daher auch die Gesellschafter aufführen und diese müssen mit den im Grundbuch eingetragenen übereinstimmen; bei einem Gesellschafterwechsel gilt § 727 entsprechend.[6]

Die Eintragung erfolgt auf (formlosen) *Antrag* des Gläubigers (§ 867 3
Abs. 1). Voraussetzung ist ein *Vollstreckungstitel* (der auch ein Prozessvergleich sein kann) über eine Geldforderung. Ein Anspruch auf Einräumung einer Hypothek wird nicht nach den §§ 867ff., sondern nach § 894 vollstreckt. Wird der Titel oder seine vorläufige Vollstreckbarkeit aufgehoben oder besteht die Forderung nicht oder geht sie unter, so erwirbt der Eigentümer des Grundstücks die Hypothek (§ 1163 BGB, § 868), die zur *Eigentümergrundschuld* wird (§ 1177 BGB). Als Nachweis genügt wiederum ein bloß vorläufig vollstreckbares Urteil, das den Titel aufhebt, für den die Zwangshypothek eingetragen wurde.[7]

Bei der Eintragung der Zwangshypothek handelt es sich *gleichzeitig* um ei- 4
nen *Akt der Zwangsvollstreckung* und um eine *Maßnahme der freiwilligen Gerichtsbarkeit.* Es müssen deshalb sowohl die Voraussetzungen der Zwangsvollstreckung als auch die Voraussetzungen zur Eintragung nach Grundbuch-

1 Zur Belastung mehrerer Grundstücke vgl. § 867 Abs. 2 sowie BGH NJW 1991, 2022.
2 S. dazu *Lüke* ZivilProzR I § 9 Rn. 2.
3 S. BGH NJW 2009, 594ff. mwN, im Ergebnis bejahend.
4 Krit. hierzu *Scherer* NJW 2009, 3063.
5 Zu den Problemen bei Übergangsfällen Hügel/*Reetz* § 47 Rn. 106ff.; zur Vollstreckung unter neuer Rechtslage s. BGH ZIP 2011, 119, dazu *Demharter* EWiR 2011, 99.
6 BGH NJW 2011, 615 = JuS 2011, 364 (*K. Schmidt*).
7 Klarstellend OLG München NJW-RR 2019, 1107f. Rn. 16, 22ff.

recht vorliegen. Nach hM sind *nicht die Rechtsbehelfe des Vollstreckungsverfahrens* (§§ 766, 793), sondern die der *Grundbuchordnung* gegeben (*Beschwerde* nach §§ 71 ff. GBO und *Rechtsbeschwerde* nach § 78 GBO). Gegen eine vollzogene Eintragung gibt es keine Erinnerung, aber die Beschwerde mit dem Antrag auf Löschung oder Eintragung eines Widerspruchs durch das Grundbuchamt gem. § 71 Abs. 2 S. 2 GBO.[8]

§ 32. Die Zwangsversteigerung

Literatur: *Dorn, Bestandteile und Zubehör in der Zwangsversteigerung, RPfleger 1987, 143; Geißler*, Die Verwertung der Sicherungsgrundschuld in der Zwangsversteigerung, JuS 1990, 284; *Piekenbrock/Schmidt-Volkmar*, Die Übernahme nicht voll valutierender Grundpfandrechte in der Zwangsversteigerung, Jura 2009, 641; Reymann, Immobiliarvollstreckung gegen GbR(-Gesellschafter), NJW 2011, 1412; *Schiffhauer*, Die Geltendmachung von Bagatellforderungen in der Zwangsversteigerung, ZIP 1981, 832; *Schreiber, Der Hypothekenhaftungsverband, Jura 2006, 597; Schreiber*,Die Zwangsvollstreckung in das unbewegliche Vermögen, Jura 2013, 792; *Storz*, Die Gläubigerablösung in der Zwangsversteigerung, ZIP 1980, 159.

I. Der Zweck der Zwangsversteigerung

1 Die Zwangsversteigerung hat den Zweck, das *Grundstück zu Geld zu machen.* Sie ist für den Schuldner die schwerwiegendste Vollstreckungsmaßnahme, *weil er sein Eigentum verliert.* Sie ist die geeignete Vollstreckungsart für *Forderungen über große Geldbeträge* oder *für die dinglichen Gläubiger,* die die Haftung des Grundstücks realisieren wollen. Gleichwohl verlangt die hM für die Zwangsversteigerung keine Mindesthöhe der zu vollstreckenden Forderung.[1]

II. Der Anordnungsbeschluss

2 Die *Anordnung* der Zwangsversteigerung erfolgt auf *Antrag* (§ 16 ZVG) durch das *Vollstreckungsgericht* (§ 15 ZVG). Voraussetzung ist das Vorliegen eines *vollstreckbaren Titels,* der zugestellt sein muss. Ein anderer antragsberechtigter Gläubiger kann sich dem Verfahren anschließen (§ 27 ZVG). Der *Schuldner muss als Eigentümer im Grundbuch eingetragen* oder *Erbe des Eigentümers* sein (§ 17 ZVG).[2] Anders als bei der Mobiliarvollstreckung werden also die Ei-

8 Vgl. BLAHAG/*Nober* ZPO § 867 Rn. 25; OLG Düsseldorf NJW-RR 2020, 1093.
1 *Schreiber* Jura 2013, 792 (793) mwN.
2 Entsprechend anwendbar auf erbgangsgleiche Universalsukzession, BGH NJW 2011, 525.

gentumsverhältnisse vom Vollstreckungsorgan nachgeprüft. Liegen die erforderlichen Voraussetzungen vor, so ergeht der *Anordnungsbeschluss,* der dem Schuldner zugestellt wird (§ 22 Abs. 1 ZVG).[3] Damit wird er wirksam. Das Grundbuchamt wird um *Eintragung des Versteigerungsvermerks* ersucht (§ 19 ZVG).

Der Beschluss, der die Zwangsvollstreckung anordnet, gilt zugunsten des Gläubigers als *Beschlagnahme des Grundstücks* (§ 20 ZVG). Diese hat die Wirkung eines *Veräußerungsverbotes* zugunsten des betreibenden Gläubigers (§ 23 Abs. 1 ZVG, §§ 135, 136 BGB). Die Beschlagnahme erstreckt sich nicht nur auf das Grundstück selbst, sondern auch auf die Gegenstände, die dem Haftungsverband einer Hypothek unterfallen (§ 20 Abs. 2 ZVG iVm §§ 1120ff. BGB). Verfügungen über derartige bewegliche Sachen sind von dem Veräußerungsverbot nur ausgenommen, soweit sie in den Grenzen der ordnungsgemäßen Wirtschaft getroffen werden (§ 23 Abs. 1 S. 2 ZVG). Damit soll das Grundstück verkehrsfähig gehalten werden.[4] Durch die Beschlagnahme erlangt der Gläubiger außerdem *das Recht auf Befriedigung aus dem Grundstück* (§ 10 Abs. 1 Nr. 5 ZVG; ein Pfändungspfandrecht kennt das ZVG nicht). 3

III. Die Bedingungen der Versteigerung

Bei der Versteigerung wirkt sich bereits die *Rangfolge* aus, nach der die Gläubiger zu befriedigen sind. Diese ist in § 10 ZVG festgelegt.[5] Von besonderer Bedeutung sind die Gläubiger in § 10 Abs. 1 Nr. 4 ZVG, also die *dinglichen Gläubiger* (etwa die Inhaber von Hypotheken und Grundschulden). Wenn mehrere Gläubiger in diese Rangklasse fallen, entscheidet das materielle Recht über den Rang (§ 11 ZVG, § 879 BGB). Dies gilt vor allem, wenn das Grundstück mit mehreren beschränkt dinglichen Rechten belastet ist. Erst nach diesen in Nr. 4 angeführten Gläubigern kommt der die Zwangsvollstreckung *betreibende Gläubiger* (§ 10 Abs. 1 Nr. 5 ZVG), es sei denn, dass er in einer der vorhergehenden Rangklassen zu befriedigen ist (etwa die Zwangsvollstreckung aus einer erstrangigen Hypothek betreibt). Unter mehreren nicht vorrangigen Gläubigern der Rangklasse nach § 10 Abs. 1 Nr. 5 ZVG gilt gem. § 11 Abs. 2 ZVG wie in der Mobiliarvollstreckung das Prioritätsprinzip (→ § 24 Rn. 6). 4

3 Dazu BGH NJW 2011, 528.
4 *Schreiber* Jura 2013, 792 (795): reife Früchte können geerntet und veräußert werden.
5 Vorab werden die Kosten des Verfahrens abgezogen, vgl. § 109 Abs. 1 ZVG.

5 Für die Versteigerung gilt, dass *die dem betreibenden Gläubiger im Range vorgehenden Gläubiger durch die Vollstreckung nicht gefährdet werden dürfen.* Dies wird durch das sog. *Deckungsprinzip,* dh die Regelung erreicht, dass bei der Versteigerung nur ein solches Gebot zugelassen wird, durch das alle dem betreibenden Gläubiger nach § 10 Abs. 1 ZVG vorgehenden Rechte sowie die Kosten des Verfahrens gedeckt werden, sog. *geringstes Gebot* (§ 44 Abs. 1 ZVG; seine Feststellung erfolgt nach den §§ 45 ff. ZVG). Der vorrangige Gläubiger läuft also nicht Gefahr, dass er mit seinem Recht ausfällt, indem das Grundstück zu einem Betrag zugeschlagen wird, der zur Deckung dieses Rechts nicht ausreicht.

6 Wenn etwa der betreibende Gläubiger aus einer an zweiter Rangstelle stehenden Hypothek vollstreckt, der eine erstrangige Hypothek über EUR 100.000 vorgeht, so beträgt das geringste Gebot EUR 100.000 zzgl. der Kosten des Verfahrens (wenn keine Gläubiger vorhanden sind, die in die Rangklassen des § 10 Abs. 1 Nr. 1–3 ZVG fallen).

7 Die in das geringste Gebot fallenden Rechte müssen *vom Ersteher nicht bar bezahlt werden.* Eine solche Regelung wäre denkbar, die vorangehenden Gläubiger könnten daraus befriedigt und ihre Rechte gelöscht werden *(Löschungsprinzip).* Der Nachteil dieser Regelung wäre, dass der Ersteher zusätzliches Bargeld benötigen würde und meistens gezwungen wäre, das Grundstück dafür sofort wieder zu belasten. Das Gesetz sieht deshalb vor, dass die *vorgehenden Rechte bestehen bleiben und vom Erwerber übernommen werden* (§ 52 Abs. 1 S. 1 ZVG, sog. *Übernahmeprinzip).* Somit muss der Ersteher nur die Kosten des Verfahrens und den auf die in § 10 Abs. 1 Nr. 1–3 ZVG genannten Rechte entfallenden Betrag sowie den das geringste Gebot übersteigenden Teil des Meistgebots bar bezahlen (*Bargebot,* § 49 Abs. 1 ZVG).

8 Wenn dem betreibenden Gläubiger eine Hypothek über EUR 100.000 vorgeht, EUR 5.000 Steuern zu bezahlen sind (§ 10 Abs. 1 Nr. 3 ZVG) und das Grundstück für EUR 220.000 zugeschlagen worden ist, muss der Erwerber nur EUR 120.000 und die Kosten des Verfahrens bar bezahlen.

9 Die Regelung des geringsten Gebots berücksichtigt nur die Interessen des vorangehenden Gläubigers, *nicht die des betreibenden Gläubigers.* Dieser kann mit seiner Forderung ganz oder zum Teil ausfallen, wenn nur der dem geringsten Gebot entsprechende Betrag oder wenig mehr geboten wird. Er kann versuchen, ein höheres Meistgebot zu erreichen, indem er *selbst mitbietet* und sich gegebenenfalls den Zuschlag erteilen lässt.

Auch die *Interessen der nachrangigen Gläubiger* werden durch das geringste Gebot nicht immer gewahrt. Wenn das Grundstück nur wenig belastet und das geringste Gebot entsprechend niedrig ist, könnte das Grundstück *weit unter Wert zugeschlagen werden* und diese Gläubiger könnten dann mit ihren Rechten ausfallen. Der Gesetzgeber hat deshalb das sog. materielle Mindestgebot eingeführt (§§ 74a, b ZVG). Danach darf auf Antrag eines (benachteiligten) Gläubigers der Zuschlag im ersten Termin nicht erteilt werden, wenn das Meistgebot einschließlich der bestehen bleibenden Rechte sieben Zehntel des Grundstückswertes (der nach § 74a Abs. 5 ZVG vom Vollstreckungsgericht festgesetzt wird) nicht erreicht (relatives Mindestgebot). Der *Schuldnerschutz* ist durch Einführung des § 85a ZVG verstärkt worden.[6] Nach § 85a Abs. 1 ZVG liegt das absolute Mindestgebot im ersten Termin bei der Hälfte des Grundstückswerts.[7] In einem zweiten Termin kann allerdings der Zuschlag weder aus den Gründen des § 74a ZVG noch aus denen des § 85a ZVG versagt werden (§§ 74a Abs. 4, 85a Abs. 2). Das Bundesverfassungsgericht hat in mehreren Entscheidungen außerdem festgestellt, dass die Erteilung des Zuschlags auf ein weit unter dem Wert des Grundstücks liegendes Gebot sowohl gegen Art. 3 GG (Gleichheitssatz und Willkürverbot), als auch gegen die Eigentumsgarantie des Art. 14 GG verstoßen kann.[8] 10

IV. Der Versteigerungstermin

Angesichts der auf dem Spiel stehenden wirtschaftlichen Interessen ist die Durchführung der Versteigerung von unbeweglichen Sachen wesentlich *genauer geregelt* als die von beweglichen Sachen. 11

Die Versteigerung erfolgt durch das *Vollstreckungsgericht* (§ 35 ZVG), das den Versteigerungstermin bestimmt (§ 36 ZVG; der *Inhalt dieses Beschlusses* ist zwingend vorgeschrieben, § 37 ZVG). Die Terminbestimmung wird bekannt gemacht (§§ 39ff. ZVG) und den Beteiligten zugestellt (§ 41 ZVG). 12

Im *ersten Abschnitt* des Versteigerungstermins erfolgt eine Reihe von *Bekanntmachungen;* außerdem werden das *geringste Gebot* und die *Versteigerungsbedingungen festgestellt* (§ 66 Abs. 1 ZVG). Daran schließt sich die *eigentliche Versteigerung* an, die mindestens 30 Minuten dauern muss (§ 73 ZVG). Sie beginnt mit der Aufforderung 13

6 Vgl. dazu *Müller* NJW 1979, 908.
7 Ausf mit Beispiel *Schreiber* Jura 2013, 792 (797).
8 BVerfGE 42, 64; 49, 220; dazu *Gerhardt* ZZP 95, 467.

des Gerichts, Gebote abzugeben (§ 66 Abs. 2 ZVG). Diese Gebote sind *privatrechtliche Willenserklärungen.* Bei jedem Gebot muss das Gericht entscheiden, ob es zugelassen oder zurückgewiesen wird (§ 71 ZVG). Mit der Zulassung eines höheren Gebots erlischt das vorangehende Gebot (§ 72 Abs. 1 ZVG). Das Gericht hat das *letzte Gebot und den Schluss der Versteigerung zu verkünden* (§ 73 Abs. 2 ZVG). Dann sind die anwesenden Beteiligten über den Zuschlag zu hören (§ 74 ZVG). Erst danach entscheidet das Gericht *über den Zuschlag durch Beschluss* (§ 87 ZVG; zum Inhalt des Beschlusses vgl. § 82 ZVG). Der Zuschlag muss bei Vorliegen der in §§ 83, 85, 85a ZVG genannten Gründe versagt werden. Wenn kein Zuschlagsversagungsgrund vorliegt, hat der Meistbietende einen Anspruch auf Erteilung des Zuschlags (vgl. § 81 Abs. 1 ZVG). Damit erlangt er das Eigentum an dem Grundstück und den Gegenständen, die in den Haftungsverband einer Hypothek fallen (§§ 90, 55 Abs. 1, 20 Abs. 2 ZVG iVm §§ 1120 ff. BGB). Eine Einstellung des Verfahrens erfolgt, wenn der Schuldner eine Zahlung des Betrages zur Befriedigung des Gläubigers und der Deckung der Kosten an die Gerichtskasse in bestimmter Form nachweisen kann (§ 75 ZVG).

V. Der Zuschlag

Literatur: *Bartels*, Zum Erwerb schuldnerfremden Eigentums nach ZVG, ZZP 128, 341; *Geißler*, Die Verwertung der Sicherungsgrundschuld in der Zwangsversteigerung, JuS 1990, 284; *Klawikowski*, Probleme des Erstehers nach der Zwangsversteigerung, RPfleger 2014, 236; *Klawikowski,* Die Auswirkungen der Grundstücksversteigerung auf Miet- und Pachtverhältnisse, Rpfleger 1997, 418; *Stöber*, Der zurückgegebene Vollstreckungstitel, NJW-Sonderheft zum Ende eines Gerichts, 2005, 62; *Streuer*, Verfügungsbeschränkungen und Eigentumsvormerkung in der Zwangsversteigerung des Grundstücks, Rpfleger 2000, 357.

14 Der Zuschlag wird mit der *Verkündung wirksam* (§ 89 ZVG). Der Ersteher wird *kraft Hoheitsakts Eigentümer des Grundstücks* und der Gegenstände, auf die sich die Versteigerung erstreckt hat (§ 90 ZVG).[9] Nutzungen und Lasten sowie die Gefahr des zufälligen Untergangs gehen auf den Erwerber über (§ 56 ZVG). Die Rechte, die nicht nach den Versteigerungsbedingungen bestehen bleiben sollen, *erlöschen* (§ 91 Abs. 1 ZVG). Sie müssen im Grundbuch gelöscht werden (§ 130 ZVG). Der Ersteher kann aber mit dem Inhaber von solchen

9 BGHZ 112, 59.

Rechten *vereinbaren, dass diese bestehen bleiben sollen,* wodurch sich *das Bargebot vermindert* (§ 91 Abs. 2 u. 3 ZVG). Für durch das Bargebot gedeckte Hypotheken und Grundschulden, die nicht bestehen bleiben, *tritt an die Stelle des Grundstücks der Erlös;* ihre Gläubiger sind daraus zu befriedigen (für andere dingliche Rechte gilt § 92 ZVG).[10]

Aus dem Zuschlagsbeschluss kann gegen den Besitzer des Grundstücks die *Räumungs- und Herausgabevollstreckung* erfolgen (§ 93 Abs. 1 ZVG). Mieter und Pächter werden nach §§ 566 ff. BGB geschützt (§ 57 ZVG), der Ersteher hat aber nach Maßgabe des §§ 57a ZVG ein Kündigungsrecht. 15

Gegen den Zuschlagsbeschluss ist die *sofortige Beschwerde* zulässig (§§ 95 ff. ZVG), die allerdings nur auf die in § 100 ZVG genannten Gründe gestützt werden kann. Die Rechtsprechung fordert in bestimmten Fällen aufgrund der für den juristischen Laien schwer erkennbaren Fristen eine Rechtsmittelbelehrung.[11] Wenn der Beschluss auf die Beschwerde aufgehoben wird, *entfällt mit der Rechtskraft dieses Beschlusses das Eigentum des Erwerbers* (§ 90 Abs. 1 ZVG). 16

VI. Das Verteilungsverfahren

Literatur: *Meyer-Stolte*, Eintragungen zwischen Zuschlag und Eigentumsberichtigung, Rpfleger 1983, 240; *Perger*, Zustellung des Teilungsplanes und Auszahlung des Versteigerungserlöses, Rpfleger 1991, 45; *Wieser*, Das Verteilungsverfahren als Zwangsvollstreckung, ZZP 103, 171.

Das Verteilungsverfahren findet *nach Erteilung des Zuschlags statt;* das Gericht hat dafür einen Termin zu bestimmen (§ 105 Abs. 1 ZVG). Dort ist die *Teilungsmasse festzustellen,* die im Wesentlichen aus dem Bargebot besteht (§ 107 ZVG). Nach Anhörung der Beteiligten wird ein *Teilungsplan* aufgestellt (§ 113 ZVG). Auf die Verhandlung über den Plan und seine Ausführung sind die Vorschriften der ZPO über das Verteilungsverfahren bei der Mobiliarvollstreckung anzuwenden (§ 115 Abs. 1 ZVG; → § 29 Rn. 1–3). 17

10 BGHZ 60, 228.
11 BGH NJW-RR 2009, 890 für § 98 S. 2 ZVG.

§ 33. Die Zwangsverwaltung

Literatur: *Beier/Haut,* Herausgabevollstreckung gem. § 883 ZPO aufgrund des Besclusses über die Anordnung der Zwangsverwaltung als Vollstreckungstitel, DGVZ 2007, 33; *Drasdo*, Rechte und Pflichten des Zwangsverwalters, NJW 2016, 1770; 2017, 1709; *Fischer*, Aus der Praxis, Der findige Vollstreckungsgläubiger, JuS 2006, 707; *Haarmeyer/Hintzen*, Handbuch zur Zwangsverwaltung, 3. Aufl, 2012; *Haarmeyer/Hintzen*, Zwangsverwaltung, 6. Aufl. 2016; *Hasselblatt,* Praxishinweise zur Zwangsverwaltung – nicht nur für Gläubiger, NJW 2012, 3222; *Mayer*, Die Beschlagnahme in der Zwangsverwaltung, RPfleger, 2009, 287; *Schmidberger*, Zwangsverwaltung und Zuschlag, RPfleger 2007, 241;

1 Bei der Zwangsverwaltung wird der Gläubiger aus den *Erträgnissen* eines Grundstücks oder grundstücksgleichen Rechts befriedigt (zB eines Mietshauses). Die Substanz verbleibt dem Schuldner. Die Zwangsverwaltung ist deshalb vor allem für die Vollstreckung *von wiederkehrenden Ansprüchen* geeignet.

2 Sie ist unter *denselben Voraussetzungen* zulässig wie die Zwangsversteigerung: Titel und Klausel müssen vorliegen, die Zustellung muss erfolgt sein. Der Schuldner muss *Eigenbesitzer* des Grundstücks sein; es darf durch die Anordnung der Zwangsverwaltung nicht in den Besitz eines nicht zur Herausgabe bereiten Dritten eingegriffen werden.[1] Wird der Eigenbesitz des Eigentümers bestritten, so ist dies nicht vom Vollstreckungsgericht, sondern in einem Erkenntnisverfahren nach Erhebung einer Drittwiderspruchsklage zu klären.[2]

3 Die Zwangsverwaltung wird auf *Antrag* vom *Vollstreckungsgericht* angeordnet (§§ 146, 15 ZVG). Dem Schuldner wird die *Verwaltung und Benutzung des Grundstücks entzogen* (§ 148 Abs. 2 ZVG).

4 Die Beschlagnahme erfasst, anders als bei der Zwangsversteigerung, vor allem auch *Miet- und Pachtforderungen* (§§ 148 Abs. 1, 21 Abs. 2 ZVG). Bei einem bestehenden *Nießbrauch* stellt sich die Frage, wem die Erträge aus diesen Forderungen gebühren. Zur unbeschränkten Anordnung der Zwangsverwaltung bedarf es deshalb nicht nur eines Titels gegen den Eigentümer, sondern auch gegen den Nießbraucher. Dies gilt im formalisierten Vollstreckungsverfahren auch, wenn der Nießbrauch gegenüber dem Recht des Vollstreckungsgläubigers nachrangig ist.[3]

1 BGHZ 96, 61.
2 BGH MDR 2004, 1022.
3 BGH Rpfleger 2003, 378.

Das Gericht bestellt eine natürliche Person als *Zwangsverwalter* (§ 150 Abs. 1 ZVG),[4] *dem der Besitz des Grundstücks* zu verschaffen ist (§ 150 Abs. 2 ZVG). Der Zwangsverwalter ist ein *im eigenen Namen handelndes Organ* (Partei kraft Amtes, str.). Er hat das Recht und die Pflicht, das Grundstück in seinem wirtschaftlichen Bestand zu erhalten und ordnungsgemäß zu nutzen.[5] Ist der Schuldner beispielsweise Eigentümer eines Grundstücks, auf dem ein Mietshaus steht, soll der Zwangsverwalter diese vorgefundene Art der Nutzung fortführen. Er soll das Grundstück wie ein sorgfältiger Eigentümer verwalten und muss deshalb alles Nötige tun, um es in seinem wirtschaftlichen Bestand zu erhalten, § 152 Abs. 1 Hs. 1 ZVG. Demnach ist der Zwangsverwalter dazu verpflichtet, notwendige Instandsetzungen vorzunehmen, die Vorauszahlungen und Betriebskosten mit den Mietern abzurechnen oder auch zu niedrige Mieten an das ortsübliche Niveau anzupassen. Aus den Überschüssen der Einnahmen werden dann die Gläubiger des Eigentümers nach Maßgabe des § 155 ZVG befriedigt. 5

Ein vom Schuldner auf dem Grundstück ausgeübter *Gewerbebetrieb* ist als solcher nicht Gegenstand der Zwangsverwaltung. Ist aber das beschlagnahmte Grundstück für den Betrieb dauerhaft ausgebaut und das Gewerbe vom Grundstück nicht ablösbar, so kann der Zwangsverwalter die unternehmerische Tätigkeit fortsetzen, soweit er damit nicht in nicht beschlagnahmte Rechte des Schuldners eingreift.[6] Zu einem nachhaltigen *Umbau* des Grundstücks zwecks Verwirklichung eines grundlegend veränderten Nutzungskonzepts berechtigt die Zwangsverwaltung dagegen nicht.[7] 6

Der Zwangsverwalter muss die Ansprüche, auf die sich die Beschlagnahme erstreckt, geltend machen (§ 152 Abs. 1 ZVG). Er ist insoweit *gesetzlicher Prozessstandschafter* des Schuldners.[8] Er wird bei seiner Tätigkeit *vom Gericht beaufsichtigt* (§ 153 ZVG), ist zur Rechnungslegung verpflichtet und *haftet den Beteiligten* mit seinem Privatvermögen (§ 154 ZVG).[9] 7

Die *Verteilung der Nutzungen* erfolgt aufgrund eines für die ganze Dauer des Verfahrens aufgestellten Teilungsplanes (§ 156 Abs. 2 S. 2 8

4 Vgl. hierzu BVerfG NJW 2010, 1804.
5 Zu den Rechten und Pflichten allg. *Drasdo*, NJW 2011, 1782 ff.
6 BGH MDR 2005, 1251 Bsp. Hotelgrundstück.
7 BGH MDR 2005, 653.
8 Vgl. BGH MDR 2003, 1378; 2005, 1306.
9 BGHZ 109, 171.

ZVG; vgl. auch § 155 ZVG). Das Gericht ordnet die planmäßige Zahlung der Beträge an die Berechtigten an (§ 157 Abs. 1 ZVG).

9 Die Zwangsverwaltung ist durch Beschluss aufzuheben, wenn der Gläubiger befriedigt ist (§ 161 Abs. 2 ZVG; weitere Aufhebungsgründe s. Abs. 3 u. 4) oder der Gläubiger den Antrag auf Anordnung der Zwangsverwaltung während des Verfahrens uneingeschränkt zurücknimmt.[10]

10 Die Aufhebung hat auch zu erfolgen, wenn das Grundstück im Wege der Zwangsversteigerung zugeschlagen wird (die Zwangsverwaltung hindert nicht die Durchführung der Zwangsversteigerung).

8. Kapitel. Die Zwangsvollstreckung wegen anderer Ansprüche

Literatur: *Gerhardt,* Die Handlungsvollstreckung – eine Bestandsaufnahme über Befund und Entwicklungstendenzen, FS BGH, Bd. III, 2000, 463; *Guntau,* Fälle zum Vollstreckungsrecht nach §§ 887–890, JuS 1983, 687, 782, 939; *Schuschke*, Einige Überlegungen zur Zulässigkeit zu den Grenzen der sog. „Kerntheorie" im Rahmen der Unterlassungsvollstreckung, FS Prütting, 2018, 785.

§ 34. Die Vollstreckung von Herausgabeansprüchen

I. Ansprüche auf Herausgabe einer bestimmten beweglichen Sache

1 Wenn der Schuldner verpflichtet ist, eine *bestimmte bewegliche Sache* oder *eine Menge bestimmter beweglicher Sachen* herauszugeben, erfolgt die Vollstreckung dadurch, dass der Gerichtsvollzieher *die Sache wegnimmt* und dem Gläubiger übergibt (§ 883 Abs. 1). Er kann dabei *unmittelbaren Zwang* anwenden. Der *Rechtsgrund* der Herausgabeverpflichtung (dinglich oder obligatorisch) spielt dabei keine Rolle. Richtet sich der Anspruch auf Einsichtnahme, so wird nach hM ebenfalls nach § 883 ZPO vollstreckt,[1] obwohl der materielle Anspruch gerade nicht auf Inbesitznahme der Originalurkunden gerichtet ist. Auskunftsansprüche werden demgegenüber als unvertretbare Handlungen nach § 888 ZPO vollstreckt.[2] Die Vorschriften über den Pfändungsschutz (§ 811) sind bei der Herausgabevollstreckung *nicht anzuwenden.*

10 BGH NJW 2008, 3067.
1 OLG Frankfurt a. M. NJW-RR 2018, 765 mwN auch zur aA, die die Vollstreckung nach § 888 für einschlägig hält.
2 BeckOK ZPO/*Stürner* ZPO § 888 Rn. 6 mwN.

Bei einer Verpflichtung zur *Übereignung* muss ebenfalls die *Wegnahme* erfolgen. § 929 BGB setzt die Übertragung des Besitzes voraus. *Hinzukommen muss die Einigung.* Insoweit handelt es sich um die Abgabe einer Willenserklärung (vgl. § 897). 2

Vollstrecken die *sorgeberechtigten Eltern* oder ein *sorgeberechtigter Elternteil* einen Titel auf *Herausgabe des Kindes* (§ 1632 Abs. 1 BGB) so entscheidet das *Familiengericht* (§ 1632 Abs. 3 BGB). Verfahren und Vollstreckung erfolgen dann nach den Vorschriften des FamFG (§§ 111 Nr. 2, 151 Nr. 3, 90, 94 FamFG). 3

Wenn die herauszugebende Sache beim Schuldner nicht gefunden wird, muss dieser nach Maßgabe des § 883 Abs. 2 eine *eidesstattliche Versicherung* abgeben. Diese Verpflichtung wird nach den §§ 802 e ff. nF vollstreckt. Gegebenenfalls hat der Gläubiger Schadensersatzansprüche (§ 893). 4

II. Ansprüche auf Herausgabe einer bestimmten Menge beweglicher Sachen oder Wertpapiere

Auch in diesen Fällen hat der Gerichtsvollzieher die Sachen *wegzunehmen und dem Gläubiger zu übergeben* (§ 884). Der Unterschied zu § 883 besteht darin, dass dort die Herausgabe *bestimmter Sachen* aus einem *bestimmten Bestand* geschuldet wird, hier die Leistung einer *bestimmten Menge vertretbarer Sachen.* Erst mit der Wegnahme tritt eine Konkretisierung nach § 243 Abs. 2 BGB ein. Deshalb kann keine eidesstattliche Versicherung verlangt werden. Bei *Ansprüchen auf Übereignung* muss auch hier die *Einigung* hinzukommen (§ 897). 5

III. Ansprüche auf Herausgabe, Überlassung oder Räumung von unbeweglichen Sachen

Literatur: *Ernst,* Mobiliar- und Räumungsvollstreckung gegen den Partner einer nichtehelichen Lebensgemeinschaft, JurBüro 2004, 407; *Fischer/Mroß,* Zwei Jahre neues Recht der Räumungsvollstreckung (§§ 885, 885a ZPO): Problemlösung oder -kreation?, DGVZ 2015, 97; *Gilleßen,* Die Räumungsvollstreckung und ihre Problembereiche – eines systematische Darstellung, DGVZ 2006, 145, 165, 185; *Mroß/Fischer,* Räumungsvollstreckung gegen Mit- und Nachbesitzer: Ist alles einfacher geworden? Anmerkungen aus Rechtspraxis und –wissenschaft, DGVZ 2016, 195; *Pauly,* Die Räumungsvollstreckung gegen nicht am Mietvertrag beteiligte Personen, DGVZ 2000, 17; *Scherer,* Titel gegen Nicht-Mieter bei der Wohnungszwangsräumung?, DGVZ 1993, 161; *Schmid,* Tiere in der Zwangsvollstreckung, JR 2013, 245; *K. Schmidt*, Vollstreckung des Herausgabeanspruchs bei tituliertem Schadensersatz, JuS 2018, 912.

6 Hierhin gehören vor allem Ansprüche auf *Räumung von Wohnungen oder Häusern.* Bei diesen Ansprüchen ist ein *besonderer Schuldnerschutz* vorgesehen (§§ 721, 794a). Die Vollstreckung erfolgt dadurch, dass der Gerichtsvollzieher den *Schuldner aus dem Besitz setzt* (dabei ist gegebenenfalls die Anwendung direkter Gewalt möglich) und den *Gläubiger in den Besitz einweist* (§ 885 Abs. 1). Die Wohnung oder das Haus *sind grds. von den Sachen des Schuldners zu räumen.* Diese sind, sofern sie nicht Gegenstand der Zwangsvollstreckung sind, dem Schuldner oder einer anderen in § 885 Abs. 2 genannten Person zu übergeben. Falls das nicht möglich ist, hat der Gerichtsvollzieher sie zu verwahren (§ 885 Abs. 3). Bei Tieren kann das zu Schwierigkeiten führen.[3] Verlangt der Schuldner nicht innerhalb einer zweimonatigen Frist die verwahrten Sachen unter gleichzeitiger Bezahlung der Kosten heraus, kann der Gerichtsvollzieher sie verkaufen und den Erlös hinterlegen (§ 885 Abs. 4). Gerade im Rahmen der Räumungsvollstreckung spielt der Schutz nach § 765a eine besondere Rolle[4] und soll nach Ansicht des Bundesverfassungsgerichts unter bestimmten Umständen sogar zu einem Räumungsschutz auf Dauer führen können.[5] Im Übrigen lässt die Rechtsprechung dem Gläubiger die Möglichkeit, die Zwangsvollstreckung nach § 885 auf die Herausgabe der Wohnung zu beschränken, wenn er sich auf ein Vermieterpfandrecht an den beweglichen, in der Wohnung befindlichen Gegenständen beruft.[6]

7 Schwierigkeiten bereitet die Abgrenzung zur Vollstreckung wegen Ansprüchen gegen den Schuldner auf Vornahme einer *vertretbaren Handlung* nach § 887 (→ § 35 Rn. 2). Ist tatsächliche Voraussetzung der Herausgabe eine *Handlung des Schuldners*, so wird von einer *sachbezogenen Handlung* gesprochen. Um sie zu erwirken, ist eine zusätzliche Vollstreckung nach § 887 nur erforderlich, wenn die Handlungspflicht nach Auslegung des Titels als *selbständig* anzusehen ist.[7]

8 Von der Herausgabevollstreckung nach § 883 erfasst sind also insbesondere die leicht vorzunehmende Trennung, einfache Verpackung oder ggf. Versendung der Sache.[8] Das Wegschaffen beweglicher Sachen durch den Gerichtsvollzieher gehört ebenfalls zur Räumung, die Beseitigung von Bauwerken

3 *Schmid* JR 2013, 245 (246 f.); *Meller-Hannich* MDR 2019, 713 (716 f.).
4 Dazu *Schuschke* NJW 2006, 874.
5 BVerfG NJW 1992, 1155; s. auch BVerfG NJW 1991, 3207; NJW-RR 1993, 463.
6 BGH NJW 2006, 848 und 3273; krit. dazu *Flatow* NJW 2006, 1396; s. auch BGH JuS 2007, 288 (*K. Schmidt*); bei einer Zwangsräumung aus einem Zuschlagsbeschluss wird das für nicht zulässig erachtet, zB LG Saarbrücken DGVZ 2010, 216.
7 Stein/Jonas/*Bartels* ZPO § 883 Rn. 4 ff.
8 Stein/Jonas/*Bartels* ZPO § 883 Rn. 3.

oder Anpflanzungen geht jedoch darüber hinaus. Ist der Schuldner auch dazu verpflichtet, so muss zusätzlich nach § 887 vollstreckt werden.[9]

Zweifel ergeben sich, wenn die Räume von mehreren Personen genutzt werden und *sich der Titel nur gegen eine von ihnen richtet.* Entscheidend sind dann die Besitzverhältnisse. Wenn etwa nur der zur Räumung verurteilte Ehemann Mieter ist, nicht aber seine bei ihm in der Ehewohnung wohnende Ehefrau, so stellt sich die Frage, ob der Gläubiger auch einen gegen die Ehefrau gerichteten Räumungstitel haben muss.[10] Nach Ansicht des Bundesgerichtshofs sind Ehegatten wegen des Gebotes der ehelichen Lebensgemeinschaft nach § 1353 Abs. 1 BGB in der Regel *Mitbesitzer* einer Wohnung, auch wenn nur einer von ihnen Mietpartei ist. Zur Räumung bedürfe es deshalb eines Titels gegen beide.[11] Gleiches nimmt der Bundesgerichtshof nunmehr auch für nichteheliche Lebensgefährten an.[12] Im Übrigen dürften *Mitbewohner* des Mieters allerdings nur als *Besitzdiener* anzusehen sein, so dass ein Titel gegen den Mieter ausreicht.[13] 9

Ob eine nicht im Titel aufgeführte, mitbesitzende Person uU *materiellrechtlich* zur Räumung verpflichtet ist, darf der Gerichtsvollzieher nicht überprüfen. Diese Frage ist in einem Erkenntnisverfahren und nicht im formalisierten Vollstreckungsverfahren zu klären.[14] 10

Zur Vollstreckung gegen einen *Untermieter*, der die Räume allein nutzt, ist ein gegen den Hauptmieter gerichteter Titel nicht ausreichend.[15] 11

IV. Sachen im Gewahrsam eines Dritten

Wenn sich die herauszugebende bewegliche oder unbewegliche Sache im *Gewahrsam eines Dritten* befindet, ist die Vollstreckung möglich, wenn der Dritte zur Herausgabe bereit ist (arg. § 809). Andernfalls ist der Anspruch des Schuldners auf Herausgabe gegen den Dritten zu pfänden und dem Gläubiger zur Einziehung zu überweisen (§ 886), der ihn dann durchsetzen, dh erforderlichenfalls einklagen kann. 12

---

9 BGH MDR 2004, 1021.
10 Zu dem Problem *Riecke* DGVZ 2006, 81.
11 BGH NJW 2004, 3041.
12 BGH NJW 2008, 1959; so bereits *Brunner* NJW 1988, 1362.
13 BGH aaO für Kinder des Vollstreckungsschuldners; zur Zwangsvollstreckung in Wohngemeinschaften vgl. *Pawlowski*, NJW 1981, 670; für Einzelheiten s. *Gaul/Schilken/Becker-Eberhard* ZVR § 70 Rn. 19 ff.; zur möglichen Ausnahme eines Titels gegen Unbekannt bei Hausbesetzern *Geißler* DGVZ 2011, 37.
14 BGH NJW 2004, 3041.
15 BGH NJW 2008, 3287 = JuS 2009, 91 (*K. Schmidt*).

§ 35. Die Vollstreckung zur Erwirkung von Handlungen und Unterlassungen

Literatur: *Ahrens/Spätgens*, Einstweiliger Rechtsschutz und Vollstreckung in UWG-Sachen, 4. Aufl. 2001; *Bruns*, Zwangsgeld zugunsten des Gläubigers – ein europäisches Zukunftsmodell?, ZZP 118, 3; *W.Böhm*, Die Zwangsvollstreckung nach § 890 ZPO, 1971; *Borck*, Über unrichtig gewordene Unterlassungstitel und deren Behandlung WRP 2000, 9; *Büttner*, Der praktische Fall – Vollstreckungsrechstklausur: Die störende Gaststätte oder Tücken der Unterlassungsvollstreckung, JuS 1991, 504; *Cirullies,* Die Vollstreckung von Zwangs- und Ordnungsmitteln, insbesondere in Familiensachen, Rpfleger 2011, 573; *Gaumann/Liebermann*, Die zwangsweise Durchsetzung des Weiterbeschäftigungsanspruchs durch den Arbeitnehmer im Insolvenzverfahren des Arbeitgebers, NZA 2005, 908; *Gerhardt*, Die Handlungsvollstreckung – Eine Bestandsaufnahme über Befund und Entwicklungstendenzen, FG 50 Jahre BGH, BD III, 2000, 463; *Heese*, Sachaufklärung mittels exterritorialer Handlungsvollstreckung, ZZP 124, 73; *Huber*, Aus der Praxis: „Billiger" Erfüllungseinwand in der Handlungsvollstreckung, JuS 2005, 521; *Kannowski/Distler*, Der Erfüllungseinwand im Vollstreckungsverfahren nach § 887 ZPO, NJW 2005, 865; *Kannowski/Keil*, Wohnungsöffnung und Widerstand des Schuldners beim Ausbau von Energiezählern: Ein Fall der Duldungsvollstreckung?, DGVZ 2008, 109; *Klein/Burlanski*, Ordnungsgeld statt Zwangsgeld – Effektive Durchsetzung von Belieferungsansprüche, NJW 2010, 2248; *Piekenbrock*, Die Handlungs- und Unterlassungsvollstreckung aus verfassungsrechtlicher Sicht FS Klamaris 2016, 567; *Schlappa*, Zur Durchsetzung eines Befreiungsanspruchs, DGVZ 2011, 21; *Schmitt-Gaedke/Arz*, Die Antragsfassung bei Unterlassungsklage und Unterlassungsverfügung, JuS 2015, 126; *Sutschet*, Bestimmter Klageantrag und Zwangsvollstreckung, ZZP 119, 279; *Schuschke*, § 898 ZPO und der gutgläubige Ersterwerb einer Vormerkung in der Zwangsvollstreckung – Zugleich ein Beitrag zur ergänzenden Auslegung von Normen, FS Kreft, 2004, 151; *Thole*, Erfüllung und Erfüllungssurrogate im Zwangsvollstreckungsrecht, Jura 2010, 605; *Walker*, Grundrechte in der Zwangsvollstreckung – Eine Skizze, GS M. Wolf, 2001, 561.

1 Das Gesetz unterscheidet zwischen Ansprüchen auf Vornahme *vertretbarer Handlungen, unvertretbarer Handlungen* und auf *Duldung* oder *Unterlassung.* Die verschiedenen Regelungen der Vollstreckung machen deutlich, dass der *Zwang gegen den Schuldner nicht weiter gehen soll als notwendig.*

I. Ansprüche auf Vornahme vertretbarer Handlungen

2 Diese Ansprüche können *auch von Dritten erfüllt* werden, *der wirtschaftliche Erfolg ist derselbe.*[1] Deshalb besteht *kein Grund,* den Schuldner durch direkten Zwang zur Vornahme einer solchen Handlung zu veranlassen. Die Vollstreckung erfolgt vielmehr dadurch, dass der Gläubiger auf Antrag vom Prozessgericht des ersten Rechtszuges ermächtigt wird, die Handlung *auf Kosten des Schuldners durch einen Dritten vornehmen zu lassen* (§ 887 Abs. 1, sog. *Ersatzvornahme*). Der Schuldner ist vorher zu hören (§ 891). Hat er die geschuldete Handlung bereits vorgenommen, so kann der Schuldner den Erfüllungseinwand im Vollstreckungsverfahren nach § 887 vorbringen und ist ausnahmsweise nicht ausschließlich auf die Vollstreckungsgegenklage nach § 767 verwiesen.[2] Den ebenfalls materiell-rechtlichen Einwand, die Vornahme der Handlung sei unzumutbar oder führe nicht zum Erfolg, kann der Schuldner dagegen nur im Wege der Vollstreckungsgegenklage erheben.[3] Der Gläubiger muss *die Kosten der Ersatzvornahme* (auch als Vorschuss möglich) *vom Schuldner im Wege der Vollstreckung wegen Geldforderungen* eintreiben (§ 887 Abs. 2). Anstatt auf diese Weise zu vollstrecken, kann der Gläubiger allerdings auch den Schadensersatzanspruch geltend machen (§ 893).

II. Ansprüche auf Vornahme unvertretbarer Handlungen

3 Hier kann ein Dritter *nicht denselben rechtlichen oder wirtschaftlichen Erfolg* herbeiführen. Die Ersatzvornahme kommt deshalb nicht in Frage. Dies gilt etwa für Ansprüche auf Auskunftserteilung, Rechnungslegung, Betriebskostenabrechnung,[4] Entgeltabrechnung[5] oder auf Abgabe einer Versicherung an Eides statt nach materiellem Recht (§ 889 Abs. 2).

4 Die Vollstreckbarkeit derartiger Ansprüche richtet sich danach, ob die Handlung *ausschließlich vom Willen des Schuldners abhängig ist* (§ 888 Abs. 1). Dies ist nicht der Fall zB bei der Anfertigung von Kunstwerken oder dann, wenn die Mitwirkung eines Dritten, etwa

---

1 ZB bei Arbeiten von Handwerkern; von einer Gesellschaft geschuldete Auseinandersetzungsbilanz, BGH JuS 2009, 383 (*K. Schmidt*).
2 BGHZ 161, 67; dazu *Kannowski/Distler* NJW 2005, 865; *Deubner* JuS 2005, 512 (516).
3 BGH NJW-RR 2006, 202; OLG Bremen DGVZ 2020, 146 (147) (Selbstbelastungsverbot).
4 S. BGH NJW 2006, 2707.
5 BGH NJW 2010, 1164.

eines Arztes oder eines Architekten, erforderlich ist.[6] Eine Vollstreckung ist hier *unmöglich,* der Gläubiger kann aber *Schadensersatzansprüche* geltend machen (§ 893).

5 Wenn die Handlung *ausschließlich vom Willen des Schuldners abhängt,* kann die Vollstreckung erfolgen (Ausnahme § 888 Abs. 3). Sie geschieht auf Antrag durch Verhängung von *Zwangsgeld* oder von *Zwangshaft,* die das Prozessgericht des ersten Rechtszuges anordnet (§ 888 Abs. 1 S. 1). Auch wenn es sich um das Prozessgericht handelt, beschränkt sich der Prüfungsmaßstab auf die prozessualen Voraussetzungen der Zwangsvollstreckung. Eine weitere materiell-rechtliche Prüfung würde gegen den Grundsatz des Formalismus der Zwangsvollstreckung verstoßen.[7] Bei der Vollstreckung können Inhalt und Umfang des Ausspruchs des zu vollstreckenden Urteils im Wege der Auslegung verdeutlicht werden.[8] Es steht im *Ermessen des Gerichts,* ob es Zwangsgeld oder Zwangshaft anordnet.[9] Auch hier ist der Schuldner vor der Anordnung anzuhören (§ 891), und man wird den Erfüllungseinwand des Schuldners ebenfalls zulassen müssen.[10] Eine Androhung der Zwangsmittel findet indes nicht statt (§ 888 Abs. 2). Es handelt sich bei den Zwangsmitteln nicht um Strafen, sondern um *Beugemaßnahmen,* mit denen der Schuldner dazu gebracht werden soll, die Handlung vorzunehmen. Bei Unmöglichkeit der Handlung ist daher eine Vollstreckung nach § 888 unzulässig.[11] Unmöglichkeit bei notwendiger Mitwirkung Dritter liegt erst vor, wenn der Schuldner alles Zumutbare unternommen hat, um diese Mitwirkung zu erreichen.[12] Wenn er die Handlung vornimmt, unterbleibt die weitere Beitreibung von Zwangsgeld, bzw. der Schuldner ist aus der Zwangshaft zu entlassen. Gleiches soll gelten, wenn ein zur Auskunftserteilung verurteilter Schuldner erklärt, er wisse nicht mehr als das bisher bereits Mitgeteilte. Mit dieser Erklärung habe er seiner Auskunftspflicht genügt.[13] Das Zwangsgeld erhält nicht der Gläubiger, sondern die *Justizkasse.*

---

6 Dazu *Grunsky* JuS 1973, 553; *Schilken* JR 1976, 320.
7 Anschaulich OLG Düsseldorf NJOZ 2020, 819 (820).
8 BGH NJW-RR 1993, 1154.
9 HM, anders *Jauernig/Berger* ZwangsVollstrR/InsR § 27 Rn. 19ff. mN
10 Vgl. BGHZ 161, 67 zur Vollstreckung nach § 887.
11 HM, vgl. zB OLG Saarbrücken OLGZ 1991, 225; OLG Celle MDR 1998, 923; OLG Düsseldorf NJOZ 2020, 819 (820) (auch zur Abgrenzung von der nicht ausreichenden Unzumutbarkeit); OLG Bremen DGVZ 2020, 146 (148f.) (Beschlagnahme der vorzulegenden Unterlagen durch die Staatsanwaltschaft).
12 OLG Köln NJW-RR 1992, 633; OLG Frankfurt a. M. NJW-RR 1992, 171.
13 So BGHR ZPO § 2 Beschwerdegegenstand 21.

Dem Gläubiger sind damit die Hände gebunden, wenn der Schuldner sich an den (wiederholten)[14] Zwangsgeldern in Höhe von jeweils höchstens EUR 25.000 (§ 888 Abs. 1 S. 2) wegen großen Vermögens oder Vermögenslosigkeit nicht stört und auch die Zwangshaft nicht fruchtet. Letztere kann bereits wegen des Gesundheitszustandes des Schuldners unzulässig sein (§§ 888 Abs. 1 S. 3, 802h Abs. 2). Sehr umstritten ist die Frage, ob eine Landesregierung – in Person des Ministerpräsidenten – durch Zwangshaft zur Einhaltung verwaltungsgerichtlicher Leistungsurteile gebeugt werden kann. Das rechtliche Problem liegt darin, dass die VwGO gerade keine Zwangshaft vorsieht und in § 67 VwGO nur „im Übrigen" auf die ZPO verweist. Endgültig klären konnte das auch eine Entscheidung des EuGH[15] noch nicht. Dieser hält die Zwangshaft zwar für möglich, verlangt aber eine nationalrechtliche Verankerung, die im deutschen Recht fehlt.[16] 6

III. Ansprüche auf Unterlassung oder Duldung einer Handlung

Duldungs- und Unterlassungsansprüche sind von erheblicher Bedeutung vor allem im *Urheber- und Wettbewerbsrecht*, bei *Eingriffen in die Rechte anderer* (zB das Eigentum oder Persönlichkeitsrechte) und im *Nachbarrecht.* Für ihre Vollstreckbarkeit ist die *genaue Bezeichnung* der vorzunehmenden[17] oder zu duldenden Handlung *im Vollstreckungstitel* von besonderer Bedeutung, weil sonst die Feststellung einer Zuwiderhandlung erhebliche Schwierigkeiten machen kann.[18] 7

Die *Vollstreckung dieser Ansprüche* erfolgt dadurch, dass der Schuldner *wegen einer jeden Zuwiderhandlung* auf Antrag des Gläubigers von dem Prozessgericht des ersten Rechtszuges durch Beschluss zu *Ordnungsgeld* oder *Ordnungshaft* verurteilt wird. Das Ordnungsgeld darf den Betrag von EUR 250.000,[19] die Ordnungshaft insgesamt zwei Jahre nicht übersteigen (§ 890 Abs. 1). Diese Verurteilung darf nur erfolgen, wenn ihr eine *Androhung* vorausgegangen ist, die entweder schon in dem Urteil enthalten ist oder durch einen besonderen Beschluss erlassen wird (§ 890 Abs. 2). Vor allen Entscheidungen nach § 890 ist der Schuldner zu hören (§ 891). 8

---

14 Näher hierzu BGH NJW 2019, 231 (232) Rn. 17; Musielak/Voit/*Lackmann* ZPO § 888 Rn. 12.

15 EuGH NJW 2020, 977 = JuS 2020, 700 (mAnm *Ruffert*); ausf. zum Sachverhalt *Kring* NVwZ 2019.

16 Ausf. *Will* NJW 2020, 963.

17 S. zB BGH DGVZ 2007, 149.

18 Vgl. dazu BGHZ 67, 253; OLG Düsseldorf MDR 1998, 1431; zur Abgrenzung der Verurteilung zur Unterlassung von der zur Vornahme einer Handlung vgl. *Jauernig*, NJW 1973, 1672.

19 Zur Bemessung BGH NJW 1994, 45.

9 Nach heute hM stellt der Wortlaut des § 890 klar, dass es sich bei den Strafen *nicht nur um Beugemittel* handelt. Verschulden ist deshalb Voraussetzung für die Bestrafung.[20] Ebenso sollte eine Bestrafung auch dann möglich sein, wenn der Titel zeitlich befristet ist, weil sonst jeder Verstoß gegen Ende dieser Frist ohne Konsequenzen für den Schuldner bliebe.[21] Der Gläubiger trägt für das Verschulden die Darlegungs- und Beweislast. Dafür gelten die allgemeinen Beweiserleichterungen.[22] Ordnungsgeld und Ordnungshaft dürfen zwar nach § 890 Abs. 1 nur alternativ festgesetzt werden, die nach § 890 Abs. 2 erforderliche Androhung kann aber für beide Maßnahmen kumulativ erfolgen.[23] Nicht zuletzt wegen deren Sanktionscharakters sind Überlegungen dahingehend verfassungsrechtlich kritisch zu sehen (vgl. Art. 103 Abs. 2 GG), die im Titel konkret angegebene Unterlassungshandlung auch auf weitere Handlungen mittels Auslegung zu erstrecken (sog. Kerntheorie). Gleichwohl besteht hierfür ein gewisses Interesse des Unterlassungsgläubigers. Dieser sähe sich ansonsten der Gefahr von minimal abweichenden Verletzungshandlungen des Unterlassungsschuldners ausgesetzt, zu deren Unterlassung er – der Gläubiger – jeweils erneut eines Titels bedürfte.[24] Deshalb bejaht der BGH die Erstreckung auf Verletzungshandlungen, die im Kern gleichartig sind, soweit sie bereits im Erkenntnisverfahren einbezogen wurden und der Verurteilung zu Grunde lagen.[25] Als Kompensation steht dem Unterlassungsschuldner die negative Feststellungsklage über den Umfang des Unterlassungsgebots zur Verfügung.[26] Dies und allgemein die Möglichkeit der Einholung anwaltlichen Rates sollten in der Regel einen Verbotsirrtum des Unterlassungsschuldners als vermeidbar erscheinen lassen.[27]

10 Ein weiterer Schutz für den Gläubiger kann durch die Verurteilung des Schuldners erzielt werden, für den durch *fernere Zuwiderhandlungen entstehenden Schaden Sicherheit zu leisten* (§ 890 Abs. 3).

11 Der Schuldner kann gegen die Androhung (§ 890 Abs. 2) und gegen den Beschluss, der die Sicherheitsleistung anordnet, *sofortige Beschwerde* einlegen (§ 793); gegen die Entscheidung über den Festsetzungsantrag, auch wegen der Höhe des Ordnungsmittels, können Schuldner und Gläubiger sofortige

---

20 BVerfGE 58, 163; *Jauernig/Berger* ZwangsVollstrR/InsR § 28 Rn. 31; aA; OLG Hamm NJW 1980, 1399 m. abl. Anm. *Lindacher.*

21 OLG Hamm MDR 1986, 418; vgl. *Baur/Stürner/Bruns* ZwangsVollstrR Rn. 40.28 mN zum alten Rechtszustand.

22 KG OLGZ 1993, 339; zur Zulässigkeit des Anscheinsbeweises BVerfG NJW 1991, 3139.

23 BGH NJW 2004, 506.

24 Ausf. *Schuschke* FS Prütting, 2018, 785 ff. mit anschaulichen Beispielen.

25 BGH NJW 2014, 2870 Rn. 11 f.; Musielak/Voit/*Lackmann* ZPO § 890 Rn. 4; *Schuschke* FS Prütting, 2018, 785, 791: „stillschweigend mitbedacht"; § 9 Nr. 3 UKlaG nimmt diesen Gedanken bei titulierten Ansprüchen nach § 1 UKlaG auf.

26 BGH NJW 2008, 1001, 1003, Rn. 21 (abgewandelte Werbeanzeigen).

27 OLG München, GRUR-RR, 2011, 32, 34 mwN; *Schuschke*, FS Prütting, 2018, 785 (790).

Beschwerde erheben.[28] Die sofortige Beschwerde des Schuldners hat, abweichend vom Wortlaut des § 570 Abs. 1, keine aufschiebende Wirkung.[29]

§ 36. Die Verurteilung zur Abgabe einer Willenserklärung

Ansprüche auf Abgabe einer Willenserklärung sind zB *Übereignungsansprüche* (Einigung nach §§ 925, 929 BGB), Ansprüche *auf Abgabe grundbuchrechtlicher Erklärungen* oder *auf Abschluss schuldrechtlicher Verträge.* Ob auch Ansprüche auf Widerruf ehrverletzender Behauptungen nach § 894 zu vollstrecken sind, ist str.[1] 1

Auch bei diesen Ansprüchen hat das Gesetz den Weg gewählt, der am *einfachsten* ist und den *Schuldner vor direktem Zwang bewahrt.* Die Abgabe der Willenserklärung wird nicht nach § 888 erzwungen, sondern durch eine *Fiktion* ersetzt: Die Willenserklärung *gilt als abgegeben,* wenn das Urteil formell rechtskräftig geworden ist (§ 894 Abs. 1 S. 1). Dieses Urteil ist ein Leistungs-, nicht ein Gestaltungsurteil. Das Urteil *ersetzt* auch die nach dem materiellen Recht *erforderliche Form* (etwa eine notarielle Beurkundung). 2

Die Fiktion des § 894 kann nicht eingreifen bei Vollstreckungstiteln, die *nicht in Rechtskraft* erwachsen, wie Prozessvergleiche oder vollstreckbare Urkunden (→ § 9 Rn. 4). 3

Der *Zugang* an den *Schuldner* oder einen *Dritten* (eine Behörde) wird durch die Fiktion des § 894 *nicht ersetzt;* der Gläubiger muss ihnen das Urteil vorlegen (§§ 130ff. BGB). Bei Verträgen wird nur die Erklärung des Schuldners fingiert, der Gläubiger muss seine *eigene Erklärung* in der erforderlichen Form *noch abgeben,* etwa bei der Auflassung. Außerdem muss er die Eintragung ins Grundbuch herbeiführen, indem er das Urteil vorlegt, das die Auflassungserklärung und Eintragungsbewilligung (§ 19 GBO) des Schuldners enthält und dann selbst den Antrag stellen (§ 13 GBO). Bei der Verurteilung zur Übereignung beweglicher Sachen *muss zur Einigung noch die Übergabe hinzukommen* (§ 929 S. 1 BGB). Die Verpflichtung dazu wird vom Gerichtsvollzieher durch *Wegnahme der Sache vollstreckt* (§ 897 Abs. 1). 4

28 MüKoZPO/*Gruber* § 890 Rn. 42.
29 OLG Köln NJW-RR 2004, 716.
1 Dafür OLG Frankfurt/Main NJW 1982, 113; aA BGHZ 37, 187; OLG Frankfurt a. M. MDR 1998, 986: Vollstreckung nach § 888.

9. Kapitel. Eidesstattliche Versicherung und Haft

§ 37. Eidesstattliche Versicherung und Haft

Literatur: *Behr,* Übertragung des Offenbarungsverfahrens auf den Gerichtsvollzieher durch die 2. Zwangsvollstreckungsnovelle, JurBüro 1998, 239; *Cirullies*, Zwangsmittel und Haftbefehl – Die Anordnung von Ersatzzwangshaft, NJW 2013, 203; *Fischer/Weinert*, Die Verhaftung des Vollstreckungsschuldners (§§ 901 ff. ZPO) – Insbesondere zum Problem des „Asyls" des Vollstreckungsschuldners bei Dritten –, DGVZ 2006, 33; *Gilleßen/Polzius,* Die eidesstattliche Offenbarungsversicherung in der Hand des Gerichtsvollziehers, DGVZ 1998, 97; *Riecke,* Das Verfahren zur Abnahme der eidesstattlichen Versicherung bei einer GmbH als Schuldner, DGVZ 2003, 33; *Roth*, Zwangsmittel bei Nichterfüllung des notariellen Nachlassverzeichnisses, NJW-Spezial 2017, 679.

1 Es ist zu unterscheiden, ob sich die Verpflichtung zur Vermögensauskunft und zur Abgabe einer eidesstattlichen Versicherung aus dem *materiellen Recht* (zB §§ 259, 260, 2028 BGB) oder aus dem *Prozessrecht* (§§ 807, 836 Abs. 3 S. 2, 883 Abs. 2) ergibt. Die materiell-rechtliche Verpflichtung wird nach den §§ 889, 888 vollstreckt, die Verpflichtung aus den §§ 802c Abs. 3, 836 Abs. 3 S. 2, 883 nach den §§ 802e ff. Als Vollstreckungsmittel steht die Erzwingungshaft zur Verfügung. Die Eintragung des Schuldners in das Schuldnerverzeichnis soll den Geschäftsverkehr vor unzuverlässigen Schuldners schützen.

2 Grundsätzlich sind drei Fälle zu unterscheiden: Die Pflicht zur Vermögensauskunft und zur Abgabe eidesstattlicher Versicherungen nach § 802c Abs. 3, § 836 Abs. 3 S. 2 und § 883 Abs. 2.

3 Grundlegend ist die Verpflichtung zur Vermögensauskunft und zur Abgabe einer eidesstattlichen Versicherung nach § 802c. Sie beruht auf der Erwägung, dass der Gläubiger nicht immer über die *Vermögensverhältnisse des Schuldners* informiert und dieser oft nicht bereit sein wird, freiwillig Auskunft zu erteilen. Er wird vielmehr häufig versuchen, Vermögensgegenstände der Vollstreckung zu entziehen. Das Ziel ist es, dem Gläubiger die erforderlichen Auskünfte zu verschaffen. Das Gesetz sieht daher eine Pflicht des Schuldners zur Vermögensauskunft (§§ 802c ff.),[1] vor. Sollte der Schuldner sich

1 Zum Inhalt der Vermögensauskunft → § 24 Rn. 21 ff.

weigern, so ist er auf Antrag des Gläubigers verpflichtet, die Auskunft zu Protokoll zu geben. Die Richtigkeit und Vollständigkeit seiner Angaben hat er stets an Eides statt zu versichern (§§ 802c Abs. 3, 836 Abs. 3 S. 2). Dies kann durch Verhaftung des Schuldners erzwungen werden (§ 802g). Darüber hinaus kann der Gläubiger die Herausgabe von Urkunden verlangen (§ 836 Abs. 3 S. 1 und 5).

Ein fruchtloser Vollstreckungsversuch wird seit der Reform zur 4
Sachaufklärung (→ § 2 Rn. 2) nicht mehr vorausgesetzt. Grundsätzlich genügt neben den allgemeinen Vollstreckungsvoraussetzungen eine Fristsetzung nach § 802f Abs. 1 S. 1 durch den Gerichtsvollzieher. Unter den Voraussetzungen des § 807 Abs. 1 ist auch die sofortige Abnahme der Vermögensauskunft möglich, deren Richtigkeit der Schuldner an Eides statt zu versichern hat (§ 802c Abs. 3). Das verlangt, dass bei beantragter Pfändung der Schuldner entweder die Durchsuchung (§ 758) verweigert hat oder dass der Pfändungsversuch ergab, eine Pfändung werde voraussichtlich nicht zu einer vollständigen Befriedigung des Gläubigers führen.

Der zweite Fall der Auskunft betrifft die Forderungsvollstreckung: 5
Nach § 836 Abs. 3 S. 1 muss der Schuldner dem Gläubiger die Auskünfte erteilen, die erforderlich sind, um die Forderung gegen den Drittschuldner geltend machen zu können. Der Schuldner muss auf Antrag des Gläubigers auch hier die Richtigkeit seiner Auskunft an Eides statt versichern. Dieser Auskunftsanspruch ist beschränkt auf Geldforderungen. Den Anspruch kann der Gläubiger nicht etwa im Klagewege durchsetzen. Dafür fehlte ihm das Rechtsschutzbedürfnis. Vielmehr steht ihm auch hier das Mittel der Erzwingungshaft offen.

Der dritte Fall betrifft die Herausgabevollstreckung nach § 883. 6
Wenn die herauszugebenden Sachen bei dem Schuldner nicht vorgefunden werden, hat dieser auf Antrag des Gläubiges eine eidesstattliche Versicherung darüber abzugeben, dass er die Sache nicht besitze und auch nicht wisse, wo die Sache sich befinde (§ 883 Abs. 2 S. 1).

Das *Verfahren* beginnt mit einem Antrag des Gläubigers auf Bestimmung 7
eines Termins zur Abgabe der eidesstattlichen Versicherung (§ 802f iVm § 802a Abs. 2 S. 2 Nr. 2). Zuständig ist der Gerichtsvollzieher bei dem Amtsgericht, in dessen Bezirk der Schuldner seinen Wohnsitz hat (§ 802e Abs. 1). Sofern Gläubiger und Schuldner einverstanden sind, kann der Gerichtsvollzieher die eidesstattliche Versicherung sofort, dh ohne Terminbestimmung, abnehmen (vgl. § 807 Abs. 2). In dem Termin kann das Vermögensverzeichnis mit dem Schuldner erörtert, aufgrund von Fragen ergänzt und seine Richtigkeit an Eides statt versichert werden. Wenn der Schuldner die Verpflichtung

zur Abgabe einer eidesstattlichen Versicherung bestreitet,[2] muss er nach jetziger Rechtslage Erinnerung (§ 766) einlegen. Ein Widerspruchsverfahren wie in § 900 Abs. 4 aF ist seit der Reform zur Sachaufklärung nicht mehr vorgesehen.[3] Dass die Neuregelungen dennoch einen Widerspruch des Schuldners vorsehen, meint demgegenüber keinen Rechtsbehelf, sondern eine Handlung des Schuldners, die zu Abweichungen im Verfahren führt.[4] Praktische Konsequenz dessen ist eine Beschleunigung des Verfahrens und Besserstellung des Gläubigers; denn die Erinnerung selbst hat keine aufschiebende Wirkung, lässt dem Gericht aber die Möglichkeit, einstweilige Anordnungen nach §§ 766 Abs. 1 S. 2 iVm § 732 Abs. 2 zu treffen.[5] Zur *Erzwingung der Abgabe* wird vom Gericht (durch den Richter, § 4 Abs. 2 Nr. 2, Abs. 3 RPflG) auf Antrag durch Beschluss die *Haft* angeordnet und ein *Haftbefehl* erlassen (§ 802g Abs. 1). Die Haft darf die Dauer von sechs Monaten nicht übersteigen (§ 802j Abs. 1 S. 1). Die *Verhaftung* erfolgt durch den *Gerichtsvollzieher* (§ 802g Abs. 2 S. 1). Soll sie zur Nachtzeit, an einem Sonn- oder Feiertag vollzogen werden, so bedarf es entsprechend § 758a Abs. 4 einer richterlichen Anordnung.[6] Wenn die Leistungsunfähigkeit des Schuldners bereits feststeht, fehlt für den Antrag des Gläubigers nach § 802g Abs. 1 S. 1 das Rechtsschutzinteresse.[7]

8 Das Vollstreckungsgericht führt ein Verzeichnis[8] der Personen, die die eidesstattliche Versicherung abgegeben haben oder gegen die die Haft angeordnet worden ist (*Schuldnerverzeichnis* oder sog. *schwarze Liste*). Es handelt sich dabei um ein Auskunftsregister, dass es dem einzelnen ermöglichen soll, die Kreditwürdigkeit einer Person einzuschätzen. Seit 1.1.2013 gelten die §§ 882 b ff., wonach ein zentrales Vollstreckungsgericht jedes Bundeslandes ein solches Verzeichnis – länderübergreifend einsehbar über das Internet – führt. Der Anspruch auf Einsichtnahme ist in § 882f Abs. 1 geregelt. Der Kreis der zur Einsicht berechtigten Personen ist mit Blick auf den Zweck des Registers weit gefasst (für Einzelheiten s. § 882f.).

9 Das Gesetz sieht drei Aufnahmegründe vor: Der Schuldner kommt seiner Pflicht zur Abgabe des Vermögensverzeichnisses nicht nach (Nr. 1), eine Vollstreckung würde nach dem Inhalt des Vermögensverzeichnisses offensichtlich nicht zu einer vollständigen Befriedigung des Gläubigers führen (Nr. 2) und der Schuldner weist dem Ge-

---

2 Ggf. auch unter Berufung auf § 765a, s. BGH NJW 2010, 1002.

3 Vgl. dazu BT-Drs. 16/10069, 28 zu § 802f; LG Stuttgart BeckRS 2018, 36374 Rn. 14; Musielak/Voit/*Voit* ZPO § 802f Rn. 10; Zöller/*Seibel* ZPO § 802f Rn. 25.

4 Vgl. Zöller/*Seibel* ZPO § 802f Rn. 8; Zöller/*Herget* ZPO § 807 Rn. 5.

5 BeckOK ZPO/*Fleck* ZPO § 802f Rn. 11.

6 BGH NJW-RR 2005, 146.

7 BVerfG NJW 1983, 559.

8 Vgl. zur Terminologie der verschiedenen Verzeichnisse: BeckOK ZPO/*Fleck* ZPO § 882b Rn. 1a.

richtsvollzieher nicht innerhalb von einem Monat nach Abgabe der Vermögensauskunft die vollständige Befriedigung des Gläubigers nach (Nr. 3). Die Voraussetzungen der Löschung von Einträgen finden sich in § 882e. Die Eintragung wird grundsätzlich drei Jahre seit dem Tag der Eintragungsanordnung *gelöscht* (§ 882e Abs. 1). Daneben gibt es Sondertatbestände zur Löschung, insbesondere die vollständige Befriedigung des Gläubigers (§ 882e Abs. 3 Nr. 1).[9]

10. Kapitel. Arrest und einstweilige Verfügung

Literatur: *Ahrens,* Der Wettbewerbsprozess, 6. Aufl. 2009; *Bülow,* Zur prozeßrechtlichen Stellung des Antragsgegners im Beschlußverfahren von Arrest und einstweiliger Verfügung, ZZP 98, 274; *Foerste,* Vollstreckungsvorsprung durch einstweiligen Rechtsschutz, ZZP 106, 143; *Grunsky,* Grundlagen des einstweiligen Rechtsschutzes, JuS 1976, 277; *Heinze,* Die Leistungsverfügung, FS BGH, Bd. III, 2000, 569; *Heuer/Schubert,* Vorläufiger Rechtsschutz durch Eilverfahren: Arrest und einstweilige Verfügung, JA 2005, 202; *Hippeli*, Ersatzvornahme im Vollstreckungsrecht, JA 2016, 851; *Huber*, Grundwissen – Zivilprozessrecht: Einstweiliger Rechtsschutz durch Arrest und einstweilige Verfügung (Anordnungsverfahren), JuS 2018, 226; *ders.*, Grundwissen – Zivilprozessrecht: Einstweiliger Rechtsschutz durch Arrest und einstweilige Verfügung (Rechtsbehelfsverfahren), JuS 2018, 421; *ders.*, Schutzschrift und Schutzschriftenregister, JuS 2018, 1266; *Jauernig,* Der zulässige Inhalt einstweiliger Verfügungen, ZZP 79, 321; *Kannowski,* Arrest und einstweilige Verfügung (§§ 916ff. ZPO) neben einem bereits vorliegenden Titel, JuS 2001, 482; *Katte/Danfa*, Zweckmäßigkeitserwägungen in der Anwaltsklausur – Klägervertreter (Teil I), JA 2016, 847 *Keller*, Der einstweilige Rechtsschutz im Zivilprozess, Jura 2007, 241, 327; *Kellermann-Schröder*, Gerichtliche Entscheidungen im einstweiligen Rechtsschutz nach der ZPO, JA 2018, 535; *Leipold,* Grundlagen des einstweiligen Rechtsschutzes, 1971; *Mertins*, Der dingliche Arrest, JuS 2008, 692; *ders.*, Die einstweilige Verfügung, JuS 2009, 911; *Regenfus*, Einstweiliger Rechtsschutz und einstweilige Anordnungen in der Zwangsvollstreckung: Parallelen und Unterschiede, JURA 2019, 1225; *Schilken,* Grundfragen zum Schadensersatzanspruch nach § 945 ZPO in der Rechtsprechung des Bundesgerichtshofs, FS BGH, Bd. III, 2000, 593; *Schreiber,* Arrest und einstweilige Verfügung, Jura 2000, 492; *Schmitt-Gaedke/Arz*, Die Antragsfassung bei Unterlassungsklage und Unterlassungsverfügung, JuS 2015, 126; *Schuschke,* Der Vollzug des persönlichen Sicherheitsarrestes, DGVZ 1999, 129; *ders.*, Ausgewählte Probleme zur Anwendbarkeit der §§ 43ff. WEG in Verfahren des einstweiligen Rechtsschutzes, NZM 2017, 673.

9 Zur Frage, ob es zulässig ist, ein überregionales privates Schuldnerverzeichnis zu führen, das aus Abschriften der amtsgerichtlichen Schuldnerverzeichnisse besteht, s. BGH WM 1993, 2016; KG ZIP 1993, 1011.

§ 38. Der Arrest

Fall: G hat eine Darlehensforderung gegen den Juwelier S. Er erfährt, dass S in finanziellen Schwierigkeiten ist und sich deshalb mit seinem Schmuck nach Südamerika absetzen will. G weiß aus Erfahrung, dass das Erstreiten eines Titels im ordentlichen Verfahren lange dauern kann. Er fürchtet, dass sich S bis dahin seinem Zugriff entzogen hat. Was ist ihm zu raten?

Abwandlung: Wie ist es, wenn S sich lediglich über den Rhein nach Frankreich absetzen will?

I. Einführung

1–2 Bis zum Erlass eines erstinstanzlichen Urteils vergehen in der Regel drei bis sechs Monate und häufig noch mehr Zeit. Wie der vorstehende **Fall** zeigt, gibt es Situationen, in denen dem Gläubiger mit einer derart späten Entscheidung nicht geholfen wäre. Zu diesem Zweck stellt die ZPO in den §§ 916 ff. ein besonderes *Eilverfahren* zur Verfügung. Dieses ist zwar im Rahmen der Zwangsvollstreckung geregelt. In Wirklichkeit handelt es sich aber um ein *besonderes Erkenntnisverfahren.* Der Gläubiger kann in diesem Verfahren eine *Entscheidung* schneller als im ordentlichen Verfahren erstreiten. Ladungs- und Einlassungsfristen sind verkürzt; der Gläubiger muss seine materielle Berechtigung weniger eingehend darlegen als im ordentlichen Verfahren; das Gericht kann sogar ohne Anhörung des Gegners entscheiden.

3 Die Entscheidung ergeht in einem *summarischen Verfahren.* Sie hat daher *geringere Richtigkeitsgarantien* als eine Entscheidung im ordentlichen Verfahren. Aus diesem Grunde muss sie auf Fälle beschränkt bleiben, in denen sofortige Hilfe tatsächlich nötig ist. Außerdem darf sie nur zu einer *Sicherung des Gläubigers, nicht* aber schon zu seiner *Befriedigung* führen. Dies kann durch dinglichen (§ 917) oder persönlichen Arrest (§ 918)[1] erfolgen. Das bedeutet etwa, dass aufgrund des Arrestbefehls schuldnerische Vermögensgegenstände zwar *gepfändet,* aber noch *nicht verwertet* werden dürfen. Dazu ist eine Entscheidung im ordentlichen Verfahren notwendig. Neben dem Erfordernis der Dringlichkeit unterscheiden sich Arrest-

1 Vgl. zum persönlichen Arrest einführend *Huber* JuS 2018, 961 sowie im Überblick Musielak/Voit/*Huber* ZPO § 918 Rn. 2 ff.

oder Verfügungsprozess vom ordentlichen Zivilprozess vor allem in der Zuständigkeit, dem Streitgegenstand, dem Beweismaß und dem Verfahren.

Nach der Art der zu sichernden Ansprüche unterscheidet man den *Arrest* und die *einstweilige Verfügung*. Der Arrest sichert die Durchsetzung von *Geldforderungen*, die einstweilige Verfügung die Verwirklichung *anderer Ansprüche*. Der Arrestprozess ist im Gesetz eingehend geregelt. Das Verfahren der einstweiligen Verfügung, dem in der Praxis größere Bedeutung zukommt, regelt das Gesetz im Wesentlichen durch die Verweisung auf die Arrestvorschriften (§ 936). Der praktischen Bedeutung des Verfügungsverfahrens wird dies kaum gerecht. 4

Übersicht 9: Vorläufiger Rechtsschutz

Vorläufiger Rechtsschutz
§§ 916 - 945b

- **Arrest** **§§ 916 ff.**
  - **Dinglicher Arrest** **§§ 930, 932** – Vollstreckung in bewegliches und unbewegliches Vermögen (nur Pfändung)
  - **Persönlicher Arrest** **vgl. § 933** – Sicherung durch Haft oder sonstige Beschränkung persönlicher Freiheit
- **Einstweilige Verfügung** **Vgl. § 936**
  - **Sicherungsverfügung** **§ 935** – Sicherung von Ansprüchen auf eine Individualleistung
  - **Regelungsverfügung** **§ 940** – Regelung eines einstweiligen Zustandes
  - **Befriedigungs- bzw. Leistungsverfügung** – Führt zur Befriedigungsleistung. Anforderungen an den Nachweis von Verfügungsgrund und -anspruch (zB Haftpflicht)
  - **Unterlassungsverfügung** **§ 938 Hs. 2 Alt. 2** – Wettbewerbs- und Presserecht; ebenso einstweilige Befriedigungsverfügung, die zur vorläufigen Befriedigung führt

II. Die Voraussetzungen des Arrestbefehls

5 Das Gesetz sieht zwei Voraussetzungen für den Erlass eines *Arrestbefehls* vor, das Vorliegen eines *Arrestanspruchs* (§ 916) und eines *Arrestgrundes* (§§ 917, 918).

6 *Arrestanspruch* ist der *materiell-rechtliche Anspruch*, der auch im ordentlichen Verfahren bei der Leistungsklage zu prüfen wäre. In Betracht kommen nur Geldforderungen oder Ansprüche, die in solche übergehen können (§ 916). Anders als im ordentlichen Verfahren müssen die tatsächlichen Anspruchsvoraussetzungen nicht zur vollen Überzeugung des Gerichts bewiesen, sondern nur *glaubhaft* gemacht werden (§ 920 Abs. 2).[2]

7 Glaubhaft gemacht werden muss auch der *Arrestgrund* (§ 920 Abs. 2). Darunter versteht man die Besorgnis, dass ohne Verhängung des Arrests die Vollstreckung des Urteils *vereitelt* oder *wesentlich erschwert* würde (§ 917 Abs. 1). Gemeint ist damit die Geltendmachung der Eilbedürftigkeit, zB wegen Flucht oder sonstiger Vereitelungshandlungen des Schuldners bzw. Dritter.[3] Nach hM handelt es sich dabei nicht um eine *besondere Form des Rechtsschutzbedürfnisses*.[4]

8 Als Arrestgrund kommt vor allem ein Verhalten des Schuldners in Betracht, etwa die Besorgnis, dieser werde sich wie im **Fall** mitsamt seinem pfändbaren Vermögen nach Südamerika absetzen (s. § 917 Abs. 2). Dies gilt jedoch nur, wenn ein Urteil außerhalb eines die Gegenseitigkeit verbürgenden Auslandsstaates vollstreckt werden müsste.[5] In der Abwandlung zum **Fall** ist somit ohne Weiteres kein Arrestgrund gegeben. Ebenfalls kein Grund ist es nach herrschender Meinung, dass auch andere Gläubiger auf die Sache zugreifen wollen und der Gläubiger dadurch in Gefahr gerät, mit seiner Forderung auszufallen.[6] Auch aus der Begehung von Straftaten gegen das Gläubigervermögen allein kann nicht ohne Weiteres auf Unredlichkeiten des Schuldners gegen die Vollstreckung der Ersatzforderung und damit einen Arrestgrund geschlossen werden.[7]

2 Zur Glaubhaftmachung s. *Lüke* ZivilProzR I § 22 Rn. 3; *Huber* JuS 2016, 980 (982 f.).
3 Übersicht bei Musielak/Voit/*Huber* ZPO § 917 Rn. 3 f.
4 OLG Frankfurt a. M. NJW 2002, 903; Musielak/Voit/*Huber* ZPO § 922 Rn. 2; *Gaul/Schilken/Becker-Eberhard* ZVR § 75 Rn. 5 jew mwN; aA noch *Leipold*, Grundlagen des einstweiligen Rechtsschutzes, 1971, 19 mwN.
5 BLAHAG/*Becker* ZPO § 917 Rn. 19; vgl. dazu auch § 328 Abs. 1 Nr. 5.
6 BLAHAG/*Becker* ZPO § 917 Rn. 7; *Schwerdtner* NJW 1970, 222.
7 OLG Köln MDR 2000, 50; aA OLG Dresden MDR 1998, 795 mzustAnm *Drescher* WuB VI E § 917 ZPO 1.98; Zum Rechtsschutzbedürfnis für eine zusätzliche einstweilige Sicherung neben einem bereits vorliegenden Titel *Kannowski* JuS 2001, 482.

III. Das Verfahren

Der Antragsteller begehrt im Arrestverfahren nur eine vorläufige Sicherung, nicht etwa eine Entscheidung über ein Zahlungsbegehren. Dementsprechend unterscheidet sich der Streitgegenstand im Verfahren des einstweiligen Rechtsschutzes und im Hauptsacheverfahren. 9

Für die Anordnung des Arrests sind sowohl das Gericht der Hauptsache als auch das Amtsgericht zuständig, in dessen Bezirk der mit Arrest zu belegende Gegenstand oder die in ihrer persönlichen Freiheit zu beschränkende Person sich befindet (§ 919). Das Gesuch ist vom Gläubiger wahlweise bei einem dieser Gerichte schriftlich oder zu Protokoll der Geschäftsstelle anzubringen (§ 920 Abs. 3; zum Inhalt vgl. Abs. 2). Die Rechtshängigkeit tritt abweichend von § 261 Abs. 1 mit Eingang des Antrags bei dem Arrestgericht ein. Angesichts der Möglichkeit, über den Antrag auch ohne mündliche Verhandlung durch Beschluss zu entscheiden (§ 922 Abs. 1), kann es nicht auf die Zustellung an den Gegner ankommen. Im Rahmen des Beweismaßes der Glaubhaftmachung (→ § 38 Rn. 7) wird der Strengbeweis um die Versicherung an Eides statt erweitert. Zugleich sind die Parteien auf präsente Beweismittel beschränkt (§ 294). An der Darlegungs- und Beweislast ändert sich auch im Arrestverfahren nichts. Bewiesen werden müssen zwar wie im ordentlichen Zivilprozess grundsätzlich nur die streitigen Tatsachen betreffend den Anspruch und Grund. Solange dem Schuldner aber noch kein rechtliches Gehör gewährt wurde, muss der Gläubiger sämtliche Anspruchsvoraussetzungen und den Arrestgrund glaubhaft machen. 10

Mit dem Arrestbefehl kann entweder ein dinglicher (§ 917) oder persönlicher (§ 918) Arrest angeordnet werden. Der dingliche Arrest richtet sich gegen das Vermögen des Schuldners, während der persönliche Arrest die Haft des Schuldners anordnet. Als vorläufiger Zahlungstitel muss der Arrestbefehl den Arrestanspruch beziffern. 11

Die *Entscheidung* kann gem. § 128 Abs. 4 *ohne mündliche Verhandlung* durch *Beschluss* (der im Parteibetrieb zugestellt werden muss, § 922 Abs. 2)[8] oder nach einer solchen durch *Urteil* ergehen (§ 922). Das Gericht kann die Anordnung von einer *Sicherheitsleistung* des Gläubigers abhängig machen. Diese soll den Antragsgegner davor schützen, dass er im Falle einer ungerechtfertigten Anordnung des Arrestes zwar einen Schadensersatzanspruch hat (§ 945), der Gegner aber kein Vermögen hat. Die Anordnung der Sicherheitsleistung steht im Ermessen des Gerichts. Dieses kann unter derselben Voraussetzung auf die Glaubhaftmachung gänzlich verzichten, § 921. 12

8 Amtswegige Zustellung genügt nicht, OLG München MDR 1998, 1243.

13 Eine vor allem in Verfahren über einstweilige Verfügungen wichtige Bestimmung trifft § 922 Abs. 3: Der Beschluss, durch den das Gesuch zurückgewiesen wird, ist dem Gegner *nicht mitzuteilen.* Dieser erfährt also häufig von dem Gesuch nur dann, wenn es erfolgreich war.

14 In Rechtskraft erwächst das Sicherungsbegehren des Antragstellers. Dasselbe Begehren, gestützt auf denselben Tatsachenvortrag, darf nicht noch einmal geltend gemacht werden. Allerdings steht es dem Gläubiger offen, den abgelehnten Antrag mit neuen Tatsachen oder Beweisen noch einmal zu stellen. Sogar im Falle eines erfolgreichen Antrags darf der Antrag wiederholt werden, wenn der Arrest durch die Versäumung der Vollziehungsfrist (§ 929 Abs. 2) unbrauchbar geworden ist.

15 Gegen ein Verfahren ohne seine Beteiligung kann sich der Schuldner mit einer Schutzschrift (§ 945a) schützen,[9] wenn er zB Anhaltspunkte (Abmahnung) dafür hat, dass es zu einem einstweiligen Rechtsschutzverfahren (Arrest, einstweilige Verfügung) kommen könnte. Der Schuldner kann in diesem vorbeugenden Verteidigungsschriftsatz (§ 945a Abs. 1 S. 2) Tatsachen vorbringen, die dem Antrag auf einstweiligen Rechtsschutz entgegenstehen. Damit wird das Ziel verfolgt, eine Abweisung des Antrags oder zumindest eine Terminanberaumung zur mündlichen Verhandlung durch das Gericht zu erreichen.

16 Die Schutzschrift wird ähnlich wie eine Klageerwiderung aufgebaut. In der Begründung werden Ausführungen zum möglichen Sachverhalt und zur Rechtslage gemacht, um den Standpunkt des Schuldners klarzustellen. Insbesondere die Darlegung des Sachverhalts kann sich als schwierig gestalten, denn der Schuldner weiß nicht genau, auf welchen Sachverhalt sich der potenzielle Antragsteller beziehen wird. Der Schuldner muss deshalb auf der einen Seite möglichst umfangreich zum Sachverhalt ausführen, um die vom Antragsteller vorgebrachten Tatsachen zu entkräften. Auf der anderen Seite ist es nicht im Interesse des Schuldners, dem Antragsteller noch unbekannte Tatsachen zu verraten, falls es doch zu einer mündlichen Verhandlung kommen sollte.[10] Der Gläubiger kann aber mangels Anhängigkeit nicht schon vor Antragstellung Einsicht in die Schutzschrift nehmen, um seinen Antrag darauf auszurichten.[11]

---

9 Ausf. *Apel/Drescher* Jura 2017, 427 (433).
10 *Apel/Drescher* Jura 2017, 427 (433).
11 MüKoZPO/*Drescher* § 945a Rn. 4.

Bei einem bewussten Umgehen einer mündlichen Verhandlung durch das Gericht ist indes eine Verfassungsbeschwerde gegen diese Entscheidung statthaft.[12] Dabei dürfte es sich jedoch um besonders gelagerte Ausnahmefälle handeln. 17

Die Schutzschrift wird bei einem zentralen elektronischen Register, § 945a Abs. 1, S. 1, eingereicht. Sobald sie in das Schutzschriftenregister eingestellt ist, gilt sie als bei allen ordentlichen Gerichten der Länder eingereicht, § 945a Abs. 2, S. 1. Gerade, wenn mehrere Gerichte örtlich zuständig sind (zB Handlungs- und Erfolgsort, insbes. bei Rechtsverletzungen im Presserecht oder im Internet; sog. „fliegender Gerichtsstand"),[13] ist das für den hinterlegenden Schuldner eine Erleichterung. Er muss die Schutzschrift nicht bei mehreren Gerichten einlegen. Die Nutzung des Registers ist zudem sowohl für Gerichte als auch für Anwälte (§ 47c BRAO) verpflichtend. Der Richter muss also eine rechtzeitig eingestellte Schutzschrift bei seiner Entscheidung über den Antrag auf einstweiligen Rechtsschutz berücksichtigen. 18

Der Arrestbefehl muss weiter eine *Lösungssumme* nennen. Das ist ein Geldbetrag, durch dessen Hinterlegung der Schuldner die Vollziehung des Arrests verhindern (§ 923) bzw. die nachträgliche Aufhebung der Vollziehung erreichen kann (§ 934 Abs. 1). 19

IV. Die Rechtsbehelfe

Wird über das Gesuch durch *Urteil* entschieden, so ist dagegen wie üblich die *Berufung* (bei Versäumnisurteil *Einspruch*) statthaft. Die *Revision* findet nicht statt (§ 542 Abs. 2 S. 1), entsprechend auch nicht die *Rechtsbeschwerde*, falls die Berufung durch Beschluss als unzulässig verworfen wird.[14] 20

Wird dagegen über das Arrestgesuch durch *Beschluss* entschieden, so muss man unterscheiden: Wird das Gesuch *abgewiesen*, steht dem Gläubiger gem. § 567 Abs. 1 Nr. 2 die *Beschwerde* zu. Da § 542 Abs. 2 S. 1 den Instanzenzug im einstweiligen Verfahren generell verkürzen will, ist auch in diesem Fall die Rechtsbeschwerde unstatthaft.[15] Gegen einen *stattgebenden Beschluss* ist dagegen nicht die Beschwerde, sondern der *Widerspruch* gegeben (§ 924 Abs. 1). Anders als jene hat dieser keinen Devolutiveffekt, sondern führt dazu, dass das erlassende Gericht nunmehr einen Termin zur mündlichen Verhandlung bestimmt und durch Urteil entscheidet (§§ 924 Abs. 2 S. 2, 21

12 Vgl. BVerfG NJW 2017, 2985 (2986).
13 Vgl. Musielak/Voit/*Huber* ZPO § 945a Rn. 3.
14 BGH NJW 2003, 69.
15 BGH NJW 2003, 1531.

925 Abs. 1). Gegen dieses Urteil ist wiederum die *Berufung* (bei Versäumnisurteil *Einspruch*) statthaft.

22 Der Schuldner hat zwei weitere Rechtsbehelfe. Auf seinen Antrag hat das Gericht gem. § 926 Abs. 1 dem Gläubiger aufzugeben, binnen einer bestimmten Frist *Klage in der Hauptsache* zu erheben, soweit diese noch nicht anhängig ist. Kommt der Gläubiger dieser Anordnung nicht nach, kann der Schuldner beantragen, den Arrestbefehl aufzuheben (§ 926 Abs. 2). Zudem wird dadurch die *Schadensersatzpflicht* nach § 945 ausgelöst.[16]

23 Daneben kann wegen *veränderter Umstände* die Aufhebung des Arrests beantragt werden (§ 927).[17] So könnte etwa im **Fall** der Schuldner die Aufhebung des Arrests erreichen, wenn keine Gefahr mehr besteht, dass er sich nach Südamerika absetzen wird.

V. Die Vollziehung

24 Mit dem Erlass des Arrestbefehls ist der Gläubiger noch nicht gesichert. Dazu ist die *Vollziehung* des Befehls nötig. Sie richtet sich nach den Vorschriften über die Zwangsvollstreckung, soweit die §§ 929 ff. keine Besonderheiten vorsehen (§ 928). Die wichtigste Abweichung ergibt sich aus dem *Zweck des Arrests.* Die Vollziehung soll noch nicht zur Befriedigung, sondern nur zur *Sicherung des Gläubigers* führen. Beim *dinglichen Arrest* muss die Vollziehung folglich bei der Pfändung (in bewegliches Vermögen und Forderungen § 930) oder bei Eintragung einer Sicherungshypothek (in unbewegliches Vermögen § 932) haltmachen (zur Vollziehung des persönlichen Arrests vgl. § 933). Das durch die Pfändung entstandene *Arrestpfandrecht* wird automatisch zum (die Verwertung ermöglichenden) *Vollstreckungspfandrecht,* wenn der Gläubiger einen vollstreckbaren Titel im ordentlichen Verfahren erstritten hat und die übrigen Vollstreckungsvoraussetzungen vorliegen.[18]

25 Wichtig ist die Beachtung des § 929 Abs. 2. Die Vollziehung muss innerhalb eines Monats nach Verkündung bzw. Zustellung des Arrestbefehls an den Gläubiger erfolgen. Später ist sie unstatthaft.[19]

---

16 BGH NJW 2006, 2557
17 Hierzu *Burgard/Fresemann,* JurBüro 1999, 512.
18 Vgl. BGHZ 66, 394 (397).
19 Vgl. hierzu BGHZ 112, 356; OLG München FamRZ 1993, 1101; s.a. *Grunsky* ZZP 104, 1; *Treffer* MDR 1998, 951.

VI. Der Schadensersatzanspruch des § 945

26 Gegen ungerechtfertigte Überziehung mit Arrestbefehlen wird der Schuldner u. a. durch § 945 geschützt, der den Gläubiger zum *Ersatz des durch die Vollziehung entstandenen Schadens verpflichtet,* wenn die Anordnung des Arrests sich nachträglich als ungerechtfertigt erweist.[20] Die Ersatzpflicht tritt wie nach den entsprechenden Vorschriften der §§ 302 Abs. 4 S. 3, 717 Abs. 2, 799a *unabhängig vom Verschulden des Gläubigers* ein. Der Schuldner muss also den Eingriff in seine Rechtssphäre dulden, kann aber Schadensersatz verlangen, wenn sich herausstellt, dass die Anordnung ungerechtfertigt war. Auf den Anspruch werden die Vorschriften über die Rechtsfolgen unerlaubter Handlungen, vor allem die §§ 249 ff. BGB, entsprechend angewendet.[21] Als strenge Haftungsregelung für den Vollziehungsschaden kann § 945 nicht erweiternd auf den Ersatz außergerichtlicher Kosten angewendet werden.[22] Nach § 945 können nur Schäden ersetzt verlangt werden, die adäquat kausal durch die Vollziehung entstanden sind. Das bedeutet auch, dass die Vollziehung schon begonnen haben muss und eventuelle Schäden, die durch die bloße Anordnung entstanden sind, nicht hierunter fallen. Für den Vollstreckungsschuldner wird vielfach die Schwierigkeit darin bestehen, dass er die Kausalität nachweisen muss. Dies gilt insbesondere, wenn er entgangenen Gewinn als Schaden geltend machen will. § 252 BGB kann hier auch nur begrenzt helfen, muss doch der gewöhnliche Lauf der Dinge dargestellt werden. Sind Gelder eines Investors aber möglicherweise sogar über einen längeren Zeitraum – wie sich später herausstellt rechtswidrig – arrestiert, so wird der Schuldner einen Nachweis über den Einsatz dieser Gelder und den damit erzielbaren Ertrag kaum führen können. Angesichts solcher Schwierigkeiten sollte man trotz der verschuldensfreien Haftung die schützende Wirkung des Schadensersatzanspruchs für den Schuldner nicht überschätzen.

27 Problematisch ist, inwieweit das Gericht bei der Beurteilung der Frage, ob die Anordnung des Arrests von Anfang an ungerechtfertigt

---

20 Zum Umfang der Darlegungslast BGH NJW-RR 1992, 998; allg. zu § 945 *Schilken* FS BGH, 2000, Bd. III, 593.

21 Schuschke/Walker/Kessen/Thole/*Walker/Kessen* BGB § 945 Rn. 32 ff. mwN, insbesondere zur Berücksichtigung auch eines Verschuldens des Vollstreckungsgläubigers bei Ermittlung des Mitverschuldensanteils des Schuldners nach § 254 BGB.

22 MüKoZPO/*Drescher* § 945 Rn. 25; BGH NJW 1993, 2685.

war, an die Entscheidung über den Erlass der Maßnahme im Eilverfahren oder im Hauptverfahren gebunden ist.[23]

Übersicht 10: Arrestverfahren §§ 916 – 934

28

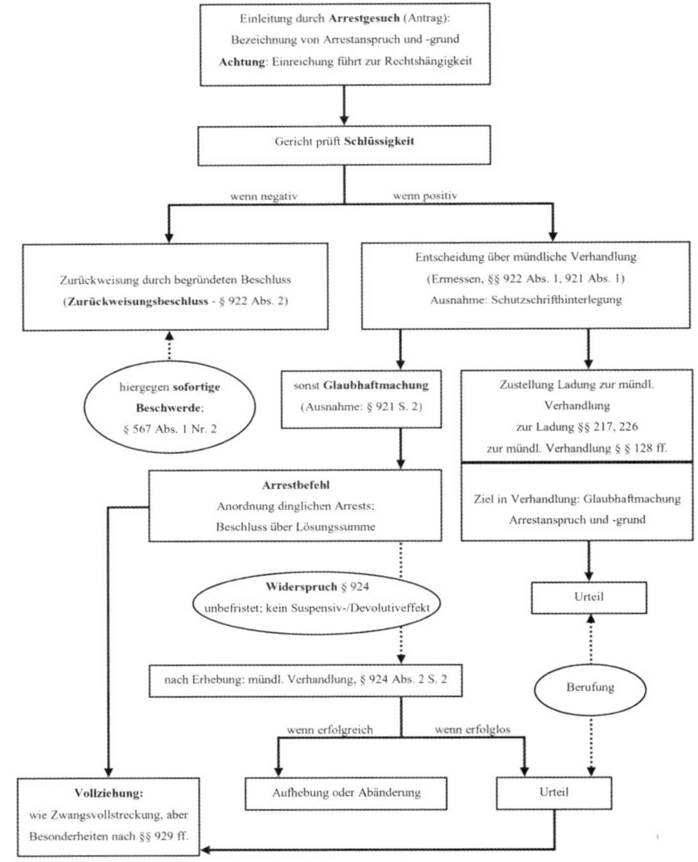

23 Vgl. dazu *Baur,* Studien zum einstweiligen Rechtsschutz, 1967, 104 ff. u. *Teplitzky* NJW 1984, 850; *ders.* DRiZ 1985, 179; *Gehrlein* MDR 2000, 687; zu der entsprechenden Frage im Zusammenhang mit der einstweiligen Verfügung: BGH NJW 1988, 3268.

§ 39. Die einstweilige Verfügung

Man unterscheidet heute im Anschluss an *Jauernig*[1] gemeinhin *drei Arten* einstweiliger Verfügungen: Die *Sicherungsverfügung*, die *Regelungsverfügung* und *die Befriedigungs-* oder *Leistungsverfügung*. Die Abgrenzung kann im Einzelfall schwierig sein.[2] Die Arrestvorschriften finden entsprechende Anwendung (§ 936), soweit nicht die §§ 935 ff. Spezialregeln (insbesondere über Zuständigkeit und Inhalt der Anordnung) enthalten; es bedarf der Prüfung eines *Verfügungsanspruchs* (analog § 916) und eines *Verfügungsgrundes* (analog § 917). 1

I. Die Sicherungsverfügung

Rechtsgrundlage ist § 935. Die Sicherungsverfügung betrifft die Sicherung von Ansprüchen, die auf eine *Individualleistung*, also etwa auf Herausgabe von Gegenständen, gerichtet sind. Sie ist das Gegenstück zum Arrest. Ebenso wie dieser darf sie nicht über eine *Sicherung des Gläubigers* hinausgehen, beim Herausgabeanspruch also beispielsweise nur ein Veräußerungsverbot (§§ 135, 136 BGB) oder die Herausgabe der geschuldeten Sache an einen Sequester, nicht aber ihre Herausgabe an den Gläubiger anordnen.[3] Der *Verfügungsgrund* setzt voraus, dass durch eine Veränderung des bestehenden Zustandes die Verwirklichung des Rechts des Antragstellers vereitelt oder wesentlich erschwert werden könnte (§ 935). Dies wäre bei einem Herausgabeanspruch etwa dann der Fall, wenn die Zerstörung oder die Entziehung der Sache droht.[4] Würde im **Fall** S die Herausgabe des Schmuckes schulden, so läge ein Verfügungsgrund nach § 935 in der Gefahr, dass S sich nach Südamerika abzusetzen droht. 2

II. Die Regelungsverfügung

Rechtsgrundlage ist § 940. Bei Ansprüchen, die auf die Räumung von Wohnraum gerichtet sind, gilt § 940a.[5] Das Ziel dieser Art einstweiliger Verfügungen ist die *Regelung eines einstweiligen Zustandes*, zB der Geschäftsführungsbefugnis in einer Personengesellschaft, 3

1 *Jauernig* ZZP 79, 321.
2 Vgl. *Leipold*, Grundlagen des einstweiligen Rechtsschutzes, 1971, 105 ff.
3 ZB Herausgabe von Leasingfahrzeugen, *Saenger* JZ 1999, 970.
4 Hierzu *Bornhorst* WM 1998, 1668.
5 Zur Fallbearbeitung s. *Schrader* JuS 2020, 773.

wenn in der Hauptsache Klage auf Ausschluss des geschäftsführungsberechtigten Gesellschafters erhoben wird. Voraussetzung ist, dass diese Regelung zur Abwendung wesentlicher Nachteile oder zur Verhinderung drohender Gewalt oder aus anderen Gründen notwendig erscheint (§ 940, Verfügungsgrund). Auch bei einer solchen Verfügung soll die Anordnung nicht über eine Sicherung des Gläubigers hinausgehen dürfen.

III. Die Befriedigungs- oder Leistungsverfügung

4 Neben den genannten einstweiligen Verfügungen hat die Praxis schon früh eine weitere Art einstweiliger Verfügungen entwickelt, nämlich die sog. *Befriedigungs-* oder auch *Leistungsverfügung*.[6] In bestimmten Fällen ist dem Gläubiger mit einer Sicherung seines Anspruchs nicht geholfen. Ihm kommt es auf die sofortige Befriedigung an. Den Anstoß gaben Zahlungsklagen, insbesondere solche auf *Unterhaltszahlung* und auf *Schadensersatz,* etwa bei Unfällen, wenn Arztkosten zur Abwendung ernster Gesundheitsschäden gezahlt werden mussten.

5 Verfügungen dieser Art sind für den Schuldner häufig besonders *gefährlich.* Denn der Gläubiger verlangt schon Zahlung, also Erfüllung seines Anspruchs. Darüber hinaus ist in diesen Fällen die Realisierung des *Ersatzanspruchs* nach § 945 in der Regel *ungewiss,* wenn nicht ausgeschlossen, da der Gläubiger als Voraussetzung für den Erlass der Verfügung gerade eine erhebliche Bedürftigkeit darlegen muss. Die Rechtsprechung hat dennoch in Fällen dieser Art einstweilige Verfügungen erlassen. Sie hat allerdings betont, dass angesichts der erheblichen Beeinträchtigungen des Schuldners *hohe Anforderungen an den Nachweis von Verfügungsgrund und -anspruch* gestellt werden müssen.[7] Praktisch geht es um die Verhinderung einer existenziellen Notlage.

6 Der wichtige Bereich vorläufigen Unterhalts in Familiensachen[8] ist heute in den §§ 49 ff., 246 ff. FamFG als einstweilige Anordnung gesetzlich geregelt, wodurch der Anwendungsbereich solcher Zahlungsverfügungen erheblich

6 Hierzu *Heinze* FS BGH, 2000 Bd. III, 569; *Kesseler* FamRZ 2001, 1191.
7 So schon RGZ 9, 335.
8 Mit Eintritt der Volljährigkeit des unterhaltsberechtigten Kindes erlöschen Prozessführungs- und Vollstreckungsbefugnis (§ 1629 Abs. 3 BGB) des sorgeberechtigten Elternteils auch für die rückständigen Unterhaltsansprüche, OLG Brandenburg NZFam 2019, 1014.

eingeschränkt ist.[9] Es gibt sie aber noch, beispielsweise bei Haftpflichtrenten, darüber hinaus bei verschiedenen anderen Ansprüchen.[10]

IV. Die Unterlassungsverfügung

Ihren Hauptanwendungsbereich hat die einstweilige Verfügung im *Wettbewerbs-* und *Presserecht* und dort in erster Linie zur *Sicherung von Unterlassungsansprüchen.* 7

Die Anordnung von Verboten, welche die Gerichte durch einstweilige Verfügungen aufgrund von Unterlassungsansprüchen aussprechen, wird ebenfalls zu den Befriedigungsverfügungen gezählt, da durch das einstweilige Verbot der Unterlassungsanspruch – jedenfalls vorläufig – erfüllt wird.[11] Diese Verfügungen ergehen in der Regel sogar ohne Anhörung des Verfügungsgegners. Das Verfügungsverfahren hat in diesen Gebieten das ordentliche Verfahren weitgehend in den Hintergrund gedrängt. Dagegen sind wiederholt Bedenken laut geworden.[12] 8

Über § 936 ist auch bei einstweiligen Verfügungen die Vollziehungsfrist des § 929 Abs. 2 zu beachten (vgl. → Rn. 720). Wie diese gewahrt werden kann, bereitet in der Praxis auf Grund einer uneinheitlichen Rechtsprechung Schwierigkeiten.[13] Das betrifft einerseits die Frage, wodurch die Frist gewahrt wird. Wird unter Vollziehung allein die Zwangsvollstreckung verstanden, droht die Frist zu verstreichen, wenn der Schuldner keine verbotene Handlung innerhalb der Frist vornimmt. Andererseits ist die Frage, was dem Schuldner zugestellt werden muss, davon abhängig, ob die Verfügung durch Beschluss oder Urteil ergeht (→ § 38 Rn. 10). Im letzteren Fall ist in der Rechtsprechung umstritten, ob eine Zustellung durch die Partei genügt oder ob eine Zustellung durch das Gericht erfolgen muss.[14] 9

V. Das Verfahren

Prinzipiell folgt das Verfahren in Verfügungssachen den Regeln des Arrestprozesses (vgl. § 936). Anwendbar sind also insbesondere die Regeln über die *Rechtsbehelfe* und den *Schadensersatz* nach § 945. Die Vollziehung bei Unterlassungsverfügungen erfolgt durch Zustel- 10

9 Vgl. OLG Nürnberg MDR 1998, 1230; hierzu auch *Kesseler* aaO.
10 S. etwa Thomas/Putzo/*Reichold* ZPO § 940 Rn. 6 ff.
11 Vgl. *Baur/Stürner/Bruns* ZwangsVollstrR Rn. 53.23 mwN; aA *Jauernig/Berger* ZwangsVollstrR/InsR § 37 Rn. 7 ff.
12 *Leipold*, Grundlagen des einstweiligen Rechtsschutzes, 1971, 10 ff.; *Baur*, Studien zum einstweiligen Rechtsschutz, 1967, 2 ff.; vgl. auch MüKoZPO/*Drescher* vor §§ 916 ff. Rn. 8.
13 Zur Problemstellung *Möller* EWiR 2015, 591.
14 *Möller* EWiR 2015, 591 mwN; Musielak/Voit/*Huber* ZPO § 936 Rn. 4 f.

lung des Beschlusses oder des Urteils an den Antragsgegner. *Verfügungsgrund* und *-anspruch* sind wie beim Arrest *glaubhaft* zu machen.

11 Besonderheiten gelten vor allem für die Zuständigkeit. In der Regel ist das Gericht der Hauptsache (§ 937 Abs. 1) zuständig. Das Amtsgericht hat jedoch eine Notzuständigkeit (§ 942). Entscheidet es aufgrund dieser Notzuständigkeit, so hat es dem Antragsteller eine Frist zur Einleitung des sog. *Rechtfertigungsverfahrens* zu setzen (§ 942 Abs. 1). Das ist nicht das Hauptsacheverfahren, sondern das Verfügungsverfahren vor dem Gericht der Hauptsache. Die Frist darf also nicht mit derjenigen des § 926 verwechselt werden. Anders als im Arrestverfahren (→ § 38 Rn. 11) darf auf eine mündliche Verhandlung nur in dringenden Fällen oder bei Zurückweisung des Verfügungsantrags verzichtet werden (§ 937 Abs. 2). Die besondere Dringlichkeit wird allerdings von den Gerichten oft vorschnell bejaht.

12 Die einstweilige Verfügung muss unabhängig davon, welche Art der Verfügung begehrt wird, so abgefasst sein, dass sie vollstreckt werden kann. Sie enthält keine Lösungssumme, da die §§ 923, 934 hier nicht passen. Diese Vorschriften gehen von Geldforderungen aus. Die einstweilige Verfügung ist ohne gesonderten Ausspruch sofort vollziehbar. Eine Aufhebung gegen Sicherheitsleistung kann nur unter besonderen Umständen gestattet werden (§ 939). Die Entscheidung ist, wenn sie im Beschlusswege ergeht, nicht zu begründen. Der Schuldner erhält mit dem Beschluss auch den Verfügungsantrag. Im Übrigen kann er durch Einlegung des Widerspruchs eine mündliche Verhandlung erreichen.

Anhang 1: Vollstreckungsauftrag an GV[1]

Vollstreckungsauftrag an die Gerichtsvollzieherin/den Gerichtsvollzieher
– zur Vollstreckung von Geldforderungen –

[X] Amtsgericht Leipzig
[ ] Verteilungsstelle für Gerichtsvollzieheraufträge
[ ] Geschäftsstelle
[ ] Frau/Herrn Haupt-/Ober-/Gerichtsvollzieher/-in

Bernhard-Göring-Straße 64
Straße, Hausnummer

04275 Leipzig
Postleitzahl, Ort

Kontaktdaten des
[X] Gläubigers
[ ] Gläubigervertreters

Telefon	0341/24591-0
Fax	0341/24591-50
E-Mail	info@dr-schmidt.de
Rechtsverbindliche elektronische Kommunikationswege (z. B. De-Mail, EGVP, besonderes Anwaltspostfach)	
Geschäftszeichen	588/19

[ ] Der Gläubiger beabsichtigt, für die Gerichtsvollzieherkosten ein SEPA-Lastschriftmandat zu erteilen.

In der Zwangsvollstreckungssache

Module:

A **Parteien**

Zutreffendes markieren [X] bzw. ausfüllen

A 1 **Gläubiger**

Herrn/Frau/Firma	Straße, Hausnummer
Dr. Schmidt Rechtsanwälte	Käthe-Kollwitz-Straße 10
Postleitzahl, Ort 04109 Leipzig	Land (wenn nicht Deutschland)

A 2 **Gesetzlicher Vertreter des Gläubigers** (Angaben bei jeder Art der gesetzlichen Vertretung, z. B. durch Mutter, Vater, Vormund, Geschäftsführer)

Herrn/Frau/Firma	Straße, Hausnummer
Rechtsanwalt Dr. Thomas Schmidt	Käthe-Kollwitz-Straße 10
Postleitzahl, Ort 04109 Leipzig	Land (wenn nicht Deutschland)

A 3 **Bevollmächtigter des Gläubigers** (Angaben bei jeder Art der Bevollmächtigung, z. B. Rechtsanwalt, Inkassounternehmen)

Herrn/Frau/Firma	Straße, Hausnummer
Postleitzahl, Ort	Land (wenn nicht Deutschland)

1 → § 26 Rn. 33 ff.

A 4

Bankverbindung des	
☒ Gläubigers ☐ Gläubigervertreters ☐ abweichenden Kontoinhabers/der abweichenden Kontoinhaberin:	
zur Überweisung eingezogener Beträge Dr. Schmidt Rechtsanwälte	
IBAN: DE7481520000195626	BIC: (Angabe kann entfallen, wenn IBAN mit DE beginnt)
Verwendungszweck, ggf. Geschäfts- bzw. Kassenzeichen: 588/19	

gegen

A 5

Schuldner	
Herrn/Frau/Firma Frau Anna Schulze	Straße, Hausnummer Kasseler Straße 10
Postleitzahl, Ort 04155 Leipzig	Land (wenn nicht Deutschland)
Geburtsname, -datum und -ort/Registergericht und Handelsregisternummer (soweit bekannt) geb. Schulz am 28.03.1980 in Leipzig	

A 6

Gesetzlicher Vertreter des Schuldners (Angaben bei jeder Art der gesetzlichen Vertretung, z. B. durch Mutter, Vater, Vormund, Geschäftsführer)	
Herrn/Frau/Firma	Straße, Hausnummer
Postleitzahl, Ort	Land (wenn nicht Deutschland)

A 7

Bevollmächtigter des Schuldners (Angaben bei jeder Art der Bevollmächtigung, z. B. Rechtsanwalt)	
Herrn/Frau/Firma	Straße, Hausnummer
Postleitzahl, Ort	Land (wenn nicht Deutschland)

A 8

Geschäftszeichen des Schuldners bzw. des gesetzlichen Vertreters oder des Bevollmächtigten des Schuldners

B

☐ Ich reiche nur die ausgefüllten Seiten ____________________
(Bezeichnung der Seiten)
dem Gericht bzw. der Gerichtsvollzieherin/dem Gerichtsvollzieher ein.

überreiche ich

C

die Anlage/-n

Dazu bitte die Hinweise zum Ausfüllen und Einreichen des Vollstreckungsauftrags (Anlage 2 des Formulars) beachten.

☒ Vollstreckungstitel
(Titel bitte nach Art, Gericht/Notar/Behörde, Datum und Geschäftszeichen bezeichnen)

Vollstreckungsbescheid des AG Aschersleben vom 22.08.2020, Az.: 19-134753-0-1

☐ Vollmacht

☐ Geldempfangsvollmacht

☒ Forderungsaufstellung gemäß der Anlage 1 des Formulars

☐ Forderungsaufstellung gemäß sonstiger Anlage/-n des Gläubigers/Gläubigervertreters ____________

☐ Anwaltskosten für weitere Vollstreckungsmaßnahmen gemäß zusätzlicher Anlage/-n ____________

☐ Inkassokosten gemäß § 4 Absatz 4 des Einführungsgesetzes zum Rechtsdienstleistungsgesetz (RDGEG) gemäß Anlage/ n ____________

☐ ____________

☐ ____________

wegen der aus der Anlage/den Anlagen ersichtlichen Forderung/-en
zur Durchführung des folgenden Auftrags/der folgenden Aufträge:

D ☐ **Zustellung**

E **gütliche Erledigung (§ 802b der Zivilprozessordnung – ZPO)**

E 1 ☐ Ich bin einverstanden, dass die folgende Zahlungsfrist gewährt wird: ____________

E 2 ☐ Mit der Einziehung von Teilbeträgen bin ich einverstanden.
☐ Ratenhöhe mindestens ____________ Euro
☐ monatlicher Turnus ☐ sonstiger Turnus: ____________

E 3 ☐ Ich bin mit einer Abweichung von den Zahlungsmodalitäten nach dem Ermessen der Gerichtsvollzieherin/des Gerichtsvollziehers einverstanden.

E 4 sonstige Weisungen

☒ Der Gläubiger wünscht keine Art der gütlichen Erledigung während des gesamten Verfahrens

E 5 ☐ Der Auftrag beschränkt sich auf die gütliche Erledigung.

F **keine Zahlungsvereinbarung**

☒ Mit einer Zahlungsvereinbarung bin ich nicht einverstanden (§ 802b Absatz 2 Satz 1 ZPO).

G **Abnahme der Vermögensauskunft** (bitte Hinweise in der Anlage 2 des Formulars beachten)

G1 [x] nach den §§ 802c, 802f ZPO (ohne vorherigen Pfändungsversuch)

G2 [ ] nach den §§ 802c, 807 ZPO (nach vorherigem Pfändungsversuch)
Sofern der Schuldner wiederholt nicht anzutreffen ist,

- [ ] bitte ich um Rücksendung der Vollstreckungsunterlagen.
- [ ] beantrage ich, das Verfahren zur Abnahme der Vermögensauskunft nach den §§ 802c, 802f ZPO einzuleiten.

G3 [ ] erneute Vermögensauskunft nach § 802d ZPO (wenn der Schuldner bereits innerhalb der letzten zwei Jahre die Vermögensauskunft abgegeben hat)
Die Vermögensverhältnisse des Schuldners haben sich wesentlich geändert, weil

Zur Glaubhaftmachung füge ich bei:

G4 weitere Angaben im Zusammenhang mit der Vermögensauskunft
[x] Abschrift Vermögensauskunft, sofern bereits geleistet

H [ ] **Erlass des Haftbefehls nach § 802g ZPO**
Bleibt der Schuldner dem Termin zur Abgabe der Vermögensauskunft unentschuldigt fern oder weigert er sich ohne Grund, die Vermögensauskunft zu erteilen, beantrage ich den Erlass eines Haftbefehls nach § 802g Absatz 1 ZPO. Die Gerichtsvollzieherin/den Gerichtsvollzieher bitte ich, den Antrag an das zuständige Amtsgericht weiterzuleiten und dieses zu ersuchen, nach Erlass des Haftbefehls diesen an

[ ] den Gläubiger [ ] den Gläubigervertreter zu übersenden.

[ ] die zuständige Gerichtsvollzieherin/den zuständigen Gerichtsvollzieher weiterzuleiten. Gegenüber der Gerichtsvollzieherin/dem Gerichtsvollzieher stelle ich den Antrag auf Verhaftung des Schuldners.

I [ ] **Verhaftung des Schuldners (§ 802g Absatz 2 ZPO)**

Haftbefehl des Amtsgerichts	Datum	Geschäftszeichen

J [ ] **Vorpfändung (§ 845 ZPO)**
Anfertigung der Benachrichtigung über die Vorpfändung und Zustellung sowie unverzügliche Mitteilung über die Vorpfändung

- [ ] für pfändbare Forderungen, die der Gerichtsvollzieherin/dem Gerichtsvollzieher bekannt sind oder bekannt werden
- [ ] für die folgenden Forderungen:

K [ ] **Pfändung körperlicher Sachen**

K1 [ ] Pfändung von Forderungen aus Wechseln und anderen Papieren, die durch Indossament übertragen werden können

K2 [ ] Taschenpfändung/Kassenpfändung

K3 [ ] Pfändung soll nach Abnahme der Vermögensauskunft durchgeführt werden, soweit sich aus dem Vermögensverzeichnis pfändbare Gegenstände ergeben.

K4	☐ Mit der Erteilung einer Fruchtlosigkeitsbescheinigung nach § 32 der Geschäftsanweisung für Gerichtsvollzieher (GVGA) bin ich **nicht** einverstanden.
K5	Aufträge und Hinweise zur Pfändung und Verwertung, z. B. zu besonderen Gegenständen ☐ ____________
L	**Ermittlung des Aufenthaltsorts des Schuldners (§ 755 ZPO)** (bitte Hinweise in der Anlage 2 des Formulars beachten)
L1	☐ Mir ist bekannt, dass der Schuldner unbekannt verzogen ist.
L2	☐ Negativauskunft des Einwohnermeldeamtes ist beigefügt.
	Ermittlung
L3	☐ der gegenwärtigen Anschriften sowie der Angaben zur Haupt- und Nebenwohnung des Schuldners durch Nachfrage bei der **Meldebehörde**
L4	☐ des Aufenthaltsorts durch Nachfragen beim **Ausländerzentralregister** und bei der aktenführenden **Ausländerbehörde**
L5	☐ der bekannten derzeitigen Anschrift sowie des derzeitigen oder zukünftigen Aufenthaltsorts des Schuldners bei den **Trägern der gesetzlichen Rentenversicherung**
L6	☐ der Halterdaten nach § 33 Absatz 1 Satz 1 Nummer 2 des Straßenverkehrsgesetzes (StVG) des Schuldners beim **Kraftfahrt-Bundesamt**
L7	☐ der gegenwärtigen Anschriften, des Ortes der Hauptniederlassung oder des Sitzes des Schuldners durch Einsicht in das **Handels-, Genossenschafts-, Partnerschafts-, Unternehmens- oder Vereinsregister**
L8	☐ der gegenwärtigen Anschriften, des Ortes der Hauptniederlassung oder des Sitzes des Schuldners durch Einholung einer Auskunft bei den nach Landesrecht **für die Durchführung der Aufgaben nach § 14 Absatz 1 der Gewerbeordnung (GewO) zuständigen Behörden**
L9	Hinweise zur Reihenfolge der Ermittlungen (wenn Anfrage nach den Modulen L3, L7 und L8 ergebnislos oder ein Fall des Moduls L1 gegeben ist) ☐ ____________
M	**Einholung von Auskünften Dritter (§ 802l ZPO)** (bitte Hinweise zur Einholung von Auskünften Dritter in der Anlage 2 des Formulars beachten)
M1	☒ Ermittlung der Namen, der Vornamen oder der Firma sowie der Anschriften der derzeitigen Arbeitgeber eines versicherungspflichtigen Beschäftigungsverhältnisses des Schuldners bei den **Trägern der gesetzlichen Rentenversicherung**
M2	☒ Ersuchen an das **Bundeszentralamt für Steuern,** bei den Kreditinstituten die in § 93b Absatz 1 der Abgabenordnung (AO) bezeichneten Daten abzurufen
M3	☐ Ermittlung der Fahrzeug- und Halterdaten nach § 33 Absatz 1 StVG zu einem Fahrzeug, als dessen Halter der Schuldner eingetragen ist, beim **Kraftfahrt-Bundesamt**
M4	☐ Die vorstehend ausgewählte/-n Drittauskunft/Drittauskünfte sollen nur eingeholt werden, wenn der Schuldner seiner Pflicht zur Abgabe der Vermögensauskunft nicht nachkommt.
M5	☐ Antrag auf aktuelle Einholung von Auskünften (§ 802l Absatz 4 Satz 3 ZPO) Zur Änderung der Vermögensverhältnisse des Schuldners trage ich vor: ____________
N	**Angaben zur Reihenfolge bzw. Kombination der einzelnen Aufträge**
N1	☐ Die Aufträge ____________ werden ohne Angabe einer Reihenfolge erteilt. (Bezeichnung der Module bitte angeben)
N2	☐ Der Pfändungsauftrag soll **vor** weiteren Aufträgen durchgeführt werden.

N3 ☐ Der Pfändungsauftrag soll **nach** Abnahme der Vermögensauskunft durchgeführt werden.

N4 ☐ Die gestellten Aufträge sollen in folgender Reihenfolge durchgeführt werden:

zuerst Auftrag ______________________________ ,
(Bezeichnung des Moduls bitte angeben)

danach der Auftrag/die Aufträge ______________________________ .
(Bezeichnung des Moduls/der Module bitte angeben)

N5 sonstige Angaben zur Reihenfolge bzw. Kombination der einzelnen Aufträge

☐ ______________________________

O **weitere Aufträge**

☐ ______________________________

☐ ______________________________

☐ ______________________________

P **Hinweise für die Gerichtsvollzieherin/den Gerichtsvollzieher**

P1 ☐ Ich bitte um Übersendung des ☐ Protokolls. ☐ Gesamtprotokolls (bei gleichzeitiger Pfändung für mehrere Gläubiger).

P2 ☐ Hinweis zum Aufenthaltsort des Schuldners:

____

P3 ☐ Prozesskostenhilfe/Verfahrenskostenhilfe wurde gemäß anliegendem Beschluss bewilligt.

P4 ☐ Ich bitte um Übersendung des Abdrucks des Vermögensverzeichnisses in elektronischer Form gemäß § 802d Absatz 2 ZPO auf dem in den Kontaktdaten bezeichneten rechtsverbindlichen elektronischen Kommunikationsweg.

P5 ☐ Im Falle der Nichtzuständigkeit bitte ich um Weiterleitung des Vollstreckungsauftrags an die zuständige Gerichtsvollzieherin/den zuständigen Gerichtsvollzieher, wenn nicht bereits eine Weiterleitung von Amts wegen erfolgt.

P6 Meine Teilnahme an dem Termin
☐ zur Abnahme der Vermögensauskunft
☐ ______________________________
ist beabsichtigt.

P7 Zum Vorsteuerabzug ist der Gläubiger ☐ berechtigt. ☐ nicht berechtigt.

P8 sonstige Hinweise

☒ Vollstreckung gemäß Anlage 1 zuzüglich Kosten gemäß Modul Q

☐ ______________________________

Q

Anwaltskosten gemäß Rechtsanwaltsvergütungsgesetz (RVG)

für den oben stehenden Auftrag/die oben stehenden Aufträge, und zwar für

Vermögensauskunft
(Angabe der Vollstreckungsmaßnahme)

Gegenstandswert (§ 25 RVG) aus	1.085,43 €
1. Verfahrensgebühr (VV Nr. 3309, ggf. i. V. m. VV Nr. 1008)	34,50 €
2. ____ (VV Nr. ____)	€
3. Auslagen oder Auslagenpauschale (VV Nr. 7001 oder VV Nr. 7002)	6,90 €
4. weitere Auslagen (VV Nr. ____)	€
5. Umsatzsteuer (VV Nr. 7008)	€
Summe	41,40 €

Anwaltskosten gemäß Rechtsanwaltsvergütungsgesetz (RVG)

für den oben stehenden Auftrag/die oben stehenden Aufträge, und zwar für

ZV-Auftrag (Einholung Drittauskünfte)
(Angabe der Vollstreckungsmaßnahme)

Gegenstandswert (§ 25 RVG) aus	1.126,83 €
1. Verfahrensgebühr (VV Nr. 3309, ggf. i. V. m. VV Nr. 1008)	34,50 €
2. ____ (VV Nr. ____)	€
3. Auslagen oder Auslagenpauschale (VV Nr. 7001 oder VV Nr. 7002)	6,90 €
4. weitere Auslagen (VV Nr. ____)	€
5. Umsatzsteuer (VV Nr. 7008)	€
Summe	41,40 €

(Datum) (Unterschrift, Auftraggeber)

Forderungsaufstellung

☒ Der Gläubiger kann von dem Schuldner die nachfolgend aufgeführten Beträge beanspruchen:

☐ ______________________________

(zusätzliche Informationen, z. B. bei Vollstreckung in unterschiedlicher Höhe gegen mehrere Schuldner)

________ €	☐ Hauptforderung
________ €	☐ Restforderung
________ €	☐ Teilforderung
________ €	☐ nebst ______ % Zinsen daraus/aus ____________ Euro seit dem ____________ ☐ bis ____________
________ €	☐ nebst ______ % Zinsen daraus/aus ____________ Euro ab Antragstellung
________ €	☐ nebst Zinsen in Höhe von ______ Prozentpunkten über dem jeweiligen Basiszinssatz daraus/aus ____________ Euro seit dem ____________ ☐ bis ____________
________ €	☐ nebst Zinsen in Höhe von ______ Prozentpunkten über dem jeweiligen Basiszinssatz daraus/aus ____________ Euro ab Antragstellung
________ €	☐ ____________
________ €	☐ ____________
________ €	☐ Säumniszuschläge gemäß § 193 Absatz 6 Satz 2 des Versicherungsvertragsgesetzes
________ €	☐ titulierte vorgerichtliche Kosten ☐ Wechselkosten
________ €	☐ Kosten des Mahn-/Vollstreckungsbescheides
________ €	☐ festgesetzte Kosten
________ €	☐ nebst ______ % Zinsen daraus/aus ____________ Euro seit dem ____________ ☐ bis ____________
________ €	☐ nebst ______ % Zinsen daraus/aus ____________ Euro ab Antragstellung
________ €	☐ nebst Zinsen in Höhe von ______ Prozentpunkten über dem jeweiligen Basiszinssatz daraus/aus ____________ Euro seit dem ____________ ☐ bis ____________
________ €	☐ nebst Zinsen in Höhe von ______ Prozentpunkten über dem jeweiligen Basiszinssatz daraus/aus ____________ Euro ab Antragstellung
________ €	☐ bisherige Vollstreckungskosten
0,00 €	**Summe I**
________ € (wenn Angabe möglich)	☐ gemäß sonstiger Anlage/-n des Gläubigers/Gläubigervertreters ____________ (zulässig, wenn in dieser Aufstellung die erforderlichen Angaben nicht oder nicht vollständig eingetragen werden können)
0,00 € (wenn Angabe möglich)	**Summe II** (aus Summe I und Summe aus sonstiger Anlage/sonstigen Anlagen des Gläubigers/Gläubigervertreters)

Anlage 2
Hinweise zum Ausfüllen und Einreichen des Vollstreckungsauftrags

Prozesskostenhilfe/ Verfahrenskostenhilfe	Ein Antrag auf Prozesskostenhilfe/Verfahrenskostenhilfe kann bei dem zuständigen Vollstreckungsgericht (Amtsgericht) unter Verwendung des amtlichen Formulars gestellt werden. Hierbei ist nach Maßgabe der Prozesskostenhilfeformularverordnung (PKHFV) das amtliche Formular zu verwenden.
Modul C	**Hinweise zur Beifügung von zusätzlichen Anlagen** Die Beifügung einer zusätzlichen Anlage/von zusätzlichen Anlagen ist nur zulässig für Aufträge, Hinweise und Auflistungen, für die im Formular keine oder keine ausreichende Eingabemöglichkeit besteht. Die Beifügung von zusätzlichen Anlagen für die Forderungsaufstellung, die von der Anlage 1 abweichen, ist zulässig, wenn die für den Auftrag erforderlichen Angaben nicht oder nicht vollständig in die Anlage 1 eingetragen werden können.
Modul G	Bei einem Auftrag zur Abnahme der Vermögensauskunft bitte das papiergebundene Formular **zweifach einreichen.** Das Verfahren nach § 807 ZPO (Modul G2) kann nicht durchgeführt werden, wenn der Schuldner nicht angetroffen wird. In diesem Fall bleibt die Möglichkeit, die Vermögensauskunft nach § 802f Absatz 1 Satz 1 ZPO zu beantragen.
Modul L	**Hinweise zur Ermittlung des Aufenthaltsorts des Schuldners (§ 755 ZPO)** Der Auftrag ist nur in Verbindung mit einem Vollstreckungsauftrag und nur für den Fall zulässig, dass der Wohnsitz oder der gewöhnliche Aufenthaltsort bzw. die gegenwärtige Anschrift, der Ort der Hauptniederlassung oder der Sitz des Schuldners nicht bekannt ist. Die Anfragen beim Ausländerzentralregister und der aktenführenden Ausländerbehörde (Modul L4), bei den Trägern der gesetzlichen Rentenversicherung (Modul L5) sowie beim Kraftfahrt-Bundesamt (Modul L6) sind nur zulässig, falls der Aufenthaltsort des Schuldners durch Nachfrage bei der Meldebehörde (Modul L3) nicht zu ermitteln ist. Der Nachfrage bei der Meldebehörde steht gleich die Einsicht in das Handels-, Genossenschafts-, Partnerschafts-, Unternehmens- oder Vereinsregister (Modul L7) und die Einholung einer Auskunft bei den nach Landesrecht für die Durchführung der Aufgaben nach § 14 Absatz 1 der Gewerbeordnung zuständigen Behörden (Modul L8) bei dem Schuldner, der in die genannten Register eingetragen ist. Die Anfrage beim Ausländerzentralregister (Modul L4) ist bei Unionsbürgern nur zulässig, wenn – darzulegende – tatsächliche Anhaltspunkte für die Vermutung der Feststellung des Nichtbestehens oder des Verlusts des Freizügigkeitsrechts vorliegen.
Modul M	**Hinweise zur Einholung von Auskünften Dritter (§ 802l ZPO)** Die Einholung von Drittauskünften ist zulässig, wenn der Schuldner seiner Pflicht zur Abgabe der Vermögensauskunft nicht nachkommt oder bei einer Vollstreckung in die dort aufgeführten Vermögensgegenstände eine vollständige Befriedigung des Gläubigers nicht zu erwarten ist. Der Gerichtsvollzieher darf Daten, die er im Auftrag eines anderen Gläubigers eingeholt hat und die innerhalb der letzten drei Monate bei ihm eingegangen sind, an den weiteren Gläubiger weitergeben, wenn die Voraussetzungen für die Datenerhebung auch bei dem weiteren Gläubiger vorliegen (§ 802l Absatz 4 Satz 1 ZPO). Auf Antrag des weiteren Gläubigers ist eine erneute Auskunft nur dann einzuholen, wenn Anhaltspunkte dargelegt werden, dass nach dem Eingang der Auskunft bei dem Gerichtsvollzieher eine Änderung der Vermögensverhältnisse des Schuldners eingetreten ist. Ein solcher Antrag kann – vorsorglich – bereits mit der Auftragserteilung gestellt werden.

Anhang 2: Antrag auf PfÜB insbesondere wegen gewöhnlicher Geldforderungen nach § 829 ZPO[1]

Raum für Kostenvermerke und Eingangsstempel

Amtsgericht Leipzig

Vollstreckungsgericht

Bernhard-Göring-Str. 64

04275 Leipzig

Antrag auf Erlass eines Pfändungs- und Überweisungsbeschlusses insbesondere wegen gewöhnlicher Geldforderungen 1

Es wird beantragt, den nachfolgenden Entwurf als Beschluss auf ☒ Pfändung ☒ und ☒ Überweisung zu erlassen.

☒ Zugleich wird beantragt, die Zustellung zu vermitteln (☒ mit der Aufforderung nach § 840 der Zivilprozessordnung – ZPO).

☐ Die Zustellung wird selbst veranlasst.

Es wird gemäß dem nachfolgenden Entwurf des Beschlusses Antrag gestellt auf

☐ Zusammenrechnung mehrerer Arbeitseinkommen (§ 850e Nummer 2 ZPO)

☐ Zusammenrechnung von Arbeitseinkommen und Sozialleistungen (§ 850e Nummer 2a ZPO)

☐ Nichtberücksichtigung von Unterhaltsberechtigten (§ 850c Absatz 4 ZPO)

☐ ____________________

Es wird beantragt,

☐ Prozesskostenhilfe zu bewilligen

☐ Frau Rechtsanwältin / Herrn Rechtsanwalt

____________________ beizuordnen.

☐ Prozesskostenhilfe wurde gemäß anliegendem Beschluss bewilligt.

Anlagen:

☒ Schuldtitel und ___ Vollstreckungsunterlagen

☐ Erklärung über die persönlichen und wirtschaftlichen Verhältnisse nebst ___ Belegen

☐ ____________________

☐ Verrechnungsscheck für Gerichtskosten

☐ Gerichtskostenstempler

☐ Ich drucke nur die ausgefüllten Seiten

____
(Bezeichnung der Seiten)
aus und reiche diese dem Gericht ein.

Hinweis:
Soweit für den Antrag eine zweckmäßige Eintragungsmöglichkeit in diesem Formular nicht besteht, können ein geeignetes Freifeld sowie Anlagen genutzt werden.

Datum (Unterschrift Antragsteller/-in)

---

1 → § 26 Rn. 33 ff.

2

Amtsgericht	Leipzig
Anschrift:	Bernhard-Göring-Str. 64
	04275 Leipzig
Geschäftszeichen:	

☒ Pfändungs- ☒ und ☒ Überweisungs-Beschluss
in der Zwangsvollstreckungssache

des/der Herrn/Frau/Firma	Dr. Schmidt Rechtsanwälte Käthe-Kollwitz-Straße 10 04109 Leipzig		– Gläubiger –
vertreten durch Herrn/Frau/Firma			
Aktenzeichen des Gläubigervertreters	588/19		
Bankverbindung	☐ des Gläubigers	☐ des Gläubigervertreters	
IBAN:			
BIC: Angabe kann entfallen, wenn IBAN mit DE beginnt			

gegen

Herrn/Frau/Firma	Frau Anna Schulze, geb. 28.03.1980 Kasseler Straße 10 04155 Leipzig	– Schuldner –
vertreten durch Herrn/Frau/Firma		
Aktenzeichen des Schuldnervertreters		

Nach dem Vollstreckungstitel/den Vollstreckungstiteln
(den oder die Titel bitte nach Art, Gericht/Notar, Datum, Geschäftszeichen etc. bezeichnen)

Vollstreckungsbescheid des AG Aschersleben vom 22.08.2020, Az.: 19-134753-0-1

3

kann der Gläubiger von dem Schuldner nachfolgend aufgeführte Beträge beanspruchen:

887,03 €	☒ Hauptforderung ☐ Teilhauptforderung
€	☐ Restforderung aus Hauptforderung
33,92 €	☒ nebst ___ % Zinsen daraus/aus ___ Euro seit dem ___ ☐ bis ___
€	☒ nebst Zinsen in Höhe von ☒ 5 Prozentpunkten ☐ 2,5 Prozentpunkten ☐ 8 Prozentpunkten ☐ ___ Prozentpunkten über dem jeweiligen Basiszinssatz daraus/aus 887,03 Euro seit dem 29.02.2020 ☐ bis ___
€	☐ Säumniszuschläge gemäß § 193 Absatz 6 Satz 2 des Versicherungsvertragsgesetzes
€	☐ titulierte vorgerichtliche Kosten ☐ Wechselkosten
€	☐ Kosten des Mahn-/Vollstreckungsbescheides
€	☐ festgesetzte Kosten
€	☐ nebst ☐ 4 % Zinsen ☐ ___ % Zinsen daraus/aus ___ Euro seit dem ___ ☐ bis ___
€	☐ nebst Zinsen in Höhe von ☐ 5 ☐ ___ Prozentpunkten über dem jeweiligen Basiszinssatz daraus/aus ___ Euro seit dem ___ ☐ bis ___
€	☐ bisherige Vollstreckungskosten
887,03 €	**Summe I**
€ (wenn Angabe möglich)	☐ gemäß Anlage(n) ___ (zulässig, wenn in dieser Aufstellung die erforderlichen Angaben nicht oder nicht vollständig eingetragen werden können)
887,03 € (wenn Angabe möglich)	**Summe II** (aus Summe I und Anlage(n) ___)

Wegen dieser Ansprüche sowie wegen der Kosten für diesen Beschluss (vgl. Kostenrechnung) und wegen der Zustellungskosten für diesen Beschluss wird/werden die nachfolgend aufgeführte/-n angebliche/-n Forderung/-en des Schuldners gegenüber dem Drittschuldner – einschließlich der künftig fällig werdenden Beträge – so lange gepfändet, bis der Gläubigeranspruch gedeckt ist.

Drittschuldner (genaue Bezeichnung des Drittschuldners: Firma bzw. Vor- und Zuname, vertretungsberechtigte Person/-en, jeweils mit Anschrift; Postfach-Angabe ist nicht zulässig; bei mehreren Drittschuldnern ist eine Zuordnung des Drittschuldners zu der/den zu pfändenden Forderung/-en vorzunehmen)

Herr/Frau/Firma

1. Leipziger Volksbank eG, Pfändungsstelle

Schillerstraße 3, 04109 Leipzig

2. Firma Gustav Personaldienstleistung GmbH, vertr. d. Geschäftsführer (Anspruch A)

4

Forderung aus Anspruch

- [x] **A (an Arbeitgeber)**
- [ ] **B (an Agentur für Arbeit bzw. Versicherungsträger)**
  Art der Sozialleistung: ____________
  Konto- / Versicherungsnummer: ____________
- [ ] **C (an Finanzamt)**
- [x] **D (an Kreditinstitute)**
- [ ] **E (an Versicherungsgesellschaften)**
  Konto- / Versicherungsnummer: ____________
- [ ] **F (an Bausparkassen)**
- [ ] **G**
- [ ] **gemäß gesonderter Anlage(n)** ____________

Anspruch A (an Arbeitgeber)

1. auf Zahlung des gesamten gegenwärtigen und künftigen Arbeitseinkommens (einschließlich des Geldwertes von Sachbezügen)
2. auf Auszahlung des als Überzahlung jeweils auszugleichenden Erstattungsbetrages aus dem durchgeführten Lohnsteuer-Jahresausgleich sowie aus dem Kirchenlohnsteuer-Jahresausgleich für das Kalenderjahr ____________ und für alle folgenden Kalenderjahre
3. auf

Anspruch B (an Agentur für Arbeit bzw. Versicherungsträger)

auf Zahlung der gegenwärtig und künftig nach dem Sozialgesetzbuch zustehenden Geldleistungen. Die Art der Sozialleistungen ist oben angegeben.

Anspruch A und B

Die für die Pfändung von Arbeitseinkommen geltenden Vorschriften der §§ 850 ff. ZPO in Verbindung mit der Tabelle zu § 850c Absatz 3 ZPO in der jeweils gültigen Fassung sind zu beachten.

Anspruch C (an Finanzamt)

auf Auszahlung

1. des als Überzahlung auszugleichenden Erstattungsbetrages bzw. des Überschusses, der sich als Erstattungsanspruch bei Abrechnung der auf die Einkommensteuer (nebst Solidaritätszuschlag) und Kirchensteuer sowie Körperschaftsteuer anzurechnenden Leistungen für das abgelaufene Kalenderjahr ____________ und für alle früheren Kalenderjahre ergibt
2. des Erstattungsbetrages, der sich aus dem Erstattungsanspruch zu viel gezahlter Kraftfahrzeugsteuer für das Kraftfahrzeug mit dem amtlichen Kennzeichen ____________ ergibt

   Erstattungsgrund:

   ____

   ____

   ____

5

Anspruch D (an Kreditinstitute)

1. auf Zahlung der zu Gunsten des Schuldners bestehenden Guthaben seiner sämtlichen Girokonten (insbesondere seines Kontos ____________) bei diesem Kreditinstitut einschließlich der Ansprüche auf Gutschrift der eingehenden Beträge; mitgepfändet wird die angebliche (gegenwärtige und künftige) Forderung des Schuldners an den Drittschuldner auf Auszahlung eines vereinbarten Dispositionskredits („offene Kreditlinie"), soweit der Schuldner den Kredit in Anspruch nimmt
2. auf Auszahlung des Guthabens und der bis zum Tag der Auszahlung aufgelaufenen Zinsen sowie auf fristgerechte bzw. vorzeitige Kündigung der für ihn geführten Sparguthaben und/oder Festgeldkonten, insbesondere aus Konto ____________
3. auf Auszahlung der bereitgestellten, noch nicht abgerufenen Darlehensvaluta aus einem Kreditgeschäft, wenn es sich nicht um zweckgebundene Ansprüche handelt
4. auf Zahlung aus dem zum Wertpapierkonto gehörenden Gegenkonto, insbesondere aus Konto ____________, auf dem die Zinsgutschriften für die festverzinslichen Wertpapiere gutgebracht sind
5. auf Zutritt zu dem Bankschließfach Nr. ____________ und auf Mitwirkung des Drittschuldners bei der Öffnung des Bankschließfachs bzw. auf die Öffnung des Bankschließfachs allein durch den Drittschuldner zum Zweck der Entnahme des Inhalts
6. auf

Hinweise zu Anspruch D:

Auf § 835 Absatz 3 Satz 2 ZPO (Zahlungsmoratorium von vier Wochen) und § 835 Absatz 4 ZPO wird der Drittschuldner hiermit hingewiesen.

Pfändungsschutz für Kontoguthaben und Verrechnungsschutz für Sozialleistungen und für Kindergeld werden seit dem 1. Januar 2012 nur für Pfändungsschutzkonten nach § 850k ZPO gewährt.

Anspruch E (an Versicherungsgesellschaften)

1. auf Zahlung der Versicherungssumme, der Gewinnanteile und des Rückkaufwertes aus der Lebensversicherung/den Lebensversicherungen, die mit dem Drittschuldner abgeschlossen ist/sind
2. auf das Recht zur Bestimmung desjenigen, zu dessen Gunsten im Todesfall die Versicherungssumme ausgezahlt wird, bzw. auf das Recht zur Bestimmung einer anderen Person an Stelle der von dem Schuldner vorgesehenen
3. auf das Recht zur Kündigung des Lebens-/Rentenversicherungsvertrages, auf das Recht auf Umwandlung der Lebens-/Rentenversicherung in eine prämienfreie Versicherung sowie auf das Recht zur Aushändigung der Versicherungspolice

Ausgenommen von der Pfändung sind Ansprüche aus Lebensversicherungen, die nur auf den Todesfall des Versicherungsnehmers abgeschlossen sind, wenn die Versicherungssumme den in § 850b Absatz 1 Nummer 4 ZPO in der jeweiligen Fassung genannten Betrag nicht übersteigt.

Anspruch F (an Bausparkassen)

aus dem über eine Bausparsumme von (mehr oder weniger) ____________ Euro abgeschlossenen Bausparvertrag Nr. ____________,
insbesondere Anspruch auf

1. Auszahlung des Bausparguthabens nach Zuteilung
2. Auszahlung der Sparbeiträge nach Einzahlung der vollen Bausparsumme
3. Rückzahlung des Sparguthabens nach Kündigung
4. das Kündigungsrecht selbst und das Recht auf Änderung des Vertrags
5. auf ____________

Anspruch G 6

(Hinweis: betrifft Anspruch an weitere Drittschuldner bzw. schon aufgeführte Drittschuldner, soweit Platz unzureichend)

Berechnung des pfändbaren Nettoeinkommens

(betrifft Anspruch A und B)

Von der Pfändung sind ausgenommen:

1. Beträge, die unmittelbar auf Grund steuer- oder sozialrechtlicher Vorschriften zur Erfüllung gesetzlicher Verpflichtungen des Schuldners abzuführen sind, ferner die auf den Auszahlungszeitraum entfallenden Beträge, die der Schuldner nach den Vorschriften der Sozialversicherungsgesetze zur Weiterversicherung entrichtet oder an eine Ersatzkasse oder an ein Unternehmen der privaten Krankenversicherung leistet, soweit diese Beträge den Rahmen des Üblichen nicht übersteigen;
2. Aufwandsentschädigungen, Auslösegelder und sonstige soziale Zulagen für auswärtige Beschäftigungen, das Entgelt für selbstgestelltes Arbeitsmaterial, Gefahren-, Schmutz- und Erschwerniszulagen, soweit sie den Rahmen des Üblichen nicht übersteigen;
3. die Hälfte der für die Leistung von Mehrarbeitsstunden gezahlten Teile des Arbeitseinkommens;
4. die für die Dauer eines Urlaubs über das Arbeitseinkommen hinaus gewährten Bezüge, Zuwendungen aus Anlass eines besonderen Betriebsereignisses und Treuegelder, soweit sie den Rahmen des Üblichen nicht übersteigen;
5. Weihnachtsvergütungen bis zum Betrag der Hälfte des monatlichen Arbeitseinkommens, höchstens aber bis zur Höhe des in § 850a Nummer 4 ZPO in der jeweiligen Fassung genannten Höchstbetrages;
6. Heirats- und Geburtsbeihilfen, sofern die Vollstreckung wegen anderer als der aus Anlass der Heirat oder der Geburt entstandenen Ansprüche betrieben wird;
7. Erziehungsgelder, Studienbeihilfen und ähnliche Bezüge;
8. Sterbe- und Gnadenbezüge aus Arbeits- und Dienstverhältnissen;
9. Blindenzulagen;
10. Geldleistungen für Kinder sowie Sozialleistungen, die zum Ausgleich immaterieller Schäden gezahlt werden.

7

☐ **Es wird angeordnet,** dass zur Berechnung des nach §850c ZPO pfändbaren Teils des Gesamteinkommens zusammenzurechnen sind:

☐ Arbeitseinkommen bei Drittschuldner (genaue Bezeichnung)

______________________________ und

☐ Arbeitseinkommen bei Drittschuldner (genaue Bezeichnung)

______________________________ .

Der unpfändbare Grundbetrag ist in erster Linie den Einkünften des Schuldners bei Drittschuldner (genaue Bezeichnung)

______________________________ zu entnehmen,

weil dieses Einkommen die wesentliche Grundlage der Lebenshaltung des Schuldners bildet.

☐ **Es wird angeordnet,** dass zur Berechnung des nach §850c ZPO pfändbaren Teils des Gesamteinkommens zusammenzurechnen sind:

☐ laufende Geldleistungen nach dem Sozialgesetzbuch von Drittschuldner (genaue Bezeichnung der Leistungsart und des Drittschuldners)

______________________________ und

☐ Arbeitseinkommen bei Drittschuldner (genaue Bezeichnung)

______________________________ .

Der unpfändbare Grundbetrag ist in erster Linie den laufenden Geldleistungen nach dem Sozialgesetzbuch zu entnehmen. Ansprüche auf Geldleistungen für Kinder dürfen mit Arbeitseinkommen nur zusammengerechnet werden, soweit sie nach §76 des Einkommensteuergesetzes (EStG) oder nach §54 Absatz 5 des Ersten Buches Sozialgesetzbuch (SGB I) gepfändet werden können.

☐ Gemäß §850c Absatz 4 ZPO wird **angeordnet**, dass

☐ der Ehegatte ☐ der Lebenspartner/die Lebenspartnerin ☐ das Kind/die Kinder

bei der Berechnung des unpfändbaren Teils des Arbeitseinkommens

☐ nicht ☐ nur teilweise

als Unterhaltsberechtigte/-r zu berücksichtigen sind/ist.

(Begründung zu Höhe und Art des eigenen Einkommens)

____

____

____

Vom Gericht auszufüllen
(wenn ein Unterhaltsberechtigter nur teilweise zu berücksichtigen ist):

Bei der Feststellung des nach der Tabelle zu §850c Absatz 3 ZPO pfändbaren Betrages bleibt die Unterhaltspflicht des Schuldners gegenüber ______________________________
außer Betracht. Der pfändbare Betrag ist deshalb ausschließlich unter Berücksichtigung der übrigen Unterhaltsleistungen des Schuldners festzustellen.

Der nach der Tabelle unpfändbare Teil des Arbeitseinkommens des Schuldners ist wegen seiner teilweise zu berücksichtigenden gesetzlichen Unterhaltspflicht gegenübe

______________________________ um weitere

☐ ______________________________ € monatlich

☐ ______________________________ € wöchentlich

☐ ______________________________ € täglich

zu erhöhen.

Der dem Schuldner danach zu belassende weitere Teil seines Arbeitseinkommens darf jedoch den Betrag nicht übersteigen, der ihm nach der Tabelle des § 850c Absatz 3 ZPO bei voller Berücksichtigung der genannten unterhaltsberechtigten Person zu verbleiben hätte. 8

☒ **Es wird angeordnet, dass**

☒ der Schuldner die Lohn- oder Gehaltsabrechnung oder die Verdienstbescheinigung einschließlich der entsprechenden Bescheinigungen der letzten drei Monate vor Zustellung des Pfändungs- und Überweisungsbeschlusses an den Gläubiger herauszugeben hat

☒ der Schuldner das über das jeweilige Sparguthaben ausgestellte Sparbuch (bzw. die Sparurkunde) an den Gläubiger herauszugeben hat und dieser das Sparbuch (bzw. die Sparurkunde) unverzüglich dem Drittschuldner vorzulegen hat

☐ ein von dem Gläubiger zu beauftragender Gerichtsvollzieher für die Pfändung des Inhalts Zutritt zum Schließfach zu nehmen hat

☐ der Schuldner die Versicherungspolice an den Gläubiger herauszugeben hat und dieser sie unverzüglich dem Drittschuldner vorzulegen hat

☐ der Schuldner die Bausparurkunde und den letzten Kontoauszug an den Gläubiger herauszugeben hat und dieser die Unterlagen unverzüglich dem Drittschuldner vorzulegen hat

☒ - die im Depot verwahrten Wertpapiere und -depotverträge an einem vom Gläubiger zu beauftragenden Gerichtsvollzieher herauszugeben sind - der Schuldner dem Drittschuldner vorgelegte Bescheinigungen & Belege, die zu einer Erhöhung des Pfändungsfreibetrages § 850 k Abs. 2, 5 ZPO führen, herausgeben muss - BGH vom 09.02.2012, VII ZB 59/10 - der Schuldner die Kontoauszüge, nach seiner Wahl auch Kopien hiervon an den Gläubiger herausgaben muss, die Buchungsvorgänge betreffen, die ab Zustellung des PfÜbs an die Drittschuldnerin erfolgt sind (BGH 09.02.2012, VII ZB 49/10. Schwärzungen von Buchungen sind unzulässig

☐ **Sonstige Anordnungen:**

Der Drittschuldner darf, soweit die Forderung gepfändet ist, an den Schuldner nicht mehr zahlen. Der Schuldner darf insoweit nicht über die Forderung verfügen, sie insbesondere nicht einziehen.

☒ **Zugleich wird dem Gläubiger die zuvor bezeichnete Forderung in Höhe des gepfändeten Betrages**

☒ **zur Einziehung überwiesen.** ☐ an Zahlungs statt überwiesen.

9

☐ ____
____
____
____
____
____

Ausgefertigt:

(Datum,
Unterschrift Rechtspfleger

(Datum,
Unterschrift Urkundsbeamter der Geschäftsstelle)

I.	**Gerichtskosten** Gebühr gemäß GKG KV Nr. 2111		0,00 €
II.	**Anwaltskosten gemäß RVG** Gegenstandswert: ______ €		
	1. Verfahrensgebühr VV Nr. 3309, ggf. i. V. m. Nr. 1008	€	
	2. Auslagenpauschale VV Nr. 7002	€	
	3. Umsatzsteuer VV Nr. 7008	0,00 €	
	Summe von II.		0,00 €
	Summe von I. und II.:		0,00 €

☐ **Inkassokosten gemäß § 4 Absatz 4 des Einführungsgesetzes zum Rechtsdienstleistungsgesetz** (RDGEG) gemäß Anlage(n) ______

Anhang 3: Antrag auf PfÜB insbesondere wegen Unterhaltsforderung nach § 829 ZPO

Raum für Kostenvermerke und Eingangsstempel

Amtsgericht Grimma

Vollstreckungsgericht

Klosterstraße 9

04668 Grimma

Antrag auf Erlass eines Pfändungs- und Überweisungsbeschlusses wegen Unterhaltsforderungen 1

Es wird beantragt, den nachfolgenden Entwurf als Beschluss auf ☒ Pfändung ☒ und ☒ Überweisung zu erlassen.

☒ Zugleich wird beantragt, die Zustellung zu vermitteln (☒ mit der Aufforderung nach § 840 der Zivilprozessordnung – ZPO).

☐ Die Zustellung wird selbst veranlasst.

Es wird gemäß dem nachfolgenden Entwurf des Beschlusses Antrag gestellt auf

☐ Zusammenrechnung mehrerer Arbeitseinkommen (§ 850e Nummer 2 ZPO)

☐ Zusammenrechnung von Arbeitseinkommen und Sozialleistungen (§ 850e Nummer 2a ZPO)

☐ ______________________

Es wird beantragt,

☐ Prozesskostenhilfe zu bewilligen

☐ Frau Rechtsanwältin / Herrn Rechtsanwalt

______________________ beizuordnen.

☐ Prozesskostenhilfe wurde gemäß anliegendem Beschluss bewilligt.

Anlagen:

☒ Schuldtitel und ___ Vollstreckungsunterlagen

☐ Erklärung über die persönlichen und wirtschaftlichen Verhältnisse nebst ___ Belegen

☐ ______________________

☐ Verrechnungsscheck für Gerichtskosten

☐ Gerichtskostenstempler

☐ Ich drucke nur die ausgefüllten Seiten

____

(Bezeichnung der Seiten)

aus und reiche diese dem Gericht ein.

13.07.2017

Datum (Unterschrift Antragsteller/-in)

Hinweis:

Soweit für den Antrag eine zweckmäßige Eintragungsmöglichkeit in diesem Formular nicht besteht, können ein geeignetes Freifeld sowie Anlagen genutzt werden.

2

Amtsgericht	Grimma
Anschrift:	Klosterstraße 9
	04668 Grimma
Geschäftszeichen:	

☒ Pfändungs- ☒ und ☒ Überweisungs-Beschluss in der Zwangsvollstreckungssache

des/der Herrn/Frau	Frau Annalena Hoppe Coppiestraße 20 04157 Leipzig	– Gläubiger –
geboren am (Angabe des Geburtsdatums bei Minderjährigen sinnvoll)	11.04.2004	
gesetzlich vertreten durch Herrn/Frau	Tina Hoppe Coppiestraße 20 04157 Leipzig	
vertreten durch Herrn/Frau/Firma	Dr. Schmidt Rechtsanwälte Käthe-Kollwitz-Straße 10 04109 Leipzig	
Aktenzeichen des Gläubigervertreters	600/16	
Bankverbindung	☐ des Gläubigers ☒ des Gläubigervertreters	
IBAN:	DE74 8152 0000 1956 26	
BIC: Angabe kann entfallen, wenn IBAN mit DE beginnt.		

gegen

Herrn/Frau	Thomas Schröder geb. 23.05.1971 Hauptstraße 32 04683 Naunhof	– Schuldner –
vertreten durch Herrn/Frau/Firma		
Aktenzeichen des Schuldnervertreters		

3

Nach dem Vollstreckungstitel / den Vollstreckungstiteln
(den oder die Titel bitte nach Art, Gericht / Notar / Jugendamt, Datum, Geschäftszeichen etc. bezeichnen)

Urkunde der Stadt Leipzig vom 11.03.2004, Urkunden-Reg.-Nr. 1652/2004

kann der Gläubiger von dem Schuldner nachfolgend aufgeführte Beträge beanspruchen:

I. Unterhaltsrückstand

859,10 €	☒ Unterhaltsrückstand für die Zeit vom 01.03.2015 ☒ bis 13.07.2017
€	☐ nebst ____ % Zinsen seit dem ____ ☐ bis ____
€	☐ nebst Zinsen in Höhe von 5 Prozentpunkten über dem jeweiligen Basiszinssatz seit dem ____ ☐ bis ____
€ (wenn Angabe möglich)	☐ gemäß Anlage(n) ____ (zulässig, wenn in dieser Aufstellung die erforderlichen Angaben nicht oder nicht vollständig eingetragen werden können)

II. Nur auszufüllen bei statischer Unterhaltsrente

Unterhalt für	☐ Kind ☐ Ehegatten ☐ Lebenspartner/-in ☐ Elternteil nach §1615l des Bürgerlichen Gesetzbuches (BGB) ☐ Eltern ☐ Enkel
	Der Unterhalt ist zu zahlen ☐ wöchentlich ☐ monatlich ☐ vierteljährlich
	☐ laufend ab ____ ☐ zahlbar am ____ (Wochentag bzw. bezifferten Tag des Monats oder des Jahres angeben) ☐ jeder Woche ☐ jeden Monats ☐ jeden Jahres ☐ bis ____
€	☐ Unterhalt bis zur Vollendung des **sechsten** Lebensjahres des Kindes
€	☐ Unterhalt von der Vollendung des **sechsten** Lebensjahres bis zur Vollendung des **zwölften** Lebensjahres des Kindes
€	☐ Unterhalt von der Vollendung des **zwölften** Lebensjahres bis zur Vollendung des **achtzehnten** Lebensjahres des Kindes
€	☐ Unterhalt von der Vollendung des **achtzehnten** Lebensjahres des Gläubigers an
€	☐ Unterhalt vom ____ bis ____
€	☐ Unterhalt vom ____ bis ____
€	☐ Unterhalt vom ____ bis ____
€ (wenn Angabe möglich)	☐ gemäß Anlage(n) ____ (vgl. Hinweis zu I.)

4

III. Nur auszufüllen bei dynamisierter Unterhaltsrente

☒ **Unterhalt**, veränderlich gemäß dem Mindestunterhalt nach § 1612a Absatz 1 BGB, zahlbar am Ersten jeden Monats, laufend ab ______ ☐ bis ______

______ Prozent des Mindestunterhalts der **ersten Altersstufe**,

☐ abzüglich ☐ des hälftigen ☐ des vollen Kindergeldes für ein

☐ erstes/zweites ☐ drittes ☐ ______ Kind

☐ abzüglich Kindergeld in Höhe von ______ €
☐ abzüglich sonstiger kindbezogener Leistungen in Höhe von ______ €

(derzeitiger monatlicher Zahlbetrag des Unterhalts: ______ €) bis zur Vollendung des **sechsten** Lebensjahres des Kindes (Zeitraum vom ______ bis ______)

______ Prozent des Mindestunterhalts der **zweiten Altersstufe**,

☐ abzüglich ☐ des hälftigen ☐ des vollen Kindergeldes für ein

☐ erstes/zweites ☐ drittes ☐ ______ Kind

☐ abzüglich Kindergeld in Höhe von ______ €
☐ abzüglich sonstiger kindbezogener Leistungen in Höhe von ______ €

(derzeitiger monatlicher Zahlbetrag des Unterhalts: ______ €) vom **siebenten** bis zur Vollendung des **zwölften** Lebensjahres des Kindes (Zeitraum vom ______ bis ______)

100,00 Prozent des Mindestunterhalts der **dritten Altersstufe**,

☒ abzüglich ☒ des hälftigen ☐ des vollen Kindergeldes für ein

☒ erstes/zweites ☐ drittes ☐ ______ Kind

☐ abzüglich Kindergeld in Höhe von ______ €
☐ abzüglich sonstiger kindbezogener Leistungen in Höhe von ______ €

(derzeitiger monatlicher Zahlbetrag des Unterhalts: 355,00 €) ab dem **dreizehnten** Lebensjahr des Kindes (Zeit ab dem 01.04.2016)

☐ gemäß Anlage(n) ______
(vgl. Hinweis Seite 3 zu I.)

IV. Kosten

€	☐ festgesetzte Kosten
€	☐ nebst ☐ 4 % Zinsen ☐ ____ % Zinsen daraus/aus ______ Euro seit dem ______ ☐ bis ______
€	☐ nebst Zinsen in Höhe von ☐ 5 ☐ ____ Prozentpunkten über dem jeweiligen Basiszinssatz daraus/aus ______ Euro seit dem ______ ☐ bis ______
28,90 €	☒ bisherige Vollstreckungskosten
€ (wenn Angabe möglich)	☐ gemäß Anlage(n) ______ (vgl. Hinweis Seite 3 zu I.)

Wegen dieser Ansprüche einschließlich der künftig fällig werdenden Beträge sowie wegen der Kosten für diesen Beschluss (vgl. Kostenrechnung) und wegen der Zustellungskosten für diesen Beschluss wird/werden die nachfolgend aufgeführte/-n angebliche/-n Forderung/-en des Schuldners gegenüber dem Drittschuldner – einschließlich der künftig fällig werdenden Beträge – so lange gepfändet, bis der Gläubigeranspruch gedeckt ist.

5

Drittschuldner (genaue Bezeichnung des Drittschuldners: Firma bzw. Vor- und Zuname, vertretungsberechtigte Person/-en, jeweils mit Anschrift; Postfach-Angabe ist nicht zulässig; bei mehreren Drittschuldnern ist eine Zuordnung des Drittschuldners zu der/den zu pfändenden Forderung/-en vorzunehmen)

Herr/Frau/Firma

Volksbank Leipzig e.G, Zentrale Pfändungstelle

Schillerstraße 3

04109 Leipzig

Forderung aus Anspruch

☐ **A (an Arbeitgeber)**

☐ **B (an Agentur für Arbeit bzw. Versicherungsträger)**

Art der Sozialleistung: ____________________

Konto-/Versicherungsnummer: ____________________

☐ **C (an Finanzamt)**

☒ **D (an Kreditinstitute)**

☐ **E (an Versicherungsgesellschaften)**

Konto-/Versicherungsnummer: ____________________

☐ **F (an Bausparkassen)**

☐ **G**

☐ **gemäß gesonderter Anlage(n)** ____________________

Anspruch A (an Arbeitgeber)

1. auf Zahlung des gesamten gegenwärtigen und künftigen Arbeitseinkommens (einschließlich des Geldwertes von Sachbezügen)
2. auf Auszahlung des als Überzahlung jeweils auszugleichenden Erstattungsbetrages aus dem durchgeführten Lohnsteuer-Jahresausgleich sowie aus dem Kirchenlohnsteuer-Jahresausgleich für das Kalenderjahr ____________ und für alle folgenden Kalenderjahre
3. auf

Anspruch B (an Agentur für Arbeit bzw. Versicherungsträger)

auf Zahlung der gegenwärtig und künftig nach dem Sozialgesetzbuch zustehenden Geldleistungen. Die Art der Sozialleistungen ist oben angegeben.

Anspruch A und B

Die für die Pfändung von Arbeitseinkommen geltenden Vorschriften der §§ 850ff. ZPO in Verbindung mit der Tabelle zu § 850c Absatz 3 ZPO in der jeweils gültigen Fassung sind zu beachten.

Anspruch C (an Finanzamt)

auf Auszahlung

1. des als Überzahlung auszugleichenden Erstattungsbetrages bzw. des Überschusses, der sich als Erstattungsanspruch bei Abrechnung der auf die Einkommensteuer (nebst Solidaritätszuschlag) und Kirchensteuer sowie Körperschaftsteuer anzurechnenden Leistungen für das abgelaufene Kalenderjahr ______ und für alle früheren Kalenderjahre ergibt
2. des Erstattungsbetrages, der sich aus dem Erstattungsanspruch zu viel gezahlter Kraftfahrzeugsteuer für das Kraftfahrzeug mit dem amtlichen Kennzeichen ______ ergibt

   Erstattungsgrund:

   ______

   ______

   ______

Anspruch D (an Kreditinstitute)

1. auf Zahlung der zu Gunsten des Schuldners bestehenden Guthaben seiner sämtlichen Girokonten (insbesondere seines Kontos DE54 1265 4005 4842 14) bei diesem Kreditinstitut einschließlich der Ansprüche auf Gutschrift der eingehenden Beträge; mitgepfändet wird die angebliche (gegenwärtige und künftige) Forderung des Schuldners an den Drittschuldner auf Auszahlung eines vereinbarten Dispositionskredits („offene Kreditlinie"), soweit der Schuldner den Kredit in Anspruch nimmt
2. auf Auszahlung des Guthabens und der bis zum Tag der Auszahlung aufgelaufenen Zinsen sowie auf fristgerechte bzw. vorzeitige Kündigung der für ihn geführten Sparguthaben und/oder Festgeldkonten, insbesondere aus Konto ______
3. auf Auszahlung der bereitgestellten, noch nicht abgerufenen Darlehensvaluta aus einem Kreditgeschäft, wenn es sich nicht um zweckgebundene Ansprüche handelt
4. auf Zahlung aus dem zum Wertpapierkonto gehörenden Gegenkonto, insbesondere aus Konto ______, auf dem die Zinsgutschriften für die festverzinslichen Wertpapiere gutgebracht sind
5. auf Zutritt zu dem Bankschließfach Nr. ______ und auf Mitwirkung des Drittschuldners bei der Öffnung des Bankschließfachs bzw. auf die Öffnung des Bankschließfachs allein durch den Drittschuldner zum Zweck der Entnahme des Inhalts
6. auf

Hinweise zu Anspruch D:

Auf § 835 Absatz 3 Satz 2 ZPO (Zahlungsmoratorium von vier Wochen) und § 835 Absatz 4 ZPO wird der Drittschuldner hiermit hingewiesen.

Pfändungsschutz für Kontoguthaben und Verrechnungsschutz für Sozialleistungen und für Kindergeld werden seit dem 1. Januar 2012 nur für Pfändungsschutzkonten nach § 850k ZPO gewährt.

Anspruch E (an Versicherungsgesellschaften)

1. auf Zahlung der Versicherungssumme, der Gewinnanteile und des Rückkaufwertes aus der Lebensversicherung/den Lebensversicherungen, die mit dem Drittschuldner abgeschlossen ist/sind
2. auf das Recht zur Bestimmung desjenigen, zu dessen Gunsten im Todesfall die Versicherungssumme ausgezahlt wird, bzw. auf das Recht zur Bestimmung einer anderen Person an Stelle der von dem Schuldner vorgesehenen
3. auf das Recht zur Kündigung des Lebens-/Rentenversicherungsvertrages, auf das Recht auf Umwandlung der Lebens-/Rentenversicherung in eine prämienfreie Versicherung sowie auf das Recht zur Aushändigung der Versicherungspolice

Ausgenommen von der Pfändung sind Ansprüche aus Lebensversicherungen, die nur auf den Todesfall des Versicherungsnehmers abgeschlossen sind, wenn die Versicherungssumme den in § 850b Absatz 1 Nummer 4 ZPO in der jeweiligen Fassung genannten Betrag nicht übersteigt.

7

Anspruch F (an Bausparkassen)

aus dem über eine Bausparsumme von (mehr oder weniger) ____________ Euro

abgeschlossenen Bausparvertrag Nr. ____________,
insbesondere Anspruch auf

1. Auszahlung des Bausparguthabens nach Zuteilung
2. Auszahlung der Sparbeiträge nach Einzahlung der vollen Bausparsumme
3. Rückzahlung des Sparguthabens nach Kündigung
4. das Kündigungsrecht selbst und das Recht auf Änderung des Vertrags
5. auf ____________

Anspruch G
(Hinweis: betrifft Anspruch an weitere Drittschuldner bzw. schon aufgeführte Drittschuldner, soweit Platz unzureichend)

____

____

____

____

____

____

____

____

____

____

Berechnung des pfändbaren Nettoeinkommens
(betrifft Anspruch A und B)

Von der Pfändung sind ausgenommen:

1. Beträge, die unmittelbar auf Grund steuer- oder sozialrechtlicher Vorschriften zur Erfüllung gesetzlicher Verpflichtungen des Schuldners abzuführen sind, ferner die auf den Auszahlungszeitraum entfallenden Beträge, die der Schuldner nach den Vorschriften der Sozialversicherungsgesetze zur Weiterversicherung entrichtet oder an eine Ersatzkasse oder an ein Unternehmen der privaten Krankenversicherung leistet, soweit diese Beträge den Rahmen des Üblichen nicht übersteigen;
2. Aufwandsentschädigungen, Auslösegelder und sonstige soziale Zulagen für auswärtige Beschäftigungen, das Entgelt für selbstgestelltes Arbeitsmaterial, Gefahren-, Schmutz- und Erschwerniszulagen, soweit sie den Rahmen des Üblichen nicht übersteigen;
3. ein Viertel der für die Leistung von Mehrarbeitsstunden gezahlten Teile des Arbeitseinkommens;
4. die Hälfte der nach § 850a Nummer 2 ZPO (z. B. Urlaubs- oder Treuegelder) gewährten Bezüge und Zuwendungen;
5. Weihnachtsvergütungen bis zu einem Viertel des monatlichen Arbeitseinkommens, höchstens aber bis zur Hälfte des in § 850a Nummer 4 ZPO in der jeweiligen Fassung genannten Höchstbetrages;
6. Heirats- und Geburtsbeihilfen, sofern die Vollstreckung wegen anderer als der aus Anlass der Heirat oder der Geburt entstandenen Ansprüche betrieben wird;
7. Erziehungsgelder, Studienbeihilfen und ähnliche Bezüge;

8. Sterbe- und Gnadenbezüge aus Arbeits- und Dienstverhältnissen;
9. Blindenzulagen;
10. Geldleistungen für Kinder sowie Sozialleistungen, die zum Ausgleich immaterieller Schäden gezahlt werden.

8

☐ **Es wird angeordnet,** dass zur Berechnung des nach § 850c ZPO pfändbaren Teils des Gesamteinkommens zusammenzurechnen sind:

☐ Arbeitseinkommen bei Drittschuldner (genaue Bezeichnung)

______________________________ und

☐ Arbeitseinkommen bei Drittschuldner (genaue Bezeichnung)

______________________________ .

Der unpfändbare Grundbetrag ist in erster Linie den Einkünften des Schuldners bei Drittschuldner (genaue Bezeichnung)

______________________________ zu entnehmen, weil dieses Einkommen die wesentliche Grundlage der Lebenshaltung des Schuldners bildet.

☐ **Es wird angeordnet,** dass zur Berechnung des nach § 850c ZPO pfändbaren Teils des Gesamteinkommens zusammenzurechnen sind:

☐ laufende Geldleistungen nach dem Sozialgesetzbuch von Drittschuldner (genaue Bezeichnung der Leistungsart und des Drittschuldners)

______________________________ und

☐ Arbeitseinkommen bei Drittschuldner (genaue Bezeichnung)

______________________________ .

Ansprüche auf Geldleistungen für Kinder dürfen mit Arbeitseinkommen nur zusammengerechnet werden, soweit sie nach § 76 des Einkommensteuergesetzes (EStG) oder nach § 54 Absatz 5 des Ersten Buches Sozialgesetzbuch (SGB I) gepfändet werden können.

☐ Der erweiterte Pfändungsumfang gilt nicht für die Unterhaltsrückstände, die länger als ein Jahr vor Stellung des Pfändungsantrags vom ______________ fällig geworden sind, weil nach Lage der Verhältnisse nicht anzunehmen ist, dass der Schuldner sich seiner Zahlungspflicht absichtlich entzogen hat.

Der Schuldner ist nach Angaben des Gläubigers

☐ ledig. ☒ verheiratet/eine Lebenspartnerschaft führend.

☐ mit dem Gläubiger verheiratet/eine Lebenspartnerschaft führend. ☐ geschieden.

☐ Der Schuldner ist dem geschiedenen Ehegatten gegenüber unterhaltspflichtig

☐ ______________________________

Der Schuldner hat nach Angaben des Gläubigers

☐ keine unterhaltsberechtigten Kinder.

☐ keine weiteren unterhaltsberechtigten Kinder außer dem Gläubiger.

☐ ____ unterhaltsberechtigtes Kind/unterhaltsberechtigte Kinder.

☒ 1 weiteres unterhaltsberechtigtes Kind/weitere unterhaltsberechtigte Kinder außer dem Gläubiger.

☒ Schuldner zahlt keinen laufenden Unterhalt, bitte deshalb verheiratet ohne Kind einstufen

9

Vom Gericht auszufüllen

Pfandfreier Betrag

Dem Schuldner dürfen von dem errechneten Nettoeinkommen bis zur Deckung des Gläubigeranspruchs für seinen eigenen notwendigen Unterhalt __________________ Euro monatlich verbleiben

☐ sowie __________________ Euro monatlich zur Erfüllung seiner laufenden gesetzlichen Unterhaltspflichten gegenüber den Berechtigten, die dem Gläubiger vorgehen

☐ sowie zur gleichmäßigen Befriedigung der Unterhaltsansprüche der berechtigten Personen, die dem Gläubiger gleichstehen, _______/_______ Anteile des Nettoeinkommens, das nach Abzug des notwendigen Unterhalts des Schuldners verbleibt, bis zur Deckung der gesamten Unterhaltsansprüche dieser Personen von zusammen monatlich __________________ Euro. Gepfändet sind demzufolge _______/_______ Anteile des __________________ Euro monatlich übersteigenden Nettoeinkommens und das nach Deckung der eben genannten Unterhaltsansprüche von zusammen monatlich __________________ Euro verbleibende Mehreinkommen aus den bezeichneten _______/_______ Anteilen.

Der sich hieraus ergebende dem Schuldner zu belassende Betrag darf nicht höher sein als der unter Berücksichtigung der Unterhaltspflichten gemäß der Tabelle zu § 850c ZPO (in der jeweils gültigen Fassung) pfandfrei verbleibende Betrag.

☐ Sonstige Anordnungen:

____

____

____

____

____

____

☒ **Es wird angeordnet, dass**

☐ der Schuldner die Lohn- oder Gehaltsabrechnung oder die Verdienstbescheinigung einschließlich der entsprechenden Bescheinigungen der letzten drei Monate vor Zustellung des Pfändungs- und Überweisungsbeschlusses an den Gläubiger herauszugeben hat

☐ der Schuldner das über das jeweilige Sparguthaben ausgestellte Sparbuch (bzw. die Sparurkunde) an den Gläubiger herauszugeben hat und dieser das Sparbuch (bzw. die Sparurkunde) unverzüglich dem Drittschuldner vorzulegen hat

☐ ein von dem Gläubiger zu beauftragender Gerichtsvollzieher für die Pfändung des Inhalts Zutritt zum Schließfach zu nehmen hat

☐ der Schuldner die Versicherungspolice an den Gläubiger herauszugeben hat und dieser sie unverzüglich dem Drittschuldner vorzulegen hat

☐ der Schuldner die Bausparurkunde und den letzten Kontoauszug an den Gläubiger herauszugeben hat und dieser die Unterlagen unverzüglich dem Drittschuldner vorzulegen hat

☒ der Schuldner die laufenden Kontoauszüge herauszugeben hat.

Für die Pfändung der Kosten für den Unterhaltsrechtsstreit (das gilt nicht für die Kosten der Zwangsvollstreckung) sind bezüglich der Ansprüche A und B die gemäß § 850c ZPO geltenden Vorschriften für die Pfändung von Arbeitseinkommen anzuwenden; bei einem Pfändungsschutzkonto gilt § 850k Absatz 1 und 2 ZPO.

Der Drittschuldner darf, soweit die Forderung gepfändet ist, an den Schuldner nicht mehr zahlen. Der Schuldner darf insoweit nicht über die Forderung verfügen, sie insbesondere nicht einziehen. 10

☒ **Zugleich wird dem Gläubiger die zuvor bezeichnete Forderung in Höhe des gepfändeten Betrages**

☒ **zur Einziehung überwiesen.** ☐ an Zahlungs statt überwiesen.

☐ ____________________

Ausgefertigt:

(Datum,
Unterschrift Rechtspfleger

(Datum,
Unterschrift Urkundsbeamter der Geschäftsstelle)

I.	**Gerichtskosten** Gebühr gemäß GKG KV Nr. 2111		€
II.	**Anwaltskosten gemäß RVG** Gegenstandswert: ______ €		
	1. Verfahrensgebühr VV Nr. 3309	€	
	2. Auslagenpauschale VV Nr. 7002	€	
	3. Umsatzsteuer VV Nr. 7008	€	
	Summe von II.		€
	Summe von I. und II.:		€

☐ **Inkassokosten gemäß § 4 Absatz 4 des Einführungsgesetzes zum Rechtsdienstleistungsgesetz** (RDGEG) gemäß Anlage(n) ____________________

Sachregister

(Die fetten Zahlen beziehen sich auf die Hauptfundstelle)